"十三五"高职高专规划教材·精品系列

商务会计基础

SHANGWU KUAIJI JICHU

◎主编　张立俊
◎参编　刘春才　刘洪海　孙　利　陆金芳
◎主审　颜廷忠

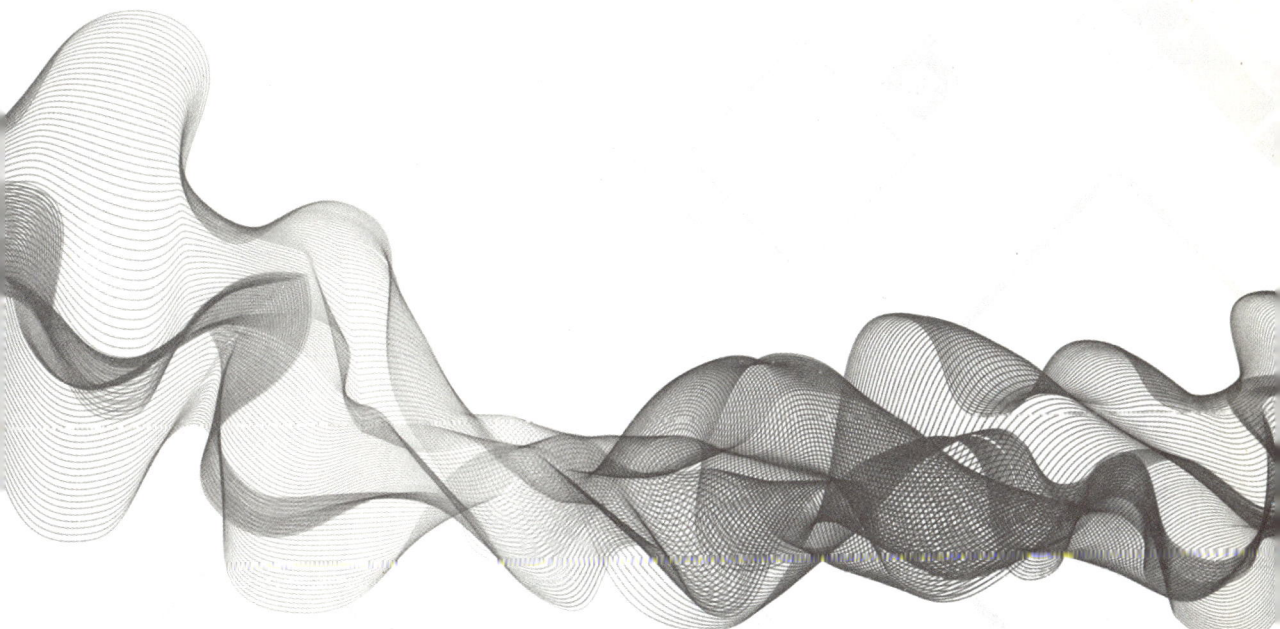

中国铁道出版社

CHINA RAILWAY PUBLISHING HOUSE

内 容 简 介

本书根据相关法律和 2012 年财政部颁布的《企业会计准则》，本着"以岗位为基础，以能力为本位"的原则和培养应用型、技术技能型人才的目标进行编写。在编写过程中，全程得到企业界专家的实务指导。

本书系统地阐述了会计的基本理论、基本方法和基本操作技术。全书共分九个项目，包括会计概述、借贷记账法及其应用、会计凭证、会计账簿、财产清查、主要会计报表、再认识会计、银行结算方式、企业常涉税种等内容。每一项目均设有"引导案例"，每一任务都有"知识目标""技能目标""任务实施"等栏目，每项目后均附有"同步测试"，分设单项选择题、判断题、名词解释、业务题。本书力求内容简练，注重能力培养，具有较强的实用性和可操作性。

本书适合作为高等职业院校非会计类专业商务人才培养教材，也可作为从事会计、审计、财务管理、企业经济管理等相关实际工作人员进行培训和自学的参考资料。

图书在版编目(CIP)数据

商务会计基础/张立俊主编. —北京：中国铁道出版社，2016.8 (2017.7重印)

"十三五"高职高专规划教材·精品系列

ISBN 978-7-113-22072-3

Ⅰ. ①商⋯ Ⅱ. ①张⋯ Ⅲ. ①商业会计—高等职业教育—教材 Ⅳ. ①F715.51

中国版本图书馆 CIP 数据核字(2016)第 188288 号

书　名：	"十三五"高职高专规划教材·精品系列 **商务会计基础**
作　者：	张立俊　主编

策　划：	张文静	读者热线：010－63550836
责任编辑：	张文静　贾淑媛	
封面设计：	刘　颖	
封面制作：	白　雪	
责任校对：	汤淑梅	
责任印制：	郭向伟	

出版发行：中国铁道出版社 （100054，北京市西城区右安门西街 8 号）

网　　址：http://www.tdpress.com/51eds/

印　　刷：三河市华业印务有限公司

版　　次：2016 年 8 月第 1 版　2017 年 7 月第 2 次印刷

开　　本：787 mm×1 092 mm　1/16　印张：13　字数：314 千

书　　号：ISBN 978－7－113－22072－3

定　　价：36.00 元

前言 商务会计基础 Preface

随着教育事业的不断发展，不少普通高等职业院校着力培养工商融和的应用型技术人才，为顺应潮流，以培养高质量、高水平、适应市场的商务会计人才为目标，我们编写了《商务会计基础》一书。

本书系统地阐述了商务会计的基本理论、基本方法和基本操作技术，是非会计类人员初学会计的入门教材。本书以《中华人民共和国会计法》和新《企业会计准则》为依据，在汲取多年从事商务会计教学工作经验基础上编写而成，是一本力求内容简练、注重能力培养、具有较强的实用性和可操作性的教科书。全书共分九个项目，包括会计概述、借贷记账法及其应用、会计凭证、会计账簿、财产清查、主要会计报表、再认识会计、银行结算方式、企业常涉税种等内容。每一项目均设有"引导案例"，每一任务都有"知识目标""技能目标""任务实施"等栏目，每一项目后均附有"同步测试"，分设单项选择题、判断题、名词解释、业务题。

本书具有以下特点：

（1）体现新颖性。本书是为非会计类专业应用型人才量身定制的学习会计的一本教材，体系结构新颖，使非会计类专业初学者易于接受。

（2）注重实用性。本书阐述的会计基本理论以必需、够用为度，增设常用贸易结算方式、企业常涉税种两个项目，简明扼要，浅显易懂，使初学者能够较快地掌握基本理论和方法。

本书由苏州经贸职业技术学院教师编写。张立俊担任主编，负责全书的体例设计、总纂、修改和定稿，刘春才、刘洪海、孙利、陆金芳参与编写。全书各项目分工如下：张立俊执笔项目一，刘春才执笔项目二、项目八，刘洪海执笔项目三、项目四，陆金芳执笔项目五、项目七，孙利执笔项目六、项目九。苏州市会计服务业协会秘书长颜廷忠先生担任主审，对教材的编写、修改提出了宝贵意见。

本书的编写得到了中国铁道出版社的大力支持，书中参考了有关专家学者编著的教材和专著，在这里一并表示衷心的感谢！

由于编写时间仓促及编写人员水平有限，对书中存在的不妥之处敬请广大读者批评指正！

编　者
2016 年 6 月

目录
商务会计基础 *Contents*

项目一 会计概述

引导案例

李三,2015 年 7 月进入某校经济管理类专业,在职业规划时表示今后想自己干一番事业。但他不是会计专业,对会计不了解,于是产生了疑问:自己做老板,不懂会计怎么办?

【案例解析】

为解决李三的困惑,必须要学习一些会计基础知识,掌握一些会计核算基本技能。

任务一 初识会计

知识目标

1. 熟悉会计的概念。
2. 领会会计的基本职能。

技能目标

正确掌握会计的基本职能。

知识讲解

一、会计的产生与发展

在人类社会发展的历史上,会计不是一开始就有的,作为一种管理活动,它是在社会生产实践中产生,并随着生产的发展和经济管理要求的提高而不断发展而成的。生产活动是人类最基本的实践活动,是人类赖以存在和发展的基础。人们进行有目的的生产活动,总是力求以尽可能少的劳动耗费,取得尽可能多的劳动成果。即对生产过程中的耗费和成果进行比较。最初阶段只是凭头脑来记忆,但随着生产规模的不断扩大和社会化,只有借助其他工具,才能对劳动耗费和劳动成果进行记录、计算、比较和分析,于是会计随之而产生。可见,会计是社会生产发展到一定阶段的产物。

会计最初只是人们在生产中同时记数的生产职能的附属物,逐渐发展为用货币记录、劳动成果的独立管理职能。随着经济的发展,会计的记账、算账、报账的会计核算作用,发展为对账务进行审核、检查的会计监督作用。随着现代科学技术的发展,会计的作用日益显著。会计从核算和监督作用扩展为预测、决策、控制、分析多种作用的经济管理活动。长期实践证明,经济越发展,会计越重要。

综上所述,会计的概念概括为:会计是以货币为主要计量单位,对企业、机关、事业单位和其他组织的经济活动进行全面、综合、连续、系统地核算和监督,以取得最优经济效益的一种管理活动。

新中国成立后,在国家有关部门的领导下,根据不同时期经济发展的要求,先后制定了有关会计核算和管理方面的会计制度,逐步建立了我国的会计体系。1963 年发布了《会计人员职权试行条例》,对加强会计监督、维护财经纪律、促进国民经济发展起了很大作用。1985 年颁布了《中华人民共和国会计法》,成为我国第一部会计大法,标志着我国的会计工作走上了法治的轨道。1993 年和 1999 年又进行了两次修订。1992 年为适应市场经济和对外开放的需要,颁布了《企业财务通则》和《企业会计准则》,对我国原有财务会计制度进行了重大改革,我国会计制度开始与国际惯例接轨。随后,国家相继颁布了一系列具体会计准则,进一步规范了会计核算和管理。2006 年 2 月 15 日修订颁布了《企业会计准则》,包括 1 个基本准则,38 个具体准则,2007 年 1 月 1 日起施行。2014 年,财政部相继对基本准则和原来的 5 项具体准则进行了修订,并新增了 3 项具体准则。这是引导我国会计工作与国际会计惯例接轨的一项重大措施,也是我国会计理论与实践发展中的一个重要里程碑。

二、会计的基本职能

会计的基本职能是指会计在经济管理中所具有的最基础的功能。具体包括会计核算和会计监督两个方面。

(一)会计的核算职能

会计核算贯穿于经济活动的全过程,是会计最基本的职能,也称反映职能。它是指会计以货币为主要计量单位,通过对特定主体的经济活动进行确认、计量和报告,如实反映特定主体的财务状况、经营成果(或运营绩效)和现金流量等信息。

会计核算具有如下特点:

(1)会计主要是利用货币计量,综合反映各单位的经济活动情况,为经济管理提供可靠的会计信息。

(2)会计核算不仅是记录已发生的经济业务,还要面向未来,为各单位的经营决策和管理控制提供依据。

(3)会计核算所产生的会计信息,应具有完整性、连续性和系统性。所谓完整性,是指对属于会计对象的全部经济活动内容都应予以记录。所谓连续性,是指对各种经济业务应按照其发生的时间顺序依次进行登记。所谓系统性,是指对会计提供的数据资料应当按照科学的方法进行分类,系统地加工、整理、汇总,以便为经济管理提供其所需的各类会计信息。

(二)会计的监督职能

会计监督职能也称控制职能,是指对特定主体经济活动和相关会计核算的合法性、合理性进行审查,即以一定的标准和要求利用会计核算所提供的会计信息对主体经济活动进行有效的指导、控制和调节,以达到预期的目的。

会计监督具有如下特点：

(1)会计监督主要是利用核算职能所提供的各种价值指标进行的货币监督。

(2)会计监督贯穿于会计管理活动的全过程,不仅体现在过去的经济业务上,还体现在业务发生过程之中和尚未发生之前,包括事前监督、事中监督、事后监督。事前监督是在经济活动发生前进行的监督,主要是对未来经济活动是否符合法规政策的规定、在经济上是否可行进行分析判断,以及为未来经济活动制定定额、编制预算等;事中监督是指对正在发生的经济活动过程及其核算资料进行审查,并据以纠正经济活动过程中的偏差和失误,使其按预定计划进行;事后监督是对已经发生的经济活动及其核算资料进行审查。

(三)会计核算和会计监督的关系

会计核算和会计监督两个基本职能之间存在着密切的内在联系,它们相辅相成,缺一不可。会计核算职能是会计监督职能的基础,没有核算就无法进行监督,只有正确地核算,监督才能有真实可靠的依据;同时,会计监督职能又贯穿于会计核算的全过程,只有通过监督才能进行有效核算,保证核算资料的真实可靠,离开了监督,核算就没有保证。

任务实施

1. (选择题)会计的基本职能一般包括(　　　)。
　　A. 会计计划与会计决策　　　　　　　B. 会计预测与会计控制
　　C. 会计控制与会计决策　　　　　　　D. 会计核算与会计监督
2. (判断题)我国企业会计采用的计量单位只有一种,即货币计量。(　　　　)

任务二　了解会计要素与会计等式

知识目标

1. 了解会计对象。
2. 熟悉会计要素。
3. 理解会计等式。

技能目标

能够验算会计等式是否平衡。

知识讲解

一、会计对象

一般来说,会计对象就是指会计工作所要核算和监督的内容,凡是特定主体能够以货币表现的经济活动,都是会计核算和监督的内容。具体来说,会计对象是指企事业单位在日常经营活动或业务活动中所表现出的资金运动,即资金运动构成了会计核算和会计监督的内容。

1. 会计对象的一般说明

马克思关于会计是对过程的控制和观念总结的论述,已经明确指出这个过程就是会计反映和监督的对象,这是对会计对象最一般、最概括的表述,这里讲的过程指的就是社会再生产过程,它是由各个企业、行政事业单位共同进行的,在商品、货币经济条件下社会再生产过程既可以表现为使用价值的运动,就是各种物资的生产和交换,也可以表现为价值的运动,也就是价值的形成、实现和分配。会计主要是利用货币计量,对再生产过程的经济活动进行反映和监督的一项管理工作,因此再生产过程当中发生的、能用货币表现的经济活动(叫作资金运动),就构成了会计的一般对象,所以从这个论述当中也可以看到,会计对象不是再生产过程中的全部经济活动,而是其中能够用货币表现的方面。

2. 会计对象在企业中的具体表现

会计对象在企业中可表现为企业再生产过程中能以货币表现的经济活动,也就是企业再生产过程中的资金运动。以工业企业为例,工业企业的资金运动,按其运动的程序,可分为资金投入、资金周转、资金退出三个基本环节。相对而言,工业企业的生产经营过程可以划分为供应过程、生产过程和销售过程。随着企业供产销的不断进行,企业的资金也在不断地进行着循环和周转,由货币资金转化为固定资金、储备资金,再转化为生产资金、成品资金,最后又转化为货币资金。在生产过程中,资金的耗费转化为生产费用,为生产一定种类、数量产品,所支出的生产费用的总和就构成了产品成本;在销售过程中,企业取得的销售收入,大于为取得这个收入所付出的代价(即费用)的这一部分,成为企业的利润,企业还要对利润进行分配,一部分退出企业,另一部分要重新投入企业的生产周转。在上述过程中,劳动对象的实物形态在供应、生产、销售等环节依次发生转变,即:原材料—在产品—库存商品;资金形态也相应地发生变化,即:货币资金—储备资金—生产资金—成品资金—结算资金—货币资金,资金运动从货币资金形态开始又回到货币资金形态,我们称之为完成了一次资金循环,资金的不断循环就是资金的周转。

明确会计对象,就是要明确会计工作的内容,以便明确会计工作的职责范围,更好地发挥会计职能作用。

二、会计要素

会计要素是对会计对象按其经济特性所做的基本分类,是会计对象的基本组成内容。

会计要素作为反映企业财务状况和经营成果的基本单位,又是会计报表的基本构件。我国 2006 年发布的《企业会计准则》将会计要素分为六大要素,即:资产、负债、所有者权益、收入、费用和利润。其中,资产、负债、所有者权益三项会计要素表现资金运动的相对静止状态,即反映企业的财务状况;收入、费用和利润三项会计要素表现资金运动的显著变动状态,即反映企业的经营成果。

(一)资产

1. 资产的定义

资产是指过去的交易、事项形成并由企业拥有或者控制的、预期会给企业带来经济利益的资源。

资产具有以下基本特征：

（1）资产是由过去的交易或事项所形成的。资产必须是现实的资产，而不能是由未来交易或事项形成的资源。

【例1-1】

甲企业计划在10月份购买一批机器设备，5月份与销售方签订了购买合同，请问该批机器能否确认为资产？

解答： 该批机器实际购买行为将发生在10月份，因此甲企业不能在5月份将该批设备确认为资产。

（2）资产是企业拥有或者控制的资源。一项资源要作为企业的资产予以确认，应该拥有此项资源的所有权。但在某些条件下，对一些由特殊方式形成的资产，企业虽不拥有所有权，但能够控制的，也可作为企业资产。

【例1-2】

甲企业的加工车间有两台设备。A设备系从乙企业融资租入获得，B设备系从丙企业以经营租入方式获得，目前两台设备均投入使用。A、B设备是否为甲企业的资产？

解答： 这里要注意区分经营租入与融资租入。甲企业对经营租入的B设备既没有所有权也没有控制权，因此B设备不应确认为甲企业的资产。而甲企业对融资租入的A设备虽然没有所有权，但享有与所有权相关的风险和报酬的权利，即拥有实际控制权，因此，应将A设备确认为甲企业的资产。

（3）资产预期会给企业带来经济利益的经济资源。这是资产最重要的特征。所谓带来未来经济利益，是指具有直接或间接地增加流入企业的现金或现金等价物的潜力。如果预期不能带来经济利益，就不能确认为企业的资产。

【例1-3】

某企业的某工序上有两台机床，其中A机床型号较老，自B机床投入使用后，A机床一直未再使用；B机床是A机床的替代品，目前承担该工序的全部生产任务。A、B机床是否都是企业的固定资产？

解答： A机床不应确认为该企业的固定资产。该企业原有的A机床已长期闲置不用，不能给企业带来经济利益，因此不应作为资产反映在资产负债表中。（固定资产盘亏，经批准后作为"营业外支出"。）

2. 资产的分类

资产按其流动性可分为流动资产和非流动资产。

（1）流动资产是指可以在一年或者超过一年的一个营业周期内变现或者被耗用的资产，主要包括货币资金、交易性金融资产、应收票据、应收及预付款项、应收利息、应收股利、其他应收款、存货等。

（2）非流动资产是指流动资产以外的资产，主要包括长期股权投资、固定资产、无形资产、开发支出等。

①长期股权投资是指企业持有的对其子公司、合营企业及联营企业的权益性投资以及企业持有的对被投资单位不具有控制、共同控制或重大影响,并且在活跃市场中没有报价、公允价值不能可靠计量的权益性资产。

②固定资产是指企业为生产商品、提供劳务、出租或经营管理而持有的,使用年限超过一个会计年度的有形资产。固定资产一般包括房屋及建筑物、机器设备、运输设备和工具器具等。

③无形资产是指企业拥有或者控制的没有实物形态的可辨认非货币性资产,包括专利权、非专利技术、商标权、著作权、土地使用权和特许权等。

资产要素的内容如图 1-1 所示。

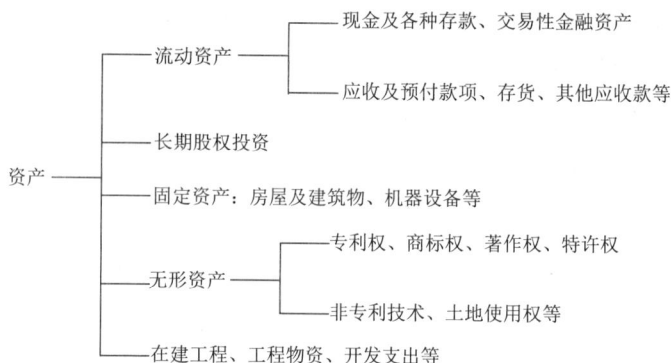

图 1-1 资产要素

(二)负债

1. 负债的定义

负债是指过去的交易、事项形成的、预期会导致经济利益流出企业的现时义务。

负债具有以下基本特征:

(1)负债是由于过去的交易或事项而产生的。只有因过去的交易或事项而产生的负债才能予以确认偿还义务,正在筹划的未来交易或事项是不会产生负债的。

(2)负债是企业承担的现时义务。义务一方面产生于具有约束力的合同或法定要求;另一方面可能产生于正常的业务活动、习惯以及为了保障良好的业务关系或公平处事的愿望。

(3)将导致经济利益流出企业。现时义务的履行通常关系到企业放弃含有经济利益的资产,以满足对方的要求。

(4)负债通常应清偿。负债通常是在未来某一时日通过交付资产或提供劳务来清偿。

2. 负债的分类

负债按其流动性可分为流动负债和非流动负债。

(1)流动负债是指将在一年(含一年)或者超出一年的一个营业周期内偿还的债务,主要包括:短期借款、应付票据、应付及预收款项、应交税费、应付职工薪酬、应付利息、应付股利、其他应付款等。

(2)非流动负债是指流动负债以外的负债,主要包括:长期借款、应付债券等。

负债要素的内容如图 1-2 所示。

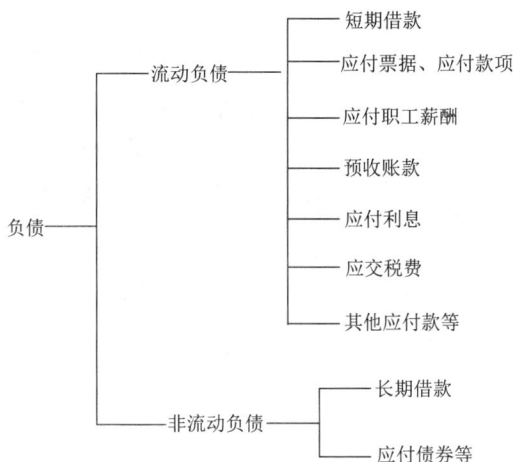

图 1-2　负债要素

（三）所有者权益

1. 所有者权益的定义

所有者权益是指所有者在企业资产中享有的经济利益,其金额为资产减去负债后的余额。所有者权益具有以下基本特征:

（1）它是一种剩余权益。权益可分为债权人权益（负债）和所有者权益。而债权人的权益优先于所有者权益,即企业的资产必须在保证企业所有的债务得以清偿后,才归所有者享有。因此,所有者权益在数量上等于企业的全部资产减全部负债后的余额,它是在保证了债权有权益之后的一种权益,即剩余权益。

（2）除非发生减资、清算,否则企业不需要偿还所有者权益。

（3）所有者凭借所有者权益能够参与利润的分配。

2. 所有者权益的分类

所有者权益一般分为实收资本（或股本）、资本公积、盈余公积、未分配利润等项目。

（1）实收资本（或股本）是指所有者投入的构成企业注册资本或者股本部分的金额。

（2）资本公积是指投资者或者他人投入到企业、所有权归属于投资者并且金额上超过法定资本部分的资本或者资产。

（3）盈余公积是指企业按照国家规定从税后利润中提取的各种公积金。

（4）未分配利润是企业实现的净利润经过弥补亏损、提取盈余公积和向投资者分配利润后留存在企业的、历年结存的利润。

所有者权益要素的内容如图 1-3 所示。

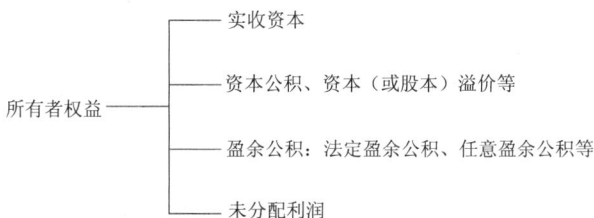

图 1-3　所有者权益要素

（四）收入

1. 收入的定义

收入是指企业在销售商品、提供劳务及让渡资产使用权等日常生活中形成的经济利益的总流入，包括销售商品收入、劳务收入、利息收入等。收入必须是企业完成其经营目标而从事的所有活动，以及与之相关的其他活动中取得的现金或最终能转化为现金的非现金资产。

收入具有以下特征：

（1）收入由企业的日常活动形成。收入应是由企业的日常活动形成的，偶发的交易或者事项中产生的经济利益不确认为收入。

（2）收入具有不确定性。收入可能表现为企业资产的增加，也可能表现为企业负债的减少。

（3）收入能导致企业所有者权益的增加。

（4）收入只包括本企业经济利益的流入，不包括为第三者或者客户代收的款项。

（5）收入与所有者投入资本无关。

2. 收入的分类

收入按性质不同，可分为销售商品收入、提供劳务收入和让渡资产使用权收入等；按日常活动在企业中所处的地位，可分为主营业务收入和其他业务收入。

（1）主营业务收入是指企业经常发生的、主要业务所产生的收入，它一般在企业营业收入中所占的比重很大。

（2）其他业务收入是指从日常经济活动中取得的主营业务以外的兼营收入。它一般在企业的营业收入中所占的比重较小，如原材料销售收入、包装物出租收入等。

收入要素的内容如图1-4所示。

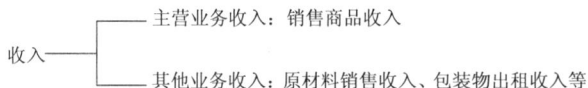

图1-4　收入要素

（五）费用

1. 费用的定义

费用是指企业为销售商品、提供劳务等日常活动所发生的经济利益的流出。实质上费用是资产的耗费，最终会导致企业资源减少和所有者权益减少。

费用具有以下特征：

（1）费用是从企业的日常经济活动中发生的。

（2）费用会导致经济利益流企业，表现为企业资产的减少或负债的增加，或者两者兼而有之。

（3）费用会导致企业所有者权益的减少。

（4）费用与向所有者分配利润无关。

2. 费用的分类

费用按其性质可分为：营业成本和期间费用。

（1）营业成本是指销售商品或提供劳务的成本，其内容包括主营业务成本和其他业务成本。

（2）期间费用是指企业在日常活动中发生的,应当直接计入当期损益的费用,其内容包括销售费用、管理费用和财务费用。

费用要素的内容如图1-5所示。

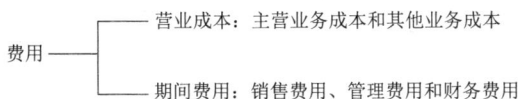

费用———营业成本:主营业务成本和其他业务成本

　　　　期间费用:销售费用、管理费用和财务费用

图1-5　费用要素

(六)利润

1. 利润的定义

利润是指企业在一定会计期间的经营成果,利润包括收入减去费用后的净额、直接计入当期利润的利得和损失等。

直接计入当期利润的利得和损失,是指应当计入当期损益、会导致所有者权益发生增减变动的、与所有者投入资本或者向所有者分配利润无关的利得或者损失。

利润金额取决于收入和费用、直接计入当期利润的利得和损失金额的计量。

2. 利润的分类

利润按照构成,可分为营业利润、利润总额和净利润。

（1）营业利润是营业收入减去营业成本、营业税费、期间费用(包括销售费用、管理费用和财务费用)等后的金额。

（2）利润总额是指营业利润加上营业外收入,减去营业外支出后的金额。

（3）净利润是指利润总额减去所得税费用后的金额。

利润要素的内容如图1-6所示。

利润———营业利润

　　　　利润总额

　　　　净利润

图1-6　利润要素

三、会计等式及其影响

会计六大要素反映了资金运动的静态和动态两个方面,具有紧密在相关性,它们在数量上存在着特定的平衡关系,这种平衡关系用公式来表示,称其为会计等式。会计等式反映了会计要素之间的内在联系,也提示了会计主体的产权关系、基本财务状况和经营成果。

(一)资产 = 负债 + 所有者权益

1. 会计恒等式

任何企业要从事生产经营活动,必须拥有一定数量的财产物资,即资产,如房屋、设备、材料、现金等。为企业提供资产的投资人具有对该企业资产的要求权,即权益,其价值就是投资额。例如,某厂只有一个投资人,投资金额为500 000元,他拥有的权益金额也是500 000元。如果是两个投资人为企业投资,各出资250 000元,共计500 000元,则每人拥有的权益金额为250 000元。可见,资产和权益是一个事物的两个方面,没有权益就不会有资产,没有资产就无

所谓权益,两者互相依存,互为条件。其表现构成基本关系式如下:

$$资产 = 权益$$

企业的资产来源于所有者的投入资本和债权人的借入资金及其在生产经营中所产生的权益,它们分别归属于所有者和债权人。其中归属于所有者的部分形成所有者权益,归属于债权人的部分形成债权人权益(即负债)。可见,资产来源于权益,而权益又包括所有者权益和债权人权益,因此上述基本关系式可以进一步表示为:

$$资产 = 债权人权益 + 所有者权益$$

即

$$资产 = 负债 + 所有者权益$$

上述等式反映了资产、负债和所有者权益三个会计要素之间的内在数量关系,是基本的会计等式,是静态会计等式。它是编制资产负债表的理论基础。

2. 经济业务对会计恒等式的影响

(1)对"资产 = 权益"等式的影响。

经济业务是指能引起会计要素发生增减变化的一切交易或事项。企业在生产经营过程中,每天都会发生各种各样、纷繁复杂的经济业务,并引起各会计要素发生增减变动,但各会计要素无论发生怎样的增减变动,都不会影响资产与权益的恒等关系。归纳起来,经济业务的基本类型有四种,如表1-1所示。

表1-1 经济业务的四种基本类型

类 型	会计要素增减变动	类 型	会计要素增减变动
1	资产与权益同时等额增加	3	资产与权益同时等额减少
2	资产方等额有增有减,权益不变	4	权益方等额有增有减,资产不变

由此可见,企业无论发生何种经济业务,都会引起有关会计要素的各种变化,但是这些变化都不会破坏会计等式的平衡关系。

【例1-4】

假设华丰公司期初的资产、负债及所有者权益状况如表1-2所示。

表1-2 资产、负债及所有者权益状况表

资 产	金额(元)	负债及所有者权益	金额(元)
库存现金	5 000	短期借款	80 000
银行存款	149 000	应付账款	20 000
原材料	120 000	实收资本	500 000
应收账款	26 000		
固定资产	300 000		
合计	600 000	合计	600 000

上表资产、负债及所有者权益各为600 000元,双方金额相等。本期发生如下经济业务:

① 向供货单位购入原材料40 000元,货款暂欠。

这笔经济业务,使资产方"原材料"增加40 000元,同时使负债方"应付账款"也增加

40 000 元,等式左右两边同时增加,等式平衡。

② 以银行存款 20 000 元偿付前欠货款。

这笔经济业务,使资产方"银行存款"减少 20 000 元,同时使负债方"应付账款"也减少 20 000 元,等式左右两边同时减少,等式平衡。

③ 从银行存款中提取现金 3 000 元备用。

这笔经济业务,使资产方"现金"增加 3 000 元,同时使资产方"银行存款"减少 3 000 元,等式左边一增一减,等式平衡。

④ 向银行借入短期借款 30 000 元,偿付应付供货单位货款。

这笔经济业务,使负债及所有者权益类"短期借款"增加 30 000 元,同时使负债及所有者权益类"应付账款"减少 30 000 元,等式右边一增一减,等式平衡。

上述四笔经济业务所引起的资产、负债及所有者权益状况变动情况,如表 1-3 所示。

表 1-3　资产、负债及所有者权益状况变动表

资产	期初余额	本期发生额		期末余额	负债及所有者权益	期初余额	本期发生额		期末余额
		增加	减少				增加	减少	
库存现金	5 000	③3 000		8 000	短期借款	80 000	④30 000		110 000
银行存款	149 000		②20 000 ③3 000	126 000	应付账款	20 000	①40 000	②20 000 ④30 000	10 000
原材料	120 000	①40 000		160 000	实收资本	500 000			500 000
应收账款	26 000			26 000					
固定资产	300 000			300 000					
合计	600 000	43 000	23 000	620 000	合计	600 000	70 000	50 000	620 000

由表 1-3 可见,经济业务的发生,必然引起资产、负债及所有者权益相应项目发生增减变化,但无论如何变化,双方的总额总是平衡的。

(2)对"资产=负债+所有者权益"等式的影响。

由于权益由负债+所有者权益两个会计要素构成,因此企业经济业务对会计等式"资产=负债+所有者权益"的影响,就可由表 1-1 所示的四种基本类型进一步扩展为以下九种情况,如表 1-4 所示。

表 1-4　经济业务的九种情况

情况	会计要素变动情况	情况	会计要素变动情况
1	一项资产增加,一项负债增加	6	一项负债增加,另一项负债减少
2	一项资产增加,一项所有者权益增加	7	一项所有者权益增加,另一项所有者权益减少
3	一项资产减少,一项负债减少	8	一项负债增加,一项所有者权益减少
4	一项资产减少,一项所有者权益减少	9	一项负债减少,一项所有者权益增加
5	一项资产增加,另一项资产减少		

以上经济业务的发生引起的会计要素增减变动对会计等式的影响如表 1-5 所示。

表1-5 会计要素增减变动表

经济业务		资 产	=	负债 + 所有者权益	
第一种类型	1	（+）		（+）	
	2	（+）			（+）
第二种类型	3	（-）		（-）	
	4	（-）			（-）
第三种类型	5	（+）（-）	=		
第四种类型	6			（+）（-）	
	7				（+）（-）
	8			（+）	（-）
	9			（-）	（+）

从经济业务的九种情况可以看出,经济业务的发生会引起会计等式左右两边发生等额增加或减少,或者引起会计等式的左边或右边内部要素的等额增减,前者会使会计等式的总额发生增加或减少,后者会使会计等式一边的组成内容发生变动而两边总额不变。可见,无论哪种经济业务的发生都不会破坏会计等式的平衡关系。

下面举例说明经济业务对会计等式的影响。

【例1-5】

华丰公司2016年1月31日资产总额为500万元,负债和所有者权益总额为500万元,资产与权益总额相等。假如华丰公司2016年2月发生以下资产、负债、所有者权益变动的经济业务事项:

(1)公司收到B公司投入资金10万元,款项存入银行。

这项经济业务事项发生后,华丰公司资产中的银行存款和所有者权益中的实收资产同时增加了10万元。由于资产与所有者权益都以相等的金额同时增加,因此资产与权益的数量关系变成了资产=权益=510万元,资产与权益仍然相等。

(2)公司向银行借入三个月的短期借款2万元存入银行。

这项经济业务事项发生后,华丰公司资产中的银行存款和负债中的短期借款同时增加了2万元。由于资产与负债都以相等的金额同时增加,因此资产与权益的数量关系变成了资产=权益=512万元,资产与权益仍然相等。

(3)公司以银行存款偿还上月所欠C公司材料款2万元。

这项经济业务事项发生后,华丰公司资产中的银行存款和负债中的应付账款同时减少了2万元。由于资产与权益都以相等的金额同时减少,因此资产与权益的数量关系变成了资产=权益=510万元,资产与权益仍然相等。

(4)公司因缩小经营规模,经批准减少注册资本5万元,并以银行存款发还给投资者。

这项经济业务事项发生后,华丰公司资产中的银行存款和所有者权益中的实收资本同时减少了5万元。由于资产与所有者权益都以相等的金额同时减少,因此资产与权益的数量关系变成了资产=权益=505万元,资产与权益仍然相等。

(5)公司向银行提取现金12万元。

这项经济业务事项发生后,华丰公司资产中的现金增加了12万元,资产中的银行存款同

时减少了 12 万元,该业务属于资产内部有增有减,不影响资产和权益的总额变化,因此资产与权益的数量关系仍然为资产 = 权益 = 505 万元,资产与权益仍然相等。

(6)经批准公司将盈余公积 8 万元转增资本。

这项经济业务事项发生后,华丰公司所有者权益中的实收资本增加了 8 万元,所有者权益中的盈余公积同时减少了 12 万元,该业务属于所有者权益内部有增有减,不影响资产和权益的总额变化,因此资产与权益的数量关系仍然为资产 = 权益 = 505 万元,资产与权益仍然相等。

(7)公司向银行借入 10 万元直接用于归还拖欠的货款。

这项经济业务事项发生后,华丰公司负债中的短期借款增加了 10 万元,同时负债中的应付账款减少了 10 万元,该业务属于负债内部有增有减,不影响资产和权益的总额变化,因此资产与权益的数量关系仍为资产 = 权益 = 505 万元,资产与权益仍然相等。

(8)公司经与债权人协商并经有关部门批准,将所欠 4 万元债务转为资本。

这项经济业务事项发生后,华丰公司负债中的应付账款减少了 4 万元,同时所有者权益负债中的实收资本增加了 4 万元,该业务属于负债减少,所有者权益增加,但增减金额相等,所以不影响资产和权益的总额变化,因此资产与权益的数量关系仍然为资产 = 权益 = 505 万元,资产与权益仍然相等。

(9)公司经研究决定,向投资者分配利润 3 万元。

这项经济业务事项发生后,华丰公司负债中的应付利润增加了 3 万元,同时所有者权益负债中的未分配利润减少了 3 万元,该业务属于负债增加,所有者权益减少,但增减金额相等,所以不影响资产和权益的总额变化,因此资产与权益的数量关系仍然为资产 = 权益 = 505 万元,资产与权益仍然相等。

由此可见,企业的经济业务无论怎样纷繁复杂,都不会破坏上述等式的平衡关系。企业在任何时点所有的资产总额总是等于负债和所有者权益总额。

(二)收入 – 费用 = 利润

企业的生产经营活动从动态来观察,表现为在取得收入的同时又要发生相应的费用,并可据以计算出当期实现的利润。其关系为:

$$收入 – 费用 = 利润$$

该等式是可称为第二会计等式,是资金运动的动态表现,体现了企业在某一会计期间生产经营活动的结果。收入、费用和利润之间的上述关系,是企业编制利润表的基础。

(三)六大会计要素之间的关系

在会计期初,资金运动处于相对静止状态,企业既没有取得收入,也没有发生费用,因此会计等式就表现为:

$$资产 = 负债 + 所有者权益$$

随着企业经营活动的进行,在会计期间内,企业一方面取得收入,并因此而引起资产的增加或负债的减少;另一方面企业要发生各种费用,引起资产的减少或负债的增加。因此,在会计期间,会计等式又转化为:

$$资产 = 负债 + 所有者权益 + (收入 – 费用)$$

到了会计期末,企业将收入和费用相配比,计算出利润,此时会计等式又转化为:

$$资产 = 负债 + 所有者权益 + 利润$$

企业的利润按规定的程序进行分配,一部分按照比例分配给投资者,另一部分形成企业的

盈余公积和未分配利润,归入所有者权益,这样,在会计期末结账之后的会计等式又恢复到会计期初的形式:

$$资产 = 负债 + 所有者权益$$

"资产 = 负债 + 所有者权益"这个平衡公式,会计上称为会计等式,又称为会计恒等式。

可以看出,六大要素之间的等式关系全面、综合地反映了企业资金运动的内在规律。企业的资金总是采用动静结合的方法持续不断地运动。从某一具体时点上观察,可以看出资金的静态规律;从某一时期观察,又可以总结出资金的动态规律。

任务实施

【资料】 某工厂创办时,取得国家以固定资产形式进行的投资 350 000 元,以流动资产方式进行的投资 280 000 元,其中原材料 96 000 元,其余均为银行存款。另外取得长期借款 100 000 元,已存入银行。

【要求】

1. 计算该厂资产总额是多少。
2. 计算该厂负债总额和所有者权益总额是多少。
3. 判断会计等式是否平衡。

任务三　熟悉会计科目与账户

知识目标

1. 熟悉会计科目。
2. 熟悉账户。
3. 理解会计科目与账户的关系。

技能目标

能够根据会计科目设置账户。

知识讲解

一、会计科目

会计科目是对会计要素的具体内容进行分类核算的项目。它是按照经济业务的内容和经营管理要求而设置的。每个会计科目都反映一个特定的经济内容。例如,企业的主要劳动手

段,如机器设备、房屋等,设置"固定资产"科目反映;企业的劳动对象,如钢材等,设置"原材料"科目反映;投资者对企业的投资,设置"实收资本"科目反映。

设置会计科目是会计核算的一种专门方法。通过设置会计科目,可以将各项会计要素的增减变化分类归集,可以全面地、系统地反映各项经济内容在一定时期的综合变化,提供一系列具体的分类信息,便于投资人、债权人以及其他会计信息使用者掌握和分析企业的财务状况、经营成果和现金流量。

通常会计科目按其反映的经济内容分类与会计要素具体内容的分类基本一致,可以分为资产类、负债类、所有者权益类、收入类、费用类、利润类六大类会计科目。

1. 资产类科目

按照资产的流动性可分为:

(1)反映流动资产的科目,有"库存现金""银行存款""原材料""库存商品""应收账款""应收票据""预付账款""其他应收款""应收利息"等。

(2)反映非流动资产的科目,有"长期股权投资""固定资产""累计折旧""无形资产"等。

2. 负债类科目

按照负债的偿还期可分为:

(1)反映流动负债的科目,有"短期借款""应付票据""应付账款""预收账款""其他应付款""应付职工薪酬""应交税费""应付股利""应付利息"等。

(2)反映长期负债的科目,有"长期借款""应付债券"等。

3. 所有者权益类科目

反映所有者权益的科目,有"实收资本""资本公积""盈余公积"等。

4. 收入类科目

反映收入的科目,有"主营业务收入""其他业务收入"等。

5. 费用类科目

按费用是否计入损益可分为:

(1)不计入损益的费用科目,有"生产成本"和"制造费用"。

(2)计入损益的费用科目,有"主营业务成本""其他业务成本""营业税金及附加""销售费用""管理费用""财务费用""所得税费用"等。

6. 利润类科目

反映利润的科目,有"本年利润"和"利润分配"。

必须指出,上述把会计科目按会计要素划分为六大类与会计准则中把会计科目划分为资产类、负债类、所有者权益类、共同类、成本类和损益类六大类的不同在于:

(1)将利润类科目并入所有者权益类科目。

(2)将不计入损益的费用类科目单独设置成本类科目。

(3)将收入类科目和计入损益的费用科目合称损益类科目。

(4)单独设置共同类科目。

一般常用会计科目如表1-6所示。

表1-6 会计科目简表

会计科目名称	会计科目名称
一、资产类	三、所有者权益类
库存现金	实收资本
银行存款	资本公积
应收票据	盈余公积
应收账款	本年利润
预付账款	利润分配
其他应收款	四、成本类
在途物资	生产成本
原材料	制造费用
库存商品	五、损益类
固定资产	主营业务收入
累计折旧	其他业务收入
无形资产	投资收益
累计摊销	营业外收入
二、负债类	主营业务成本
短期借款	其他业务成本
应付票据	营业税金及附加
应付账款	销售费用
预收账款	管理费用
应付职工薪酬	财务费用
应交税费	营业外支出
应付利息	所得税费用
应付股利	
长期借款	

二、账户

会计科目只是对会计要素具体内容进行分类的项目,它不具有特定的结构和形式,不能实际记录反映经济业务发生后引起的会计要素具体内容的增减变化及其结果。为了分类、连续、系统地进行核算和监督,必须根据会计科目开设账户。

账户是根据会计科目设置的具有一定结构的,用来分类、连续、系统地记录经济业务引起的会计要素具体内容增减变化及其结果的记账实体。

(一)设置账户的原则

为了更好地发挥账户的作用,企业在设置账户时应遵循以下原则:

(1)账户的设置必须结合企业经济业务特点,所设账户能如实地、合理地、毫不遗漏地反映全部会计对象的内容。

(2)账户的设置必须体现财务会计制度要求,所设账户提供的会计信息必须满足国家宏观经济管理需要,满足外部有关方面了解企业经营状况以及企业内部经营管理的需要。

(3)账户体系必须科学严密,又要有利于记清账目,简明适用。

（二）账户的基本结构

任何一个账户都有一个名称,反映这一类会计要素的具体经济内容。同时,每一个账户都要求提供这一类会计要素变动情况的资料,因此它必须具有一定的结构。各项经济业务引起会计要素的变动,不外乎是数量上的增加和减少两种情况及其根据增减变动计算的结余数额。因此,账户的基本结构是将账户分为两部分或划分为左右两方,其中一方登记增加额,另一方登记减少额,增加额和减少额相抵后的差额,称为账户的余额。因此,在账户中所记的金额,可以分为:期初余额、本期增加额、本期减少额和期末余额。

（1）期初余额:将上一期的期末余额转入本期,即为本期期初余额。

（2）本期增加额:即一定时期(月度、季度、半年度、年度)内账户所登记的增加金额的合计,也称本期增加发生额。

（3）本期减少额:即一定时期内账户所登记的减少金额的合计,也称本期减少发生额。

（4）期末余额:即本期期初余额加上本期增加发生额减去本期减少发生额后的数额。结转到下一期即为下期期初余额。

上述四项金额的关系,可以用下列等式表示:

$$期末余额 = 期初余额 + 本期增加额 - 本期减少额$$

每个账户的本期增加额和本期减少额都应分别记入各账户左右两方,以便于分别计算增、减发生额和余额。

在会计教学中,为了便于说明账户结构,通常使用简化的"T"字形账户表示其结构,如表1-7所示。

表1-7　"T"字形账户

左方	账户名称	右方

在会计实务中,账户的格式体现在账页上,由于所登记经济业务的不同,可以有各种各样的账页格式,但一般说来,任何一种账户格式的设计,应当包含下列基本内容:

（1）账户的名称(即会计科目)。

（2）日期(表明记账时间)。

（3）凭证号数(表明账户记录的来源)。

（4）摘要(概要说明经济业务的内容)。

（5）增加、减少和结余金额(在借贷记账法下为借方、贷方和余额栏)。

在会计实务中使用的账户一般格式如表1-8所示。

表1-8　账户的一般格式

账户名称(会计科目):

日期	凭证号数	摘要	借方金额	贷方金额	余额

在账户左右两方中,哪一方记增加数,哪一方记减少数,取决于所采用的记账方法和各账户所记录的经济内容。(关于账户的具体结构将在后面的项目中会详细阐述。)

三、会计科目与账户的关系

会计科目和账户是两个既有联系又有区别的概念。

1. 联系

会计科目与账户都是对会计对象具体内容的科学分类,两者口径一致,性质相同。会计科目是账户的名称,账户是根据会计科目设置的,所以会计科目的内容、分类的方法决定了账户的内容、分类的方法。会计科目和账户反映的经济内容是相同的,所以常把会计科目和账户作为同义语使用。例如,"银行存款"账户是根据"银行存款"会计科目开设的,两者所指的经济内容是一致的。

2. 区别

会计科目只是账户的名称,没有结构,而账户具有记录会计对象具体内容的结构;会计科目由财政部门制定,具有统一性;而账户是根据会计科目设置的,具有灵活性。例如,"银行存款"会计科目只规定它应反映企业存在银行中的款项,而"银行存款"账户可以把一定会计期间企业存在银行中的款项的增加、减少及结余情况记录下来,以随时反映银行存款数额的变化情况。

任务实施

根据任务二【任务实施】确定会计科目并设置账户。

同 步 测 试

一、单项选择题

1. 会计科目是( )。
   A. 会计要素名称　　B. 报表名称　　C. 账簿名称　　D. 账户名称

2. 经济业务发生后,( )会计等式的平衡关系。
   A. 不会破坏　　B. 会破坏　　C. 有时破坏　　D. 根据情况

3. 反映资产在本期发生增减变动结果的是( )。
   A. 期初余额　　B. 本期增加发生额　　C. 本期减少发生额　　D. 期末余额

4. 经济业务发生只涉及资产内部有关要素时,其变化规律是(　　)。

    A. 同时增加　　　　B. 同时减少　　　　C. 此增彼减　　　　D. 不增不减

5. 下列项目中属于会计科目的是(　　)。

    A. 房屋建筑　　　　B. 库存现金　　　　C. 外商投资　　　　D. 没收罚款

6. 预付账款属于会计要素中(　　)类会计科目。

    A. 资产　　　　　　B. 负债　　　　　　C. 所有者权益　　　D. 费用

7. 反映企业所有者投入资金的科目是(　　)。

    A. 固定资产　　　　B. 银行存款　　　　C. 实收资本　　　　D. 长期投资

8. 下列科目中属于流动资产的是(　　)。

    A. 应付账款　　　　B. 短期借款　　　　C. 应收账款　　　　D. 固定资产

9. 企业收到购货单位归还前欠货款存入银行,该笔业务属于(　　)变化类型。

    A. 资产内部此增彼减　　　　　　　　　B. 权益内部此增彼减

    C. 资产和权益同时增加　　　　　　　　D. 资产和权益同时减少

10. 描述资产、负债和所有者权益之间数量变化及其规律的表达式是(　　)。

    A. 账户的结构　　　B. 会计等式　　　　C. 会计科目　　　　D. 会计要素

11. 下列属于资产类科目的是(　　)。

    A. 原材料　　　　　B. 预收账款　　　　C. 实收资本　　　　D. 资本公积

12. 购入材料的运杂费,一般应计入(　　)。

    A. 材料采购成本　　B. 产品成本　　　　C. 制造费用　　　　D. 期间费用

13. "管理费用"账户期末应(　　)。

    A. 无余额　　　　　　　　　　　　　　B. 有借方余额

    C. 有贷方余额　　　　　　　　　　　　D. 借方贷方都有余额

14. 某公司期初资产总额为 200 000 元,当期期末负债总额比期初减少 20 000 元,期末所有者权益比期初增加 60 000 元,则该企业期末资产总额为(　　)元。

    A. 180 000　　　　　B. 200 000　　　　　C. 240 000　　　　　D. 260 000

二、多项选择题

1. 会计要素有(　　)。

    A. 资产、负债　　　B. 收入、费用　　　C. 银行借款

    D. 所有者权益　　　E. 利润

2. 下列项目中,属于会计科目的有(　　)。

    A. 机器设备　　　　B. 固定资产　　　　C. 流动资产

    D. 短期借款　　　　E. 实收资本

3. 企业的流动负债包括(　　)。

    A. 库存现金　　　　B. 短期借款　　　　C. 应付职工薪酬

    D. 应付账款　　　　E. 预收账款

4. 所有者权益是指企业资产扣除负债后由所有者享有的剩余权益,包括(　　)。

    A. 实收资本　　　　B. 长期投资　　　　C. 资本公积

    D. 盈余公积　　　　E. 未分配利润

5. 下列属于流动资产的科目有(　　)。

A. 银行存款　　　　　B. 预收账款　　　　　C. 交易性金融资产

D. 应收账款　　　　　E. 应付账款

6. 一项所有者权益增加的同时,引起的另一方面变化可能是(　　　)。

　　A. 一项资产增加　　　　　　　　　　　B. 一项负债减少

　　C. 一项负债增加　　　　　　　　　　　D. 一项资产减少

　　E. 另一项所有者权益减少

7. 下列经济业务中,属于资产内部此增彼减的有(　　　)。

　　A. 从银行提取现金　　　　　　　　　　B. 国家向企业投资设备

　　C. 以银行存款归还借款　　　　　　　　D. 以银行存款购买原材料

　　E. 以现金发放工资

8. 下列科目属于非流动资产的有(　　　)。

　　A. 固定资产　　　　　　　　　　　　　B. 存货

　　C. 无形资产　　　　　　　　　　　　　D. 长期股权投资

　　E. 长期借款

9. 企业费用的发生可能表现为(　　　)。

　　A. 资产的增加　　　B. 资产的减少　　　C. 负债的增加

　　D. 负债的减少　　　E. 所有者权益的增加

10. 期间费用包括(　　　)。

　　A. 管理费用　　　　B. 制造费用　　　　C. 财务费用

　　D. 销售费用　　　　E. 生产费用

11. 制造业的资金由货币资金开始,依次转化为(　　　),最后又回到货币资金的过程叫作资金循环。

　　A. 储备资金　　　　B. 生产资金　　　　C. 成品资金　　　　D. 销售资金

12. 利润是指企业在一定会计期间的经营成果。利润分为(　　　)。

　　A. 营业利润　　　　　　　　　　　　　B. 利润总额

　　C. 净利润　　　　　　　　　　　　　　D. 主营业务利润

13. 工业企业的会计科目按其所反映的经济内容,可以划分为(　　　)共同类、损益类等六大类。

　　A. 资产类　　　　　B. 负债类　　　　　C. 所有者权益类

　　D. 成本类　　　　　E. 收入类

14. 会计科目按提供核算指标的详细程度,可以分为(　　　)。

　　A. 总分类科目　　　　　　　　　　　　B. 细分类科目

　　C. 明细分类科目　　　　　　　　　　　D. 分类科目

15. 账户中记录四种核算指标,即期初余额、本期增加发生额、本期减少发生额和期末余额,其关系式包括(　　　)。

　　A. 期末余额＝期初余额＋本期增加发生额－本期减少发生额

　　B. 上期期末余额＝本期期初余额

　　C. 本期期初余额＝本期期末余额

　　D. 期末余额＝期初余额＋本期减少发生额－本期增加发生额

三、判断题

1. 会计的职能只有两个,即会计核算和会计监督。 （　）

2. 对于明细科目较多的总分类科目、可在总分类科目与明细科目分类科目之间设置二级或多级科目。 （　）

3. 企业只有拥有某项财产物资的所有权才能将其确认为资产。 （　）

4. 资产来源于权益,权益与资产必然相等。 （　）

5. 任何经济业务的发生都不会破坏会计基本等式的平衡关系。 （　）

6. 经济业务的发生可使一个资产项目增加的同时,使一个负债项目减少。 （　）

7. 会计科目设置应当遵循相关性要求,是指所设置的会计科目应符合组织自身的特点,满足单位实际需要。 （　）

8. 会计科目和账户具有相同的记录格式和结构。 （　）

9. 会计科目和同名称的账户所反映的经济内容是相同的。 （　）

四、名词解释

1. 会计　2. 会计对象　3. 会计要素　4. 会计等式　5. 会计科目　6. 账户

五、简答题

1. 会计的基本职能包括哪些?

2. 如何理解会计要素与会计等式?

3. 账户设置遵循哪些原则?

4. 如何理解账户的结构?

5. 阐述会计科目与账户的联系与区别。

六、计算题

1. 确定下列各项目是属资产类、负债类,还是属所有者权益类,并分别计算三大会计要素的合计数:

内　　容	资产	负债	所有者权益
(1)车间里的机器设备 185 000 元	（　）	（　）	（　）
(2)国家对企业的投资 400 000 元	（　）	（　）	（　）
(3)企业在银行的存款 85 000 元	（　）	（　）	（　）
(4)企业欠银行的短期借款 60 000 元	（　）	（　）	（　）
(5)库存的原材料 125 000 元	（　）	（　）	（　）
(6)企业应付的购料款 37 000 元	（　）	（　）	（　）
(7)职工预借的差旅费 1 000 元	（　）	（　）	（　）
(8)企业应收客户的货款 128 000 元	（　）	（　）	（　）
(9)应交国家的税金 53 000 元	（　）	（　）	（　）
(10)车间尚未完工的产品 26 000 元	（　）	（　）	（　）
合计			

2. 练习对资产、负债和所有者权益分类,并验算会计等式左右两边的总额是否平衡。

【资料】假设某工业企业 2016 年 1 月 31 日资产、负债和所有者权益如下:

（1）企业保险柜中存放现金500元；　　　　　　　　　　　　　（　　）（　　）

（2）企业开户银行有存款47 500元；　　　　　　　　　　　　　（　　）（　　）

（3）向银行借入的短期贷款30 000元；　　　　　　　　　　　　（　　）（　　）

（4）库存原材料价值136 000元；　　　　　　　　　　　　　　　（　　）（　　）

（5）因出售产品应向购货单位收取货款45 000元；　　　　　　　（　　）（　　）

（6）因购买材料而欠供应单位的货款3 600元；　　　　　　　　　（　　）（　　）

（7）企业拥有房屋、机器设备等价值280 000元(假设无折旧)；　（　　）（　　）

（8）企业所有者投入资本500 000元。　　　　　　　　　　　　　（　　）（　　）

【要求】根据资料,判断哪些是资产项目,哪些是负债或所有者权益项目,填入括号内,并写出会计科目名称。

3.【资料】兴旺公司2016年5月份有关项目的期初余额如下：

银行存款	8 000元	现　　金	1 520元	原材料	81 520元
库存商品	2 400元	固定资产	142 500元	短期借款	108 000元
实收资本	127 940元

当月发生的经济业务如下：

（1）2日,用银行存款4 000元购入一批原材料；

（2）3日,从银行提取3 000元现金备用；

（3）5日,收到外商投入资本90 000元,存入银行；

（4）6日,向光明公司销售产品,价款24 000元,存入银行；

（5）10日,以现金支付业务招待费500元；

（6）12日,生产产品领用原材料8 000元；

（7）13日,向红光工厂购入原材料,价款10 000元,以银行存款支付；

（8）15日,向海运工厂销售产品,货款8 000元,尚未收到；

（9）18日,支付本月份水电费2 500元,用银行存款付讫；

（10）21日,以现金购买办公用品发给厂部使用,价款200元；

（11）25日,购进原材料,价款5 000元,尚未支付；

（12）29日,收到海运工厂交来的货款8 000元,结清前欠货款,已存入本企业账号。

【要求】（1）确定本月初资产、负债、所有者权益的数量关系；

　　　　（2）分析每一笔经济业务,判断其属于什么类型经济业务,涉及哪些会计科目；

　　　　（3）确定本月末资产、负债、所有者权益的数量关系。

项目二　借贷记账法及其应用

引导案例

李三在职业规划时明确自己将在大二时准备创业。他虽不是会计专业，但在了解了一些会计基础知识之后，还是产生了很多疑问：自己做老板，不懂会计怎么办？自己不知道记账方法怎么办？

在一个家庭里，为知晓一段时期的自家收支情况，很多人把家里每天的收支都会在一个本子上记录下来，俗称"流水账"。那么，企业会计记账与个人自家记账是一样的吗？企业会计该如何记账？你家里买了一台计算机，你可以了解一下，你父亲在账上是如何记录的？而如果企业买了一台办公用的计算机，会计人员又该如何记账呢？

【案例解析】

为解决李三的困惑，必须要学一些记账方法。下面就来熟悉现代企业会计通用的记账方法。

任务一　熟悉借贷记账法

知识目标

1. 理解复式记账原理。
2. 熟悉借贷记账规则。
3. 熟悉借贷记账法各类账户的结构。
4. 理解试算平衡原理。
5. 掌握借贷记账方法。

技能目标

1. 能够编制试算平衡表。
2. 能够编制会计分录。

🔘 知识讲解

一、记账方法

记账方法是根据一定的原理、记账符号、记账规则,采用一定的计量单位,利用文字和数字在账簿中登记经济业务的方法。记账方法一般由记账符号、账户设置、记账规则、过账、结账和试算平衡等内容所构成。

记账方法按照记账方式的不同,可分为单式记账法和复式记账法。

单式记账法是最早出现的一种记账方法。单式记账法是对经济业务发生后所产生的会计要素的增减变动,只在一个账户中进行登记的方法。单式记账法记账过程和方式简单,只能反映经济业务的一个侧面,账户之间不形成相互对应的关系,不能全面、系统地反映经济业务的来龙去脉,也不便于检查账簿记录的正确性。因此,适合于在简单经济条件下使用。

【例 2 - 1】

用 100 元现金购买原材料。

会计人员在"现金"账记:- 100。

复式记账法是单式记账法的对称。复式记账法是对每项经济业务按相等的金额在两个或两个以上有关账户中同时进行登记的方法。该方法的理论依据是"资产 = 负债 + 所有者权益"的会计等式。按照会计等式,任何一项经济业务都会引起资产与权益之间至少两个项目发生增减变动,而且增减变动的金额相等。因此对每一笔经济业务的发生,都可以以相等的金额在两个或以上相关账户中做等额双重记录。这种记账如实反映了经济事物的客观联系,是一种科学的记账方法。所以,复式记账法可以全面、清晰地反映出经济业务的来龙去脉,而且还能通过会计要素的增减变动,全面系统地反映经济活动的过程和结果。

【例 2 - 2】

用 100 元现金购买原材料。

会计人员在"现金"账记:- 100;同时在"原材料"账记:+ 100。

从【例 2 - 1】可以看出,单式记账法只知道现金减少 100 元,但无法知晓其用途;从【例 2 - 2】则可以完整地看出,减少的 100 元现金是用于购买原材料,或者增加的原材料是用 100 元现金购买的。

复式记账法又分为借贷记账法、收付记账法和增减记账法。复式记账法现在被广泛使用,其中借贷记账法是目前世界上通用的记账方法。

二、借贷记账法

(一)借贷记账法的产生

借贷记账法最早起源于 13 世纪的意大利。随着商品经济的发展,借贷记账法也不断完善,经历了由单式记账发展到复式记账的过程。大约到 15 世纪初,"借""贷"二字逐渐失去了原有的含义,而转化为一种记账符号,用来反映会计要素各项具体内容的增减变化。

1494 年,意大利数学家、近代会计之父卢卡·巴其阿勒在《算术、几何、比及比例概要》一书中,系统地阐述了借贷记账法。20 世纪初,借贷记账法传入我国,目前借贷记账法已被我国

各单位广泛使用。

（二）借贷记账法含义

借贷记账法是以"借"和"贷"作为记账符号，把发生的经济业务所引起的会计要素的增减变动，以相等的金额，同时在两个或者以上的会计账户中，相互联系的进行登记的一种复式记账方法。

借贷记账法用"借"和"贷"作为指明应记入某一账户的某一部分（方向）的符号，表明记账的增减方向、账户之间的对应关系和账户余额的性质等。"借"和"贷"作为一个专门的记账符号，它将每一个账户都固定地分为相互对立的部分，账户的左方称为借方，右方称为贷方，以此来表示账户内容的增减变化。

（三）借贷记账法账户的结构

账户是会计核算的基本工具，具有一定的结构。由于企业的资金在运动过程中的变动状态不是增加就是减少，那么在借贷记账法下，究竟哪一方用来登记增加额，哪一方用来登记减少额，要看账户反映的经济内容，即账户的性质。

下面分别具体说明各类账户的结构。

1. 资产和成本类账户的结构

资产和成本类账户是用来记录和反映各项资产、成本增减变动的账户。在这类账户中，借方登记增加，贷方登记减少。在同一个会计期间内，借方登记的合计数额称为借方发生额，贷方登记的合计数额称为贷方发生额。在每一个会计期末，将借、贷方发生额相比较，其差额称为期末余额，期末余额一般在借方，有些账户可能无余额。本期的期末余额，即为下期的期初余额。

资产和成本类账户的期末余额可根据下列公式计算：

资产类账户期末余额＝借方期初余额＋借方本期发生额－贷方本期发生额

资产和成本类账户的结构如表2-1所示。

表2-1　资产和成本类账户的结构

借	（资产类科目）	贷
期初余额		
本期增加额	本期减少额	
本期发生额	本期发生额	
期末余额		

现以"库存商品"账户为例说明资产和成本类账户的具体结构，见表2-2。

表2-2　"库存商品"账户的结构

库存商品　　　　　　　　　　　　　　　　　　　　　单位:元

2015年 月	日	凭证号数	摘　要	借　方	贷　方	借或贷	余　额
12	1	（略）	期初余额			借	2 000
	2		购买商品	3 000		借	5 000
	6		领用商品		4 000	借	1 000
	17		购买商品	6 000		借	7 000
	21		购买商品	7 000		借	14 000
	29		领用商品		9 000	借	5 000
	31		本期发生额和期末余额	16 000	13 000	借	5 000

期末余额 = 2 000 + 16 000 – 13 000 = 5 000(元)

2. 负债类账户的结构

负债类账户是用来记录和反映各项负债增减变动的账户。在这类账户中,贷方登记负债的增加,借方登记负债的减少。在同一个会计期间内,贷方登记的合计数额称为贷方发生额,借方登记的合计数额称为借方发生额,在每一个会计期末,将借、贷方发生额相比较,其差额称为期末余额,负债类账户的期末余额一般在贷方。本期的期末余额即为下期的期初余额。

负债类账户的期末余额可根据下列公式计算:

负债类账户期末余额 = 贷方期初余额 + 贷方本期发生额 – 借方本期发生额

负债类账户的结构,见表 2 – 3。

表 2 – 3 负债类账户的结构

借	(负债类科目)	贷
	期初余额	
本期减少额	本期增加额	
本期发生额	本期发生额	
	期末余额	

现以"应付票据"账户为例说明负债类账户的具体结构,如表 2 – 4 所示。

表 2 – 4 "应付票据"账户的结构

应付票据 单位:元

2015 年		凭证号数	摘 要	借 方	贷 方	借或贷	余 额
月	日						
12	1	(略)	期初余额			贷	100 000
	6		到期还款	20 000		贷	80 000
	11		购料欠款		50 000	贷	130 000
	18		购料欠款		60 000	贷	190 000
	22		到期还款	30 000		贷	160 000
	29		购料欠款		10 000	贷	170 000
	31		本期发生额和期末余额	50 000	120 000	贷	170 000

期末余额 = 100 000 + 120 000 – 50 000 = 170 000(元)

3. 所有者权益类账户的结构

所有者权益类账户是反映企业净资产实有数额的账户。这类账户的结构与负债类账户的结构完全相同,即贷方登记增加数,借方登记减少数,期末账户余额一般在贷方,反映所有者权益实有数。

所有者权益类账户的期末余额可根据下列公式计算:

所有者权益账户期末余额 = 贷方期初余额 + 贷方本期发生额 – 借方本期发生额

所有者权益类账户的结构,见表 2 – 5。

表2－5　所有者权益类账户的结构

借	(所有者权益类科目)	贷
	期初余额	
本期减少额	本期增加额	
本期发生额	本期发生额	
	期末余额	

现以"实收资本"账户为例说明所有者权益类账户的具体结构,见表2－6。

表2－6　"实收资本"账户的结构

实收资本　　　　　　　　　　　　　　　　　　　单位:元

2015 年		凭证号数	摘　要	借　方	贷　方	借或贷	余　额
月	日						
12	1		期初余额			贷	500 000
	6		国家投入资金		200 000	贷	700 000
	12		A 公司投入设备		100 000	贷	800 000
	25		转出资本	300 000		贷	500 000
	31		本期发生额和期末余额	300 000	300 000	贷	500 000

期末余额 = 500 000 + 300 000 − 300 000 = 500 000(元)

4. 损益类的账户结构

损益类账户主要包括收入类账户(如主营业务收入、其他业务收入等账户)、直接计入当期损益的其他收益类账户(如营业外收入类账户)、费用类账户(如管理费用、财务费用等账户)和损失类账户(如营业外支出账户)。

(1)收益类账户的结构。

收益类账户的结构与负债和所有者权益类账户的结构基本相同。在借贷记账法下,收益类(包括收入类账户和直接计入当期损益的其他收益类账户)的借方登记减少额,贷方登记增加额。本期收益净额在期末转入"本年利润"账户,用来计算本期损益,结转后一般无余额。

收益类账户的期末余额可根据下列公式计算:

收益类账户期末余额 = 借方期初余额 + 借方本期发生额 − 贷方本期发生额

收益类账户的结构,见表2－7。

表2－7　收益类账户的结构

借	(收益类科目)	贷
本期减少额	本期增加额	
本期发生额	本期发生额	
	期末一般无余额	

现以"主营业务收入"账户为例说明收入类账户的结构,见表2－8。

表2-8 "主营业务收入"账户的结构

主营业务收入

2015年		凭证号数	摘　要	借　方	贷　方	借或贷	余　额
月	日						
12	4		销售产品A		50 000	贷	50 000
	10		销售产品B		10 000	贷	60 000
	22		销售产品A		40 000	贷	100 000
	31		结转	100 000		平	0
	31		本期发生额和期末余额	100 000	100 000	平	0

（2）费用和损失类账户的结构。

费用和损失类账户的结构与资产和成本类账户的结构基本相同。在借贷记账法下，费用类和损失类的借方登记增加额，贷方登记减少额。木期费用和损失净额在期末转入"本年利润"账户，用来计算本期损益，结转后一般无余额。

费用和损失类账户的期末余额可根据下列公式计算：

费用和损失类账户期末余额 = 借方期初余额 + 借方本期发生额 - 贷方本期发生额

费用和损失类账户的结构见表2-9。

表2-9 费用和损失类账户的结构

借	（费用和损失类科目）	贷
本期增加额	本期减少额	
本期发生额	本期发生额	
期末一般无余额		

现以"管理费用"账户为例说明费用和损失类账户的结构，见表2-10。

表2-10 "管理费用"账户的结构

管理费用

2015年		凭证号数	摘　要	借　方						贷方	借或贷	余额
月	日			工资	折旧费	水电费	办公费	…	合计			
12	1		购办公用品				800		800		借	800
	8		发放工资	8 500					8 500		借	8500
	9		付水电费			950			950		借	950
	30		计提折旧		12 600				12 600		借	12 600
	30		本期发生额和期末余额	14 000							平	0

账户按其性质来说，既有反映各项资产的账户，又有反映负债和所有者权益的账户。我们知道，资产和权益是同一资金的两个不同的方面，但是总额却又保持着相等的平衡关系。因此在这两类账户中，就应当用相反的方向来登记它们的增加或减少数。为了便于记忆和掌握各类账户的结构，现将各类账户借、贷方反映增减变化及余额方向情况汇总见表2-11。

表 2－11　账户的结构

账户类别		借方	贷方	余额方向
资产类		增加	减少	借方
成本类		增加	减少及结转	若有余额在借方
负债类		减少	增加	贷方
所有者权益类		减少	增加	贷方
损益类	收入类	减少及结转	增加	一般无余额
	费用类	增加	减少及结转	一般无余额

（四）借贷记账法的记账规则

借贷记账法的记账规则是：有借必有贷，借贷必相等。具体来说，在采用借贷记账法记录任何一笔经济业务时，都必须做到：把发生的业务计入一个账户借方的同时，也应当记入另一个或几个会计账户的贷方；反之，把发生的业务计入一个账户贷方的同时，也应当记入另一个或几个会计账户的借方；而记入账户借方的金额合计数与记入贷方的金额合计数必需相等。

下面通过实例来说明借贷记账法的记账规则。

【例 2－3】

公司 2015 年 8 月 31 日的资产、负债及所有者权益的数额，见表 2－12。

表 2－12　资产负债及所有者权益余额　　　　　　　　单位：元

资　产		负债及所有者权益	
库存现金	4 000	短期借款	8 000
银行存款	50 000	应付票据	12 000
应收账款	30 000	应付账款	40 000
应收票据	3 000	实收资本	350 000
原材料	103 000	盈余公积	100 000
固定资产	520 000	本年利润	200 000
资产合计	710 000	负债及所有者权益合计	710 000

该公司 9 月份发生以下经济业务：

（1）购买原材料 5 000 元并已验收入库，以银行存款转账。

发生这笔业务后，涉及资产要素中两个项目的变化：一方面是资产项目中的原材料增加了 5 000 元，应记入"原材料"账户的借方；另一方面是资产项目中的银行存款账户减少了 5 000 元，应记入银行存款账户的贷方。

因此，这笔经济业务应该在这两个账户中做如下记录：

借	原材料	贷		借	银行贷款	贷
5 000						5 000

（2）以银行存款偿还前欠货款3 000元。

发生这笔业务后，涉及资产和负债两个要素中两个项目同时发生变化：一方面是属于资产要素的银行存款减少了3 000元，应记入银行存款账户的贷方；另一方面是属于负债要素的应付账款减少了3 000元，应记入应付账款账户的借方。

因此，这笔经济业务应该在这两个账户中做如下记录：

借	银行存款	贷		借	应付账款	贷
		3 000	← →		3 000	

（3）企业向银行借入期限为3年的借款80 000元。

发生这笔业务后，涉及资产和负债两个要素中两个项目同时发生变化：一方面是属于资产要素的银行存款增加了80 000元，应记入银行存款账户的借方；另一方面是属于负债要素的长期借款增加了80 000元，应记入长期借款账户的贷方。

因此，这笔经济业务应该在这两个账户中做如下记录：

借	银行存款	贷		借	长期借款	贷
80 000						80 000

（4）企业收到投资者投入的机器设备一台，价值50 000元。

发生这笔业务后，涉及了资产和所有者权益两个会计要素中的两个项目同时发生变化。一方面是资产项目的固定资产增加了50 000元，应记入固定资产账户的借方；另一方面是所有者权益方的实收资本增加了50 000元，应记入实收资本账户的贷方。

因此，这笔经济业务应该在这两个账户中做如下记录：

借	固定资产	贷		借	实收资本	贷
50 000						50 000

从以上四种类型的经济业务可以看出，在借贷记账法下，每一项业务发生后，都要以相等的金额同时记入有关的账户，一个记借方，另一个记贷方。这就是借贷记账法"有借必有贷，借贷必相等"的记账规则。

（5）购入库存商品4 000元并已验收入库，支付银行存款3 000元，其余暂欠。

发生这笔业务后，涉及了资产和负债两个会计要素中的三个项目同时发生变化：一方面是属于资产项目的库存商品增加了4 000元，应记入库存商品账户的借方；同时银行存款减少了3 000元，应记入银行存款的贷方；另一方面是属于负债方的应付账款增加了1 000元，应记入应付账款的贷方。

因此，这笔经济业务应该在这三个账户中做如下记录：

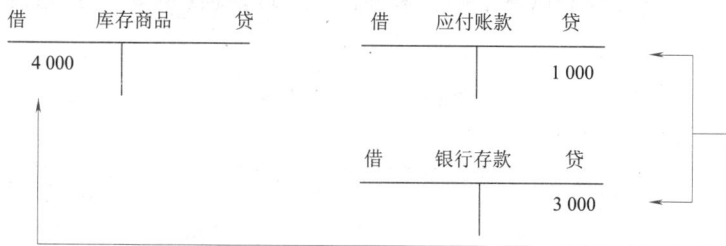

（6）公司生产 A 产品领用原材料 10 000 元,行政管理部门领用原材料 2 000 元。

发生这笔业务后,同样涉及了资产和费用两个要素中的三个项目同时发生变化:一方面是资产要素的原材料减少了 12 000 元,应记入原材料账户的贷方;同时资产要素的生产成本增加了 10 000 元,应记入生产成本的借方,费用要素的管理费用增加了 2 000 元,应记入管理费用的借方。

因此,这笔经济业务应该在这三个账户中做如下记录:

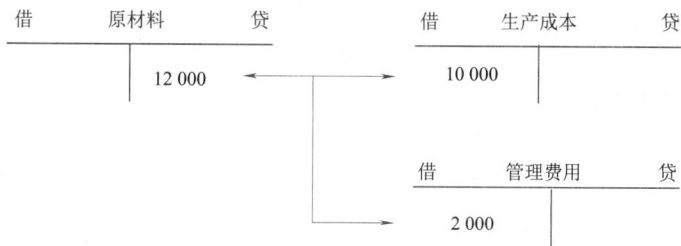

从以上两种类型的经济业务可以看出,即使发生的是较复杂的业务,也要同时分别记入有关的借方和贷方账户,且借方账户的金额合计数与贷方金额的合计数相等,都符合借贷记账法"有借必有贷,借贷必相等"的记账规则。

（五）借贷记账法的试算平衡

试算平衡是根据会计恒等式和借贷记账法的记账规则,通过对一定期间所有账户记录的汇总和计算,来检验账户记录是否正确的一种方法。

在借贷记账法下,对每一项经济业务都在借方和贷方以相等的金额来记录,因此一定期间全部账户的借方发生额和贷方发生额必然相等,同理,该期间的全部账户的借方余额和贷方余额也是相等的。

在借贷记账法下,试算平衡公式为:

（1）全部账户的期初借方余额合计数等于全部账户的期初贷方余额合计数。

（2）全部账户的本期借方发生额合计数等于全部账户的本期贷方发生额合计数。

（3）全部账户的期末借方余额合计数等于全部账户的期末贷方余额合计数。

上面三个平衡关系,可以用来检验账户记录是否正确。如果三个公式都相等,说明记账工作基本是正确的,但不是绝对的。应当注意,试算平衡只是通过借贷金额是否相等来检验账户记录是否正确。如果借贷不相等,可以肯定账户的计算或记录有错误,应当进一步查明原因,予以纠正。但是,如果试算公式是相等的,不能完全肯定记账没有错误,因为有些错误的记账,如借贷方向颠倒、借贷方金额错误相同等,并不一定影响借贷平衡。

试算平衡通常是通过编制试算平衡表来进行的。现根据【例 2－3】,编制试算平衡表,如表 2－13 所示。

表 2－13　试算平衡表

单位名称:某公司　　　　　　　　　　　　　2015 年 9 月　　　　　　　　　　　　　单位:元

账　户	期初余额		本期发生额		期末余额	
	借方	贷方	借方	贷方	借方	贷方
资产:						
库存现金	4 000					4 000
银行存款	50 000		80 000	11 000	119 000	
应收账款	30 000				30 000	
应收票据	3 000				3 000	
原材料	103 000			5 000	12 000	96 000
库存商品			4 000		4 000	
生产成本			10 000			10 000
管理费用			2 000		2 000	
固定资产	520 000		50 000		570 000	
负债:						
短期借款		8 000				8 000
应付票据		12 000				12 000
应付账款		40 000	3 000	1 000		38 000
长期借款				80 000		80 000
所有者权益:						
实收资本		350 000		50 000		400 000
盈余公积		100 000				100 000
本年利润		200 000				200 000
合计	710 000	710 000	154 000	154 000	858 000	858 000

(六)会计分录的编制

1. 会计分录的含义

会计分录简称分录,是指根据经济业务的内容指明应借、应贷账户的方向、账户名称及其金额的一种会计记录。会计分录由借贷方向、对应账户(科目)名称及应记金额三要素构成。

会计分录在实际工作中,是通过填制记账凭证来实现的,是保证会计记录正确可靠的重要环节。会计核算中,不论发生什么样的经济业务,都需要在登记账户以前,按照记账规则,通过填制记账凭证来确定经济业务的会计分录,以便正确地进行账户记录和事后检查。

2. 会计分录的种类

按照涉及会计科目的多少,会计分录分为简单会计分录和复合会计分录。

简单会计分录是指只涉及一个账户的借方与另一个账户的贷方的会计分录,或者说是只涉及两个账户的会计分录,即"一借一贷"的分录。如【例 2－3】中的第一至第四项业务就是简

单会计分录。

复合会计分录是指由三个或以上的账户所构成的会计分录,即"一借多贷""一贷多借"或"多借多贷"的会计分录。如【例2-3】中的第五至第六项业务就是复合会计分录。但要注意的是,只有在业务比较复杂,确实需要时才可以编制"多借多贷"的会计分录,一般不允许将不同的经济业务合并编制"多借多贷"的会计分录。

3. 会计分录的格式

在编制会计分录时,按照"先借后贷,上下排列,左右错开,金额错开"的格式列示,以便醒目、清晰。根据【例2-3】的业务,编制会计分录如下:

(1)借:原材料　　　　　　　　　　　　　　　　　5 000
　　　贷:银行存款　　　　　　　　　　　　　　　　　　5 000
(2)借:应付账款　　　　　　　　　　　　　　　　　3 000
　　　贷:银行存款　　　　　　　　　　　　　　　　　　3 000
(3)借:银行存款　　　　　　　　　　　　　　　　　80 000
　　　贷:长期借款　　　　　　　　　　　　　　　　　　80 000
(4)借:固定资产　　　　　　　　　　　　　　　　　50 000
　　　贷:实收资本　　　　　　　　　　　　　　　　　　50 000
(5)借:库存商品　　　　　　　　　　　　　　　　　4 000
　　　贷:银行存款　　　　　　　　　　　　　　　　　　3 000
　　　　应付账款　　　　　　　　　　　　　　　　　　1 000
(6)借:生产成本　　　　　　　　　　　　　　　　　10 000
　　　管理费用　　　　　　　　　　　　　　　　　　2 000
　　　贷:原材料　　　　　　　　　　　　　　　　　　12 000

4. 会计分录的编制步骤

(1)分析经济业务涉及的会计要素。
(2)确定经济业务涉及的会计科目(或账户)。
(3)确定金额增减变化情况。
(4)确定借贷记账方向。
(5)按格式要求规范书写。

【例2-4】

一企业向快帆公司购买甲材料1 000千克,单价50元,货款计50 000元,材料已验收入库。以银行存款支付30 000元,余款暂欠。请按规范编制会计分录。

解:

(1)该笔购买原材料的业务影响到材料、款项、欠款的变化;而材料、款项属于资产要素,欠款属于负债要素。所以,这笔业务涉及资产和负债两个会计要素。

(2)核算材料的会计科目是"原材料",核算银行存款的会计科目是"银行存款",核算所欠货款的会计科目是"应付账款"。

(3)从资料中可以看出,甲材料增加了50 000元,银行存款减少了30 000元,应付账款增加了20 000元。

（4）根据账户的结构,资产的增加计入借方,减少计入贷方,负债的增加计入贷方。所以,应分别计入"原材料"账户的借方,"银行存款"账户的贷方,"应付账款"账户的贷方。

（5）根据上述步骤的分析,该项业务需要编制"一借二贷"的复合分录,按要求规范书写如下:

借:原材料   50 000

  贷:银行存款   30 000

    应付账款   20 000

任务实施

【资料】某公司 2016 年 1 月 31 日的资产、负债及所有者权益的数额如下:

单位:元

资产		负债及所有者权益	
库存现金	4 000	短期借款	8 000
银行存款	50 000	应付账款	40 000
应收账款	8 000	实收资本	50 000
原材料	40 000	盈余公积	10 000
固定资产	30 000	本年利润	20 000
资产合计	128 000	负债及所有者权益合计	128 000

2016 年 2 月 1 日收到创业中心投入资金 5 万元,存入银行。

2016 年 2 月 5 日企业从银行借入 3 个月借款 8 万元,已存入银行。

【要求】根据资料,编写会计分录 并进行试算平衡。

试算平衡表

单位名称:某公司   年   月   单位:元

账　户	期初余额		本期发生额		期末余额	
	借方	贷方	借方	贷方	借方	贷方
资产:						
负债:						
所有者权益:						
合　计						

任务二　借贷记账法的应用

知识目标

1. 熟悉企业主要经济业务。
2. 掌握借贷记账方法。

技能目标

能够用借贷记账法处理企业的日常经济业务。

知识讲解

一、制造业主要的经济业务

制造业是指对制造资源(物料、能源、设备、工具等),按照市场要求,通过制造过程,转化为可供人们使用和利用的大型工具、工业品与生活消费产品的行业。制造业是国民经济的物质基础和产业主体,是富民强国之本,是国家科技水平和综合实力的重要标志。

制造业的基本经济业务,主要包括资金筹集业务、供应业务、生产业务、销售业务以及财务成果形成与分配业务。在资金筹集过程中,企业通过吸收投资和借债筹集生产经营所需的资金;在供应过程中,企业用货币资金购置固定资产,为产品生产准备劳动资料,并购买原材料等各种物资,支付采购费用,与供应商进行货款结算;在生产过程中,企业耗用材料、支付员工工资以及各种间接费用,制造出产成品,验收入库形成库存商品;在销售过程中,企业销售产品取得收入、计算应交税费、结转销售成本、结算货款收回货币资金;在财务成果形成与分配过程中,企业要计算经营成果,并根据经营成果,向国家交纳税金、向投资者分配利润等。

在企业的生产经营过程中,资金不断地变换资金形态,从筹资所得的货币资金开始,购买材料物资转变成储备资金,物资投入生产、用货币资金支付工资及其他费用后,转变为生产资金,随着生产的完工转变成成品资金,产品销售出去后又转变为货币资金收回,这个资金的运动过程被称为资金循环。由于生产经营过程的不断进行而引起的连续不断的资金循环,称为资金周转。

下面就以制造业为例,说明如何运用借贷记账法核算企业的日常经济业务。

二、资金筹集业务的核算

(一)核算的主要内容

资金是企业拥有或控制的各项财产物资的货币表现。企业从事生产经营活动,必须要拥有一定数量的资金,资金筹集是企业经营活动全过程的起点。企业资金筹集来源主要有两类:一是投资者投入资本,就是企业成立时或成立后,投资人(包括国家、单位、个人等)用货币资金、实物或无形资产向企业投入的资本,这部分资金形成企业的所有者权益;二是向债权人借入资金,就是企业在生产经营过程向银行或非银行金融机构借入款项,这部分资金形成企业的负债。企业借入的款项到期后,需偿还本金和利息。借款按偿还期限的长短分为短期借款和长期借款。

企业资金筹集业务主要核算:收到投资人投入的资本,向银行或非银行金融机构借入款项及到期偿还本息等。

(二)设置的主要账户

1.“银行存款”账户

银行存款是指企业存放在银行的货币资金。按照国家现金管理和结算制度的规定,每个企业都要在银行开立账户,称为结算户存款,用来办理存款、取款和转账结算。

“银行存款”账户属于资产类账户,用来核算企业存放在银行的资金的增减变动及余额情况。该账户借方登记企业向银行存入的款项;贷方登记从银行提取和支出款项;期末借方余额反映企业银行存款的实际结存数。该账户应按币种、银行设置明细账户,进行明细分类核算。

其账户结构为:

借方	银行存款	贷方
期初余额:期初银行存款的结存数 发生额:向银行存入款项	发生额:从银行提取和支出款项	
期末余额:期末银行存款的结存数		

2.“实收资本”账户

实收资本是指投资者按照企业章程,或合同、协议的约定,实际投入企业的资本。实收资本是投资者作为资本投入企业的各种财产,是企业注册登记的法定资本总额的来源。实收资本表明所有者对企业的基本产权关系,它的构成比例是企业据以向投资者进行利润或股利分配的主要依据。

“实收资本”账户属于所有者权益类账户,用来核算企业投资者实际投入企业(股份有限公司用“股本”账户)的资本金的增减变动及余额情况。该账户贷方登记企业实际收到投资者投入的资金;借方登记实收资本的减少数;期末贷方余额反映企业期末实收资本总额。为了具体核算每个投资者的投资情况,该账户应按投资人设置明细账户,进行明细分类核算。

其账户结构为:

借方	实收资本	贷方
	期初余额:期初实收资本总额	
发生额:实收资本的减少额	发生额:实收资本的增加额	
	期末余额:期末实收资本总额	

3.“短期借款”账户

短期借款是指企业为了满足生产经营的需要,向银行或其他金融机构借入的期限在1年以下(含1年)的各种借款。

“短期借款”账户属于负债类账户,用来核算短期借款的借入、偿还和余额情况。该账户

贷方登记企业借入的各种短期借款的本金,借方登记偿还的短期借款的本金,期末贷方余额反映企业尚未偿还的短期借款的本金数额。该账户应按债权人设置明细账,并按借款种类进行明细核算。

其账户结构为:

借方	短期借款	贷方
	期初余额:期初短期借款总额	
发生额:短期借款的减少额	发生额:短期借款的增加额	
	期末余额:期末未偿还的短期借款本金	

4.“长期借款”账户

长期借款是指企业向银行或其他金融机构借入的期限在 1 年以上的各种借款。

“长期借款”账户属于负债类账户,用来核算企业长期借款的借入、偿还和余额情况。该账户贷方登记企业借入的长期借款及应付而未付的利息,借方登记偿还的长期借款本金和利息,期末贷方余额反映企业尚未偿还的长期借款的本金和利息。该账户应按贷款单位设置明细账,并按贷款种类进行明细核算。

其账户结构为:

借方	长期借款	贷方
	期初余额:期初长期借款本息额	
发生额:长期借款本息的减少额	发生额:长期借款本息的增加额	
	期末余额:期末未偿还的长期借款本息	

(三)资金筹集业务的核算实例

【例 2－5】

8 月 1 日企业收到国家投入资本 600 000 元,存入银行。(银行收账通知)

这项业务的发生,一方面使企业的款项增加, 应在资产类账户“银行存款”账户的借方记入 600 000 元,另一方面使国家对本企业的投入资本增加,应在所有者权益类账户“实收资本”账户的贷方登记 600 000 元。

应编制如下会计分录:

借:银行存款　　　　　　　　　　　　　　　　　　　　600 000

　贷:实收资本——国家　　　　　　　　　　　　　　　　　600 000

【例 2－6】

8 月 9 日企业向建设银行借入期限为 9 个月的经营周转用资金 100 000 元,款项已存入银行。(借款凭证回单)

这项业务的发生,一方面使企业的银行存款增加,应在资产类账户“银行存款”账户的借方登记 100 000 元,另一方面使企业的短期借款增加,应在负债类账户“短期借款”账户的贷方登记 100 000 元。

应编制如下会计分录：

借：银行存款   100 000

 贷：短期借款   100 000

【例2-7】

8月12日企业向工商银行借入期限为2年的一笔借款200 000元，用于企业的生产经营，款项已存入银行。（借款凭证回单）

这项业务的发生，一方面使企业的银行存款增加，应在资产类账户"银行存款"账户的借方登记200 000元，另一方面使企业的长期借款增加，应在负债类账户"长期借款"账户的贷方登记200 000元。

应编制如下会计分录：

借：银行存款   200 000

 贷：长期借款   200 000

【例2-8】

8月15日企业偿还一笔到期的4个月的借款50 000元。（偿还贷款凭证）

这项业务的发生，一方面企业因偿还短期借款使短期借款减少，应在负债类账户"短期借款"账户的借方登记50 000元，同时企业的银行存款减少，应在资产类账户"银行存款"账户的贷方登记50 000元。

应编制如下会计分录：

借：短期借款   50 000

 贷：银行存款   50 000

为【例2-5】至【例2-8】的经济业务开设并登记T形账户，如图2-1所示。

借 实收资本 贷		借 银行存款 贷	
	(5)600 000	(5)600 000	
		(6)100 000	
		(7)200 000	
			(8) 50 000

借 短期借款 贷		借 长期借款 贷	
(8)50 000	(6)100 000		(7)200 000

图2-1　资金筹集业务的核算

三、供应业务的核算

（一）核算的主要内容

企业筹集到生产经营所需的资金后，就要购建厂房、机器设备、采购和储存生产经营所需的各种材料，以满足生产经营的需要。企业在购置固定资产、采购原材料过程中，应按照经济合同和结算制度的规定支付货款，还需要支付各种采购费用，如运费、装卸搬运费、包装费用等。

企业供应业务主要核算：购建固定资产，采购原材料，货款结算，计算原材料的采购成本以

及原材料验收入库等。

(二)设置的主要账户

1."固定资产"账户

固定资产是指企业为生产产品、提供劳务、出租或者经营管理而持有的、使用时间超过一年的、价值达到一定标准的非货币性资产,包括房屋、建筑物、机器、机械、运输工具以及其他与生产经营活动有关的设备、器具、工具等。固定资产是企业的劳动手段,也是企业赖以生产经营的主要资产。

"固定资产"账户属于资产类账户,用来核算企业固定资产原值的增减变动情况。该账户借方登记增加的固定资产的原值,贷方登记减少的固定资产的原值,期末余额在借方,表示期末固定资产的账面原值。该账户应按固定资产的类别和项目设置明细账,进行明细分类核算。

其账户结构为:

借方	固定资产	贷方
期初余额:期初固定资产的账面原值 发生额:增加的固定资产的原值	发生额:减少的固定资产的原值	
期末余额:期末固定资产的账面原值		

2."在途物资"账户

在途物资是指货款已付但尚未验收入库的各种物资。

"在途物资"账户属于资产类账户,用来核算企业购入材料的实际成本。该账户借方登记购入材料时发生的实际成本,贷方登记验收入库的材料实际成本,期末借方余额表示期末尚未到达或尚未验收入库的在途材料的实际成本。该账户应按材料的品种、规格设置明细账,进行明细分类核算。

其账户结构为:

借方	在途物资	贷方
期初余额:期初尚未验收入库的材料成本 发生额:购入材料的实际成本	发生额:验收入库的材料成本	
期末余额:期末尚未验收入库的材料成本		

3."原材料"账户

原材料是指企业在生产过程中经加工改变其形态或性质并构成产品主要实体的各种原料及主要材料、辅助材料、燃料、修理备用件、包装材料、外购半成品等。

"原材料"账户属于资产类账户,用来核算企业库存材料的增加、减少和结存情况。该账户借方登记已验收入库材料的实际成本,贷方登记发出材料的实际成本,期末借方余额表示期末库存材料的实际成本。该账户应按材料的品种及规格设置明细账,进行明细分类核算。

其账户结构为:

借方	原材料	贷方
期初余额:期初库存材料的实际成本 发生额:验收入库材料的实际成本	发生额:仓库发出材料的实际成本	
期末余额:期末库存材料的实际成本		

4."应付账款"账户

应付账款是指企业因采购材料、接受劳务等而应付给供应单位的款项。

"应付账款"账户属于负债类账户,用来核算企业应付给供应单位的款项的发生、偿还和余额情况。该账户贷方登记应付给供应单位的款项,借方登记偿还的应付款项,期末余额在贷方反映企业尚未偿还的应付款项。该账户应按供应单位名称设置明细账,进行明细分类核算。

其账户结构为:

借方	应付账款	贷方
	期初余额:期初尚未偿还的应付账款	
发生额:偿还的应付账款	发生额:应付账款的增加额	
	期末余额:期末尚未偿还的应付账款	

5."预付账款"账户

预付账款是指企业按照购货合同规定预付给供应单位的款项。

"预付账款"账户属于资产类账户,用来核算预付账款的增减变动情况。该账户借方登记预付的款项和补付的款项,贷方登记收到采购的货物时冲销的预付账款数和退回多余的款项,期末余额一般在借方,表示已预付的货款。该账户应按供应单位设置明细账进行明细核算。

对于预付账款不多的企业,可以不设"预付账款"账户,收到预付货款时直接记入"应付账款"账户的借方核算。

其账户结构为:

借方	预付账款	贷方
期初余额:已预付的款项		
发生额:支付或补付预付款项	发生额:收到货物而冲销的预付货款、退回多余的预付款项	
期末余额:已预付的款项		

6."应付票据"账户

应付票据是指企业在商品购销活动和对工程价款进行结算时,因采用商业汇票结算应付给收款人或持票人的款项。商业汇票是一种由出票人签发的,委托付款人在指定日期无条件支付确定金额给收款人或者持票人的票据。商业汇票的付款期限,最长不得超过 6 个月。根据承兑人不同,商业汇票分为商业承兑汇票和银行承兑汇票。

"应付票据"账户属于负债类账户,用来核算企业因购买物资、接受劳务等而开出、承兑的商业汇票。该账户贷方登记开出、承兑汇票的面值及带息票据的利息,借方登记支付的票据金额,期末贷方余额表示尚未到期支付的票据的面值和利息。

其账户结构为:

借方	应付票据	贷方
	期初余额:期初尚未支付的应付票据款项	
发生额:支付票据的金额	发生额:本期开出承兑的票据面值及利息	
	期末余额:期末尚未支付的票据的面值及利息	

7. "应交税费——应交增值税"账户

增值税是对在我国境内销售货物或提供应税劳务的增值额征收的一种税。增值税纳税人按其经营规模大小及会计核算健全与否划分为一般纳税人和小规模纳税人。

小规模纳税人实行按销售额与征收率(征收率为 3%)计算应纳税额的简易征税办法;一般纳税人实行税款抵扣制,当期应纳增值税额等于当期销项税额减当期进项税额,其基本税率为 17%。

销项税额是指企业销售货物或提供应税劳务,按照销售额和规定税率计算并向购买方收取的增值税税额;进项税额是指企业购入货物或接受应税劳务时支付的增值税税额。

"应交税费——应交增值税"账户属于负债类账户。该账户借方登记企业购进货物或接受应税劳务支付的进项税额、实际缴纳的增值税等,贷方登记销售货物或提供应税劳务向购买方收取的销项税额等,期末贷方余额表示应交未交的增值税,期末借方余额表示未抵扣完的增值税。

其账户结构为:

借方	应交税费——应交增值税	贷方
期初余额:期初未抵扣完的进项税额 发生额:购进货物负担的增值税进项税额等		发生额:销售货物应收取的增值税销项税额
期末余额:期末尚未抵扣完的增值税		期末余额:期末应交未交的增值税

(三)供应业务的核算实例

【例 2-9】

8 月 2 日购入机器设备 1 台,价款计 200 000 元,增值税 34 000 元,装卸费 10 000 元,均以银行存款支付。(商业发票,转账支票存根)

这项业务的发生,一方面企业在购入机器设备时,应通过"固定资产"账户核算,购入设备的价款、运杂费和装卸费都属于采购成本,应在"固定资产"账户的借方登记成本 210 000 元,购买设备支付的增值税 34 000 元计入"应交税费——应交增值税(进项税额)"账户的借方;同时企业的银行存款减少,应在"银行存款"账户的贷方登记 244 000 元。

应编制如下会计分录:

借:固定资产　　　　　　　　　　　　　　　　　　210 000
　　应交税费——应交增值税(进项税额)　　　　　　 34 000
　贷:银行存款　　　　　　　　　　　　　　　　　　　　 244 000

【例 2-10】

8 月 7 日企业从炎黄公司购入甲材料 1 000 千克,每千克 50 元,货款 50 000 元,增值税 8 500 元,货款已支付,材料尚未验收入库。(增值税专用发票,转账支票存根)

这项业务的发生,一方面甲材料的采购成本增加,应在资产类账户"在途物资"账户的借方登记 50 000 元,支付的增值税进项税额 8 500 元应记入"应交税费——应交增值税(进项税额)"账户的借方,另一方面银行存款减少应在资产类账户"银行存款"账户的贷方登记

58 500元。

应编制如下会计分录：

借：在途物资——甲材料 50 000

　应交税费——应交增值税(进项税额) 8 500

　贷：银行存款 58 500

【例 2 - 11】

8月10日上述甲材料验收入库，按实际采购成本转账。(入库单)

这项业务的发生，使仓库的原材料增加，应在资产类账户"原材料"账户的借方登记50 000元，同时从"在途物资"账户转出采购成本，应在"在途物资"账户的贷方登记50 000元。

应编制如下会计分录：

借：原材料——甲材料 50 000

　贷：在途物资—甲材料 50 000

【例 2 - 12】

8月12日从亚信公司购入乙材料1 000千克，单价29元，货款29 000元，增值税4 930元，款项未支付；运费1 000元及增值税110元，款项已支付。材料未验收入库。(增值税专用发票、运费增值税专用发票)

这项业务的发生，一方面使乙材料采购成本增加30 000元，所以应在资产类账户"在途物资"账户的借方登记30 000元，支付的增值税进项税额5 040元(运费的增值税税率是11%，所以运费的增值税额是 =1000×11% =110元)应记入"应交税费——应交增值税(进项税额)"账户的借方；同时应付而未付的款项增加，应在负债类账户"应付账款"账户的贷方登记33 930元；支付运费及增值税的款项1 110元，应计入"银行存款"账户的贷方。

应编制如下会计分录：

借：在途物资——乙材料 30 000

　应交税费——应交增值税(进项税额) 5 040

　贷：应付账款——亚信公司 33 930

　　银行存款 1 110

材料采购成本由买价和采购费用两个成本项目构成。其中，买价指供货单位开出的发票上的价格；采购费用包括：①运杂费(运输费、装卸费、包装费、仓储费等)；②运输途中的合理损耗；③入库前的挑选整理费；④购入材料负担的其他费用。

【例 2 - 13】

8月14日上述乙材料验收入库，按实际采购成本转账。(入库单)

分析同上，应编制如下会计分录：

借：原材料——乙材料 30 000

　贷：在途物资——乙材料 30 000

【例 2 - 14】

8 月 15 日从阳光公司购入甲材料 2 000 千克,单价 49 元;丙材料 1 000 千克,单价 39 元,货款共计 137 000 元,增值税 23 290 元,款项已支付,另用银行存款支付装卸搬运费 3 000 元,材料已验收入库。(增值税专用发票、转账支票存根、入库单、运杂费收据)

在这笔经济业务中,装卸搬运费 3 000 元是为搬运甲、丙材料共同发生的,应在二者之间进行合理分配后,分别记入二者的采购成本。运杂费可以按材料的重量、金额、体积等标准进行分配。本题以两种材料的重量为标准分配搬运费。计算如下:

(1)分配率 = 装卸搬运费总金额/各材料重量合计 = 3 000 ÷ (2 000 + 1 000) = 1.0

(2)甲材料应负担的装卸费 = 2 000 × 1.0 = 2 000(元)

(3)丙材料应负担的装卸费 = 1 000 × 1.0 = 1 000(元)

甲材料的买价为 98 000 元,加上应负担的装卸费 2 000 元,应在"原材料——甲材料"账户的借方登记 100 000 元,同理,应在"原材料——丙材料"账户的借方登记 40 000 元,支付的增值税进项税额 23 290 元应记入"应交税费——应交增值税"账户的借方,同时银行存款减少,应在"银行存款"账户的贷方登记 163 290 元。应编制如下会计分录:

```
借:原材料——甲材料                                      100 000
          ——丙材料                                       40 000
    应交税费——应交增值税(进项税额)                        23 290
    贷:银行存款                                               163 290
```

【例 2 - 15】

8 月 18 日偿还前欠快帆公司的应付账款 20 000 元。(银行电汇凭证回单)

这项业务的发生,一方面使企业的银行存款减少,应在"银行存款"账户的贷方登记 20 000 元,另一方面使企业的应付账款(负债)减少,应在"应付账款"账户的借方登记 20 000 元。

应编制如下会计分录:

```
借:应付账款——快帆公司                                  20 000
    贷:银行存款                                             20 000
```

【例 2 - 16】

8 月 20 日公司拟从生明公司采购甲材料 1 000 千克,根据合同规定向生明公司预付货款 30 000 元,验收货物后补付其余款项。(银行电汇凭证回单,收据)

这项业务的发生,一方面支付了预付款 30 000 元,应记入资产类账户"预付账款"账户的借方,另一方面银行存款减少 30 000 元,应计入"银行存款"账户的贷方。

应编制如下会计分录:

```
借:预付账款——生明公司                                  30 000
    贷:银行存款                                             30 000
```

【例 2 - 17】

8 月 21 日企业开出一张面值为 35 100 元、期限为 4 个月的不带息商业汇票,从琳凌公司购入1 000千克乙材料,单价30元,货款30 000元,增值税5 100元,材料已验收入库。(增值税专用发票,商业承兑汇票,入库单)

这项业务的发生,一方面使企业原材料成本增加,应在"原材料"账户的借方登记30 000元,应向供货方支付的增值税进项税额5 100元应记入"应交税费——应交增值税"账户的借方,另一方面开出的商业汇票形成了企业的负债,应在负债类账户"应付票据"账户的贷方登记35 100元。

应编制如下会计分录:

借:原材料——乙材料   30 000

  应交税费——应交增值税(进项税额)   5 100

  贷:应付票据——琳凌公司   35 100

【例2-18】

8月25日收到生明公司发来的1 000千克甲材料,验收入库,收到增值税专用发票上注明货款50 000元,增值税8 500元,以银行存款补付不足款项。(增值税专用发票,入库单,银行电汇凭证回单,)

这项业务的发生,一方面使甲材料的成本增加,应在"原材料"账户的借方登记50 000元,在"应交税费—应交增值税(进项税额)"账户的借方登记8 500元,另一方面收到货物应冲销预付款,应在资产类账户"预付账款"账户的贷方登记30 000元;以银行存款补付不足的款项,应在"银行存款"账户的贷方登记28 500元。

应编制如下会计分录:

借:原材料——甲材料   50 000

  应交税费——应交增值税(进项税额)   8 500

  贷:预付账款——生明公司   30 000

    银行存款   28 500

为【例2-9】至【例2-18】的经济业务开设并登记T形账户,如图2-2所示。

借 银行存款 贷	借 在途物资 贷	借 原材料 贷
(9) 244 000	(10) 50 000 | (11) 50 000	(13) 30 000 |
(10) 58 500	(12) 30 000 | (13) 30 000	(14) 140 000
(12) 1 110		(17) 30 000
(14) 163 290		(18) 50 000
(15) 20 000		
(16) 30 000		
(18) 28 500		

借 应付账款 贷	借 应交税费 贷	借 预付账款 贷
(15) 20 000 | (12) 33 930	(9) 34 000	(16)30 000 | (18)30 000
	(10) 8 500	
借 应付票据 贷	(12) 5 040	
| (17) 35 100	(14) 23 290	借 固定资产 贷
	(17) 5 100	(9) 210 000 |
	(18) 8 500	

图2-2 供应业务的核算

四、生产业务的核算

（一）核算的主要内容

工业企业的生产过程是人们利用劳动资料对劳动对象进行加工,把劳动对象制造成产品的过程。在生产过程中发生的各种耗费称为生产费用,分为直接费用和间接费用。直接费用是发生时即能直接判明应归属于哪种产品的费用,如直接人工、直接材料费用等;间接费用是发生时不能判明其成本归属,期末按一定标准分配计入产品生产成本的费用,如车间内发生的与几种产品有关的共同费用和车间管理费用等。

企业生产业务主要核算:仓库发出材料、计提分配和发放工资、计提折旧、支付和分配间接费用、计算并结转完工产品成本等。

（二）设置的主要账户

1. "生产成本"账户

生产成本是指企业在产品生产过程中发生的各种直接相关的支出和耗费,如直接人工、直接材料费用等。

"生产成本"账户属于成本类账户,用来核算企业在产品生产的过程中发生的各种生产费用。该账户借方登记本期发生的各种直接材料、直接人工及分配转入的制造费用,贷方登记已完工并验收入库的产品的实际生产成本,期末借方余额表示尚未完工的在产品的成本。该账户可按产品的种类或类别分别设置明细账,进行明细分类核算。

其账户结构为:

借方	生产成本	贷方
期初余额:期初在产品的实际成本		
发生额:生产过程发生的直接材料费、直接人工费分配转入的制造费用的数额	发生额:完工并验收入库产品的实际成本	
期末余额:期末尚未完工的在产品的成本		

2. "制造费用"账户

"制造费用"账户属于成本类账户,用来核算企业的生产部门为组织和管理生产而发生的各种间接费用,包括车间管理人员的工资和福利费、机器设备及车间厂房的折旧费、车间办公费、水电费、机器物料消耗费、劳动保护费等。该账户借方登记本月发生的间接费用,贷方登记期末分配转入"生产成本"账户的数额,期末一般无余额。该账户应按生产部门和费用目设置明细账进行明细核算。

其账户结构为:

借方	制造费用	贷方
发生额:本期发生的各种间接费用	发生额:期末分配转入"生产成本"账户的数额	

3. "应付职工薪酬"账户

"应付职工薪酬"账户属于负债类账户,用来核算企业根据有关规定应付给职工的各种薪酬。该账户贷方登记分配计入有关成本费用项目的职工薪酬的数额,借方登记实际发放或支付的职工薪酬的数额,期末贷方余额,反映企业应付未付的职工薪酬。本科目可按"应付工资""应付福利""社会保险费""住房公积金""工会经费""职工教育经费""非货币性福利"等项目进行明细核算。

其账户结构为：

借方	应付职工薪酬	贷方
发生额：本期实际支付的薪酬额	发生额：本期应付职工的薪酬，或分配记入的薪酬费用	

4. "累计折旧"账户

"累计折旧"账户属于资产类账户，用来核算固定资产因使用而发生的价值损耗及其转销情况。该账户贷方登记计提的固定资产折旧数额，借方登记因出售、报废等减少固定资产而相应转销其已提的折旧数，期末贷方余额表示现有固定资产已提折旧的累计数。

其账户结构为：

借方	累计折旧	贷方
	期初余额：期初已提折旧的累计数	
发生额：转销的固定资产折旧额	发生额：本期计提的固定资产折旧额	
	期末余额：现有固定资产已提折旧的累计数	

5. "库存商品"账户

"库存商品"账户属于资产类账户，用来核算产成品增减变动情况。产成品是指企业已完成全部生产过程并已验收入库可供销售的产品的实际成本。该账户借方登记已完工入库的产成品成本，贷方登记销售等发出的产品成本。期末余额在借方，表示现有库存产成品的制造成本。该账户应按产成品的品种、规格分别设置明细分类账，进行明细分类核算。

其账户结构为：

借方	库存商品	贷方
期初余额：期初库存商品的成本		
发生额：本期完工入库产品的成本	发生额：本期销售发出产品的成本	
期末余额：现有库存产品的成本		

6. "库存现金"账户

库存现金是指企业为了满足企业经营过程中零星支付需要而保留的现金。库存现金的留存要遵循限额规定，其限额一般按照企业 3 ~ 5 天日常零星开支所需现金确定。

"库存现金"账户属于资产类账户。该账户借方登记库存现金的增加数；贷方登记登记库存现金的减少数；期末余额在借方，反映企业库存现金的实际结存数。该账户应按币种设置明细账户，进行明细分类核算。

其账户结构为：

借方	库存现金	贷方
期初余额：期初库存现金的结存数		
发生额：向银行提取和收入款项	发生额：存入银行和支出款项	
期末余额：期末库存现金的结存数		

（三）生产业务的核算举例

【例 2 - 19】

将本月仓库发出各种材料的出库单汇总后,根据材料的用途分别计入有关成本费用(发出材料汇总表,出库单、材料费用分配表)。发出材料汇总表见表 2 - 14。

表 2 - 14　发出材料汇总表

项目	甲材料		乙材料		丙材料		合　计
	数量(千克)	金额(元)	数量(千克)	金额(元)	数量(千克)	金额(元)	(元)
生产 A 产品耗用	2 000	100 000	1 000	30 000	500	20 000	150 000
生产 B 产品耗用	400	20 000	500	15 000	1 000	40 000	75 000
生产车间耗用	200	10 000			100	4 000	14 000
行政管理部门耗用			200	6 000			6 000
合　计	2 600	130 000	1 700	51 000	1 600	64 000	245 000

在这笔经济业务中,生产 A 产品共耗用直接材料费 150 000 元,生产 B 产品共耗用直接材料费 75 000 元,应记入成本类账户"生产成本"账户的借方;生产车间耗用的材料 14 000 元,属于产品生产的间接费用,应记入成本类账户"制造费用"账户的借方;行政管理部门耗用的材料 6 000 元,应记入费用类账户"管理费用"账户的借方;另一方面,本月仓库共发出甲材料 130 000 元、发出乙材料 51 000 元、发出丙材料 64 000 元,原材料减少应记入资产类账户"原材料"账户的贷方。

应编制如下会计分录:

```
借:生产成本——A 产品                                      150 000
        ——B 产品                                       75 000
   制造费用                                            14 000
   管理费用                                             6 000
   贷:原材料——甲材料                                      130 000
        ——乙材料                                       51 000
        ——丙材料                                       64 000
```

【例 2 - 20】

本月应付职工工资总额为 200 000 元,工资费用分配汇总表中列示:生产 A 产品的职工工资为 100 000 元,生产 B 产品的职工工资为 50 000 元,车间管理人员工资为 20 000 元,行政管理人员工资为 30 000 元。(工资结算单,工资费用分配汇总表)

在这笔业务中,企业计算分配应支付的工资数额使企业的负债增加;另一方面企业发生的工资费用应按受益对象不同分别记入相应的成本费用账户中。企业应付而未付的工资应记入"应付职工薪酬"账户的贷方,生产 A、B 产品的职工工资应记入"生产成本"账户的借方,车间管理人员的工资应记入"制造费用"账户的借方,行政管理人员的工资应记入"管理费用"账户的借方。

应编制如下会计分录:

```
借:生产成本——A 产品                                        100 000
        ——B 产品                                         50 000
    制造费用                                              20 000
    管理费用                                              30 000
  贷:应付职工薪酬——应付工资                                   200 000
```

【例 2 - 21】

企业预计本年应承担的职工福利费义务金额为工资总额的 14%,企业计提职工福利费。(职工福利费计提表)

在这笔业务中,企业提取的福利费也属于一项人工费用,应按工资费用的分配方法分别记入"生产成本""制造费用""管理费用"等账户的借方,同时已计提的福利费在没有支付前形成企业的一项负债,应计入"应付职工薪酬"账户的贷方。

应编制如下会计分录:

```
借:生产成本——A 产品                                         14 000
        ——B 产品                                          7 000
    制造费用                                               2 800
    管理费用                                               4 200
  贷:应付职工薪酬——应付福利                                    28 000
```

【例 2 - 22】

开出现金支票,从银行提取现金 200 000 元,准备发放工资。(现金支票存根)

这项业务的发生,一方面使企业的现金增加,应在"库存现金"账户的借方登记 200 000 元;另一方面使企业的银行存款减少,应在"银行存款"账户的贷方登记 200 000 元。

应编制如下会计分录:

```
借:库存现金                                               200 000
  贷:银行存款                                               200 000
```

【例 2 - 23】

企业用现金发放工资。(工资结算汇总表)

这项业务的发生,一方面使企业的应付职工薪酬减少,应在"应付职工薪酬"账户的借方登记 200 000 元,另一方面使企业的现金减少,应在"库存现金"账户的贷方登记 200 000 元。

应编制如下会计分录:

```
借:应付职工薪酬——应付工资                                    200 000
  贷:库存现金                                               200 000
```

【例 2 - 24】

以银行存款支付水电费,其中车间用 2 000 元,行政管理部门用 1 000 元。(自来水费发票,电费发票,水电费分配表,委托银行收款结算凭证支款通知联)

在这笔业务中,车间发生的水电费属于制造费用,应在"制造费用"账户的借方登记2 000元,行政管理部门发生的水电费属于管理费用,应在"管理费用"账户的借方登记1 000元,同时企业的银行存款减少,应在"银行存款"账户的贷方登记3 000元。

应编制如下会计分录:

借:制造费用　　　　　　　　　　　　　　　　　　　　　　　2 000
　　管理费用　　　　　　　　　　　　　　　　　　　　　　　1 000
　　贷:银行存款　　　　　　　　　　　　　　　　　　　　　　　3 000

【例 2-25】

开出现金支票支付车间办公费3 000元。(现金支票存根)

在这笔业务中,发生的车间办公费应在"制造费用"账户的借方登记3 000元,同时企业银行存款减少,应在"银行存款"账户的贷方登记3 000元。

应编制如下会计分录:

借:制造费用　　　　　　　　　　　　　　　　　　　　　　　3 000
　　贷:银行存款　　　　　　　　　　　　　　　　　　　　　　　3 000

【例 2-26】

计提本月固定资产折旧48 200元,其中车间的厂房、设备应提折旧38 200元,行政管理部门的固定资产应提折旧10 000元。(月末固定资产原值,固定资产折旧计算表)

在这笔业务中,车间固定资产的折旧费和行政管理部门的折旧费应分别计入"制造费用"和"管理费用"账户的借方,同时已提的折旧增加,应记入"累计折旧"账户的贷方。

应编制如下会计分录:

借:制造费用　　　　　　　　　　　　　　　　　　　　　　　38 200
　　管理费用　　　　　　　　　　　　　　　　　　　　　　　10 000
　　贷:累计折旧　　　　　　　　　　　　　　　　　　　　　　　48 200

【例 2-27】

月末将本月发生的制造费用按A、B产品的生产工时分配转入其生产成本。(见表2-15制造费用明细表和表2-16制造费用分配表)

表 2-15　制造费用明细表　　　　　　　　　　单位:元

项　　目	材料	工资	福利费	办公费	修理费	水电费	折旧费	合计
领用材料	14 000							14 000
工资及福利		20 000	2 800					22 800
办公费				3 000				3 000
水电费						2 000		2 000
折旧费							38 200	38 200
合　　计								80 000

注:数据来源于例题【例2-19】至【例2-26】。

表 2-16　制造费用分配表

产品名称	分配标准(生产工时)	分配率	分配金额(元)
A 产品	4 500		36 000
B 产品	5 500		44 000
合　　计	10 000	8.0	80 000

在这笔业务中,将制造费用全部金额从"制造费用"账户转出,应记入"制造费用"账户的贷方,同时 A、B 产品负担的生产成本增加,应记入"生产成本"账户的借方。

应编制如下会计分录:

借:生产成本——A 产品　　　　　　　　　　　　　　　　　　　36 000
　　　　　　——B 产品　　　　　　　　　　　　　　　　　　　44 000
　　贷:制造费用　　　　　　　　　　　　　　　　　　　　　　　　80 000

【例 2-28】

月末 A 产品 1 000 件、B 产品 2 000 件全部完工,并验收入库。(生产成本明细账,入库单)

这项业务的发生,企业完工入库的产品使产成品增加,应记入"库存商品"账户的借方,同时把生产费用从"生产成本"账户转出,应记入"生产成本"账户的贷方。

应编制如下会计分录:

借:库存商品——A 产品　　　　　　　　　　　　　　　　　　300 000
　　　　　　——B 产品　　　　　　　　　　　　　　　　　　176 000
　　贷:生产成本——A 产品　　　　　　　　　　　　　　　　　　300 000
　　　　　　　——B 产品　　　　　　　　　　　　　　　　　　176 000

为【例 2-19】至【例 2-28】的经济业务开设并登记 T 形账户,如图 2-3 所示。

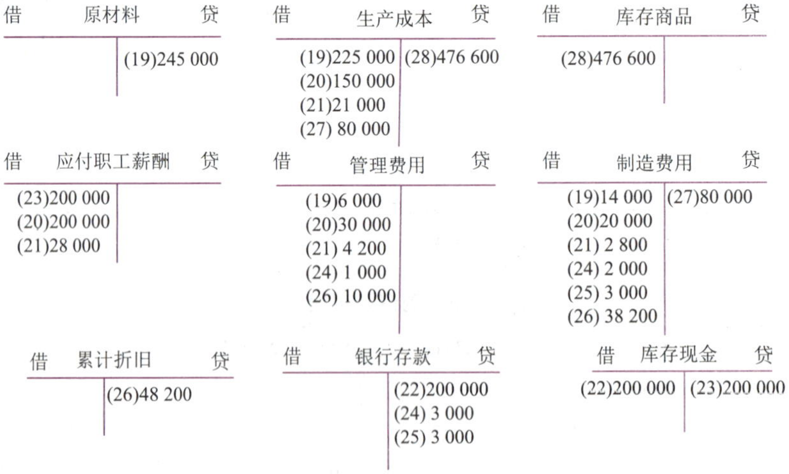

图 2-3　生产业务的核算

五、销售业务的核算

(一)核算的主要内容

企业完工的产品通过销售取得销售收入,收回款项;已销售的产品或劳务的实际成本就是

为取得销售收入而发生的销售成本,同时在销售过程中,还会发生各种销售费用,并且要按税法的规定计算、缴纳税金。

销售业务有主营业务和其他业务之分。主营业务是指企业产品或劳务的销售业务,其他业务是指主营业务以外的销售业务,如销售材料、出租包装物等。

销售业务主要核算:包括销售业务收入的核算,销售业务成本的核算,销售费用的核算,销售税金及附加的核算,往来结算业务的核算等。

(二)设置的主要账户

1."主营业务收入"账户

"主营业务收入"账户属于收入类账户,用来核算企业销售产品、提供劳务等日常主要业务交易所取得的收入。该账户贷方登记企业实现的主营业务收入,借方登记发生销售折让或退回时冲减的主营业务收入及期末转入"本年利润"账户的主营业务收入,期末结转后该账户无余额。该账户应按销售产品和提供劳务的类别设置明细账,进行明细分类核算。

其账户结构为:

借方	主营业务收入	贷方
发生额:主营业务收入的减少和转销	发生额:本期实现的主营业务收入	

2."其他业务收入"账户

"其他业务收入"账户属于收入类账户,用来核算企业在主营业务以外的日常经营活动中形成的收入。该账户贷方登记企业取得的各项其他业务收入,借方登记期末转入"本年利润"账户的收入数,结转后期末无余额。该账户应按其他业务类别设置明细账,进行明细分类核算。

其账户结构为:

借方	其他业务收入	贷方
发生额:其他业务收入的减少和转销	发生额:本期取得的其他业务收入	

3."主营业务成本"账户

"主营业务成本"账户属于费用类账户,用来核算企业销售产品、提供劳务等日常主要业务交易活动中所发生的成本。该账户的借方登记本期结转的已销售产品、已提供劳务的实际成本,贷方登记因销售退回而冲减的成本和期末转入"本年利润"账户的成本,期末结转后一般无余额。该账户应按产品或劳务类别设置明细账,进行明细分类核算。

其账户结构为:

借方	主营业务成本	贷方
发生额:已销产品和提供劳务的实际成本	发生额:冲减的成本和期末结转的主营业务成本	

4."其他业务成本"账户

"其他业务成本"账户属于费用类账户,用来核算企业为取得其他业务收入而发生的相关成本、费用和税金等。该账户借方登记企业在其他业务中发生的相关成本、费用、税金,贷方登记期末转入"本年利润"账户的数额,期末结转后应无余额。该账户应按其他业务类别设置明细账,进行明细分类核算。

其账户结构为:

借方	其他业务成本	贷方
发生额:其他业务成本或结转的有关成本数	发生额:期末转入"本年利润"账户的数额	

5. "营业税金及附加"账户

"营业税金及附加"账户属于费用类账户,用来核算企业因销售产品、提供劳务负担的税金及附加,包括消费税、城市维护建设税、资源税、教育费附加等。该账户借方登记企业按规定应交的税金,贷方登记期末从本账户转入"本年利润"账户的数额,期末结转后无余额。该账户应按产品类别设置明细账,进行明细分类核算。

其账户结构为:

借方	营业税金及附加	贷方
发生额:计算出的应交而未交的税金及附加	发生额:期末转入"本年利润"账户的数额	

6. "应收账款"账户

"应收账款"账户属于资产类账户,用来核算企业因销售产品、提供劳务等应向购货单位或接受劳务单位收取的款项。该账户借方登记销售过程中发生的应向购货单位收取的款项,贷方登记收回的应收账款数,期末余额一般在借方,反映企业期末尚未收回的应收账款。该账户应按购货欠款单位设置明细账,进行明细分类核算。

其账户结构为:

借方	应收账款	贷方
期初余额:期初企业应收账款总额		
发生额:本期应收账款的增加	发生额:本期收回和注销的应收账款	
期末余额:企业尚未收回的应收账款总额		

7. "应收票据"账户

"应收票据"账户属于资产类账户,用来核算企业因销售产品、提供劳务等而收到的商业汇票及票款收回情况。该账户借方登记取得的应收票据的面值和计提的票据利息,贷方登记到期收回的票款,期末借方余额表示企业尚未收回的应收票据的面值和应计利息。该账户应按照商业汇票的种类设置明细账户,进行明细核算。此外,还应设置"应收票据备查簿",用来逐笔登记每一张应收票据的种类、号数、签发日期、票面金额、承兑人、到期日等。

其账户结构为:

借方	应收票据	贷方
期初余额:期初企业尚未收回的应收票据		
发生额:本期取得的应收票据	发生额:到期收回的票据款	
期末余额:企业尚未到期收回的应收票据		

8. "预收账款"账户

"预收账款"账户属于负债类账户,用来核算企业向购货方预先收取的款项。该账户贷方登记预收的货款和购货方补付的货款,借方登记企业向购货方发货后冲销的预收账款和退回的购货方多付的账款,期末余额一般在贷方,表示已预收货款但尚未向购货方发货的数额。该账户应按预先付款的购货单位设置明细账,进行明细分类核算。

其账户结构为:

借方　　　　　　　　　　　　　　　　　　预收账款　　　　　　　　　　　　　　　　　　贷方	
发生额:发货后冲销的预收账款、退回购货方多付的账款	期初余额:期初企业已预收还未发货的货款 发生额:本期发生的预收账款、购货方补付的货款
	期末余额:企业已预收货款但尚未发货的预收款

(三) 销售业务的核算实例

【例 2 - 29】

销售给泰明公司 600 件 A 产品,开出增值税专用发票上注明售价 300 000 元,增值税51 000 元,收到转账支票一张并已送存银行。(银行进账单,增值税专用发票)

这项销售业务的发生,使企业的主营业务收入增加,应在"主营业务收入"账户的贷方登记 300 000 元;收到的税款使企业应交的增值税增加,应在"应交税费——应交增值税(销项税额)"的贷方登记 51 000 元;同时收到支票使银行存款增加,应在"银行存款"账户的借方登记351 000 元。

应编制如下会计分录:

借:银行存款　　　　　　　　　　　　　　　　　　　　　351 000
　　贷:主营业务收入——A 产品　　　　　　　　　　　　　　　300 000
　　　　应交税费——应交增值税(销项税额)　　　　　　　　　　51 000

【例 2 - 30】

销售给公弘公司 1 000 件 B 产品,开出增值税专用发票上注明售价 200 000 元,增值税34 000 元,款项尚未收到,已向银行办妥托收手续。(增值税专用发票,托收承付凭证回单)

这项销售业务的发生,使企业的销售收入增加,应在"主营业务收入"账户的贷方登记200 000 元;收到的税款使企业应交的增值税增加,应在"应交税费——应交增值税"的贷方登记 34 000 元;企业未收到货款使企业对公弘公司的应收账款增加,应在"应收账款"账户的借方登记 234 000 元。

应编制如下会计分录:

借:应收账款——公弘公司　　　　　　　　　　　　　　　234 000
　　贷:主营业务收入——B 产品　　　　　　　　　　　　　　　200 000
　　　　应交税费——应交增值税(销项税额)　　　　　　　　　　34 000

商务会计基础

【例2-31】

销售给嘉芒公司300件A产品,开出增值税专用发票上注明售价150 000元,增值税25 500元,开出转账支票支付代垫运杂费1500元,款项已向银行办妥托收手续。(托收承付凭证回单,增值税专用发票,转账支票存根,运费结算单)

这项销售业务的发生,使企业的销售收入增加,应在"主营业务收入"账户的贷方登记150 000元;收到的税款使企业应交的增值税增加,应在"应交税费——应交增值税"的贷方登记25 500元;开出转账支票使银行存款减少,应在"银行存款"账户的贷方登记1 500元;同时使企业对嘉芒公司的应收账款增加,应在"应收账款"账户的借方登记177 000元。

应编制如下会计分录:

借:应收账款——嘉芒公司 177 000
　贷:主营业务收入——A产品 150 000
　　应交税费——应交增值税(销项税额) 25 500
　　银行存款 1 500

【例2-32】

收到斯汇公司开来的期限为4个月的银行承兑汇票一张,抵付前欠我公司的货款20 000元。(银行承兑汇票)

这项业务的发生,使企业的应收票据增加,应在"应收票据"账户的借方登记20 000元;使企业的应收账款减少,应在"应收账款"账户的贷方登记20 000元。

应编制如下会计分录:

借:应收票据——斯汇公司 20 000
　贷:应收账款——斯汇公司 20 000

【例2-33】

收回快帆公司前欠货款40 000元。(银行收账通知)

这项业务的发生,使企业银行存款增加,应在"银行存款"账户的借方登记40 000元;对快帆公司的应收账款减少,应在"应收账款"账户的贷方登记40 000元。

应编制如下会计分录:

借:银行存款 40 000
　贷:应收账款——快帆公司 40 000

【例2-34】

销售给仪波公司C材料,开出增值税专用发票上注明价款10 000元,增值税1 700元,收到转账支票一张,填制进账单到银行进账并取得回单。(增值税专用发票,银行进账单回单)

在这项经济业务中,销售材料取得的收入属于其他业务收入,应在"其他业务收入"账户的贷方登记10 000元;收到的税款使企业应交的增值税增加,应在"应交税费——应交增值税"账户的贷方登记1 700元;收到的货款使企业的银行存款增加,应在"银行存款"账户的借方登记11 700元。

应编制如下会计分录:

借:银行存款　　　　　　　　　　　　　　　　　　　　11 700
　　贷:其他业务收入——C 材料　　　　　　　　　　　　10 000
　　　　应交税费——应交增值税(销项税额)　　　　　1 700

【例 2－35】

结转【例 2－34】销售的 C 材料的成本 8 000 元。

结转销售材料成本时,因材料已销售出去使企业的原材料减少,应记入"原材料"账户的贷方;售出的材料的成本即为取得其他业务收入的成本,属于其他业务成本,应在"其他业务成本"账户的借方登记 8 000 元。

应编制如下会计分录:

借:其他业务成本——C 材料　　　　　　　　　　　　8 000
　　贷:原材料——C 材料　　　　　　　　　　　　　　　8 000

【例 2－36】

企业出租不需用的机器设备三年,每月收取租金 3 000 元,本月收到租金 3 000 元。(银行进账单,固定资产租赁合同)

在这笔业务中,企业出租机器设备取得的租金收入属于其他业务收入,应在"其他业务收入"账户的贷方登记 3 000 元;收到的租金使企业的银行存款增加,应在"银行存款"账户的借方登记 3 000 元。

应编制如下会计分录:

借:银行存款　　　　　　　　　　　　　　　　　　　　3 000
　　贷:其他业务收入——租金收入　　　　　　　　　　　3 000

【例 2－37】

与皇冠公司签订一项销售合同,皇冠公司预付我货款 30 000 元,剩余货款在交货后付清。现收到皇冠公司交来转账支票一张。(银行进账单)

这项业务的发生,使企业的银行存款增加,应在"银行存款"账户的借方登记 30 000 元;企业预收的货款形成企业的负债,应在"预收账款"账户的贷方登记 30 000 元。

应编制如下会计分录:

借:银行存款　　　　　　　　　　　　　　　　　　　　30 000
　　贷:预收账款——皇冠公司　　　　　　　　　　　　　30 000

【例 2－38】

月末结转销售的 A、B 产品成本。A 产品的平均单位成本为 300 元,B 产品的平均单位成本为 88 元。(产品销售成本计算表,出库单)

结转销售成本时,因产品已销售出去使库存产品减少,应记入"库存商品"账户的贷方;销售成本的增加,应记入"主营业务成本"账户的借方。本月销售 A 产品 900 件,成本为 270 000 元;销售 B 产品 1 000 件,成本为 88 000 元。

应编制如下会计分录:

```
借:主营业务成本——A 产品                                    270 000
           ——B 产品                                     88 000
   贷:库存商品——A 产品                                    270 000
           ——B 产品                                      88 000
```

【例 2-39】

月末根据本月应交的增值税计算应交城建税 4 100 元、教育费附加 1 600 元。(城建税、教育费附加计算单)

这项业务的发生,使企业要承担的税金增加,应记入"营业税金及附加"账户的借方;计算出应交还未交的税金及附加使企业的负债增加,应记入"应交税费"账户的贷方。

应编制如下会计分录:

```
借:营业税金及附加                                         5 700
   贷:应交税费——应交城建税                                 4 100
           ——应交教育费附加                                1 600
```

为【例 2-29】至【例 2-39】的经济业务开设并登记 T 形账户,如图 2-4 所示。

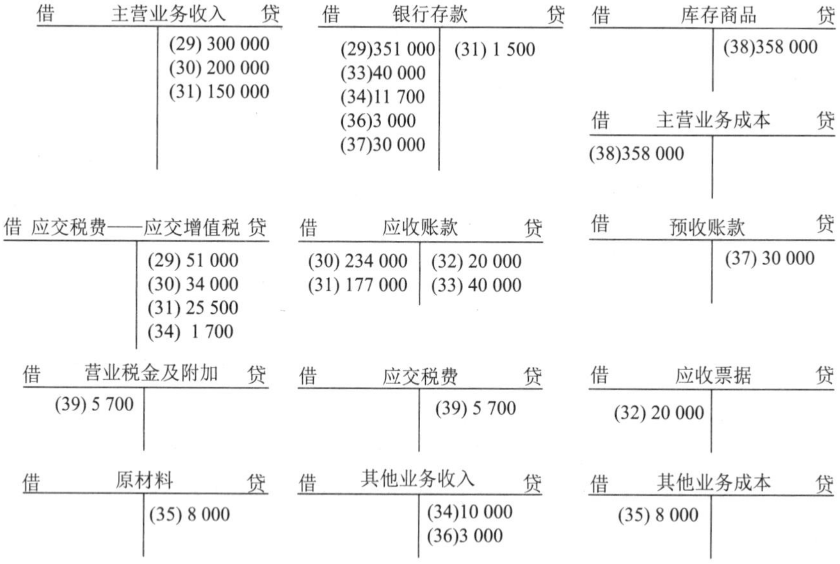

图 2-4　销售业务的核算

六、期间费用的核算

(一)期间费用的内容

期间费用是指企业当期发生的须从当期收入中得到补偿的费用。该费用容易确定发生的期间,而难以判明其归属于某个特定产品,因而要从当期收入中予以补偿,直接记入当期损益。期间费用包括管理费用、销售费用和财务费用。

1. 管理费用

管理费用是指企业为组织和管理企业生产经营所发生的各种费用。企业在筹建期间发生

的开办费、董事会和行政管理部门在企业的经营管理中发生的或者应由企业统一负担的公司经费(包括董事会和行政管理部门职工工资及福利费、物料消耗、低值易耗品摊销、办公费和差旅费等)、工会经费、中介机构费、咨询费、诉讼费、业务招待费、房产税、车船税、土地使用税、印花税、技术转让费、研究费用、排污费、企业生产车间和行政管理部门发生的固定资产修理费等都属于管理费用。

2. 销售费用

销售费用是指企业在销售商品的过程中发生的各项费用。产品包装费、运输费、装卸费、保险费、展览费、广告费以及为销售本企业商品而专设的销售机构的职工工资、福利费、固定资产折旧费等费用都属于销售费用。

3. 财务费用

财务费用是指企业为筹集生产经营所需资金而发生的费用。企业经营用资金的利息支出(减利息收入)、汇兑损失(减汇兑收益)和筹资相关的手续费等都属于财务费用。

期间费用业务主要核算:管理费用的核算,销售费用的核算,财务费用的核算等。

(二)设置的主要账户

1. 管理费用"账户

"管理费用"账户属于费用类账户,用来核算企业在生产经营过程中发生的各项管理费用。该账户的借方登记本期发生的各项管理费用,贷方登记期末结转入"本年利润"账户的金额,期末结转后无余额。该账户应按费用项目设置专栏进行明细核算。

其账户结构为:

借方	管理费用	贷方
发生额:本期发生的各种管理费用	发生额:期末结转入"本年利润"账户的数额	

2. "销售费用"账户

"销售费用"账户属于费用类账户,用来核算企业在销售过程中发生的各种销售费用。该账户的借方登记企业发生的各项销售费用,贷方登记期末转入"本年利润"账户的销售费用,期末结转后无余额。该账户应按费用项目设置专栏,进行明细核算。

其账户结构为:

借方	销售费用	贷方
发生额:本期发生的各种销售费用	发生额:期末结转入"本年利润"账户的数额	

3. "财务费用"账户

"财务费用"账户属于费用类账户,用来核算企业为筹集生产经营所需资金而发生的各项费用。该账户的借方登记本期发生的各项财务费用,贷方登记期末结转入"本年利润"账户的金额,期末结转后无余额。该账户应按费用项目设置专栏进行明细核算。

其账户结构为:

借方	财务费用	贷方
发生额:本期发生的各项财务费用	发生额:期末结转入"本年利润"账户的数额	

(三)期间费用业务核算实例

【例2-40】

用银行存款支付产品广告费30 000元。(广告业专用发票、转账支票存根)

这项业务的发生,使企业的销售费用增加,应在"销售费用"账户的借方登记30 000元;同时使企业的银行存款减少,应在"银行存款"账户的贷方登记30 000元。

应编制如下会计分录:

借:销售费用　　　　　　　　　　　　　　　　　　　　　　　30 000

　　贷:银行存款　　　　　　　　　　　　　　　　　　　　　　　　30 000

【例2-41】

用现金购买行政管理部门办公用品400元。(商业零售发票)

这项业务的发生,使企业的管理费用(行政管理部门办公用品属于管理费用)增加,应在"管理费用"账户的借方登记400元;同时现金减少,应在"库存现金"账户的贷方登记400元。

应编制如下会计分录:

借:管理费用　　　　　　　　　　　　　　　　　　　　　　　　400

　　贷:库存现金　　　　　　　　　　　　　　　　　　　　　　　　400

【例2-42】

销售部报销招待客户的餐饮费600元,以现金支付。(某市饮食业发票)

这项业务的发生,使企业的管理费用(销售部属于行政管理部门)增加,应在"管理费用"账户的借方登记600元;同时企业的现金减少,应在"库存现金"账户的贷方登记600元。

应编制如下会计分录:

借:管理费用　　　　　　　　　　　　　　　　　　　　　　　　600

　　贷:库存现金　　　　　　　　　　　　　　　　　　　　　　　　600

【例2-43】

企业用现金支票预付下半年报刊征订费2 000元。(中国人民银行邮政报刊收据、现金支票存根)

这项业务的发生,使企业的管理费用(报刊费用属于管理费用)增加,应记入"管理费用"账户的借方;同时企业的银行存款减少,应记入"银行存款"账户的贷方。

应编制如下会计分录:

借:管理费用　　　　　　　　　　　　　　　　　　　　　　　2 000

　　贷:银行存款　　　　　　　　　　　　　　　　　　　　　　　　2 000

【例2-44】

企业用银行存款支付法律咨询费1 500元。(服务业发票,转账支票存根)

这项业务的发生,使企业的管理费用增加,应在"管理费用"账户的借方登记1 500元;同时企业的银行存款减少,应在"银行存款"账户的贷方登记1 500元。

应编制如下会计分录：

借：管理费用　　　　　　　　　　　　　　　　　　　　　　　　1 500

　　贷：银行存款　　　　　　　　　　　　　　　　　　　　　　　1 500

【例2-45】

用现金支付银行的手续费100元。（收费凭证）

这项业务的发生，使企业的财务费用增加，应在"财务费用"账户的借方登记100元；同时企业的现金减少，应在"库存现金"账户的贷方登记100元。

应编制如下会计分录：

借：财务费用　　　　　　　　　　　　　　　　　　　　　　　　100

　　贷：库存现金　　　　　　　　　　　　　　　　　　　　　　　100

【例2-46】

12月末支付本月短期借款利息2 000元。（银行放款利息通知单）

这项业务的发生，使企业的利息费用增加，应在"财务费用"账户的借方登记2 000元；同时企业的银行存款减少，应在"银行存款"账户的贷方登记2 000元。

应编制如下会计分录：

借：财务费用　　　　　　　　　　　　　　　　　　　　　　　　2 000

　　贷：银行存款　　　　　　　　　　　　　　　　　　　　　　　2 000

为【例2-40】至【例2-46】的经济业务开设并登记T形账户，如图2-5所示。

借　银行存款　贷	借　销售费用　贷	借　财务费用　贷
(40) 30 000	(40) 30 000	(45) 100
(43) 2 000		(46) 2 000
(44) 1 500		
(46) 2 000		

借　管理费用　贷	借　库存现金　贷
(41) 400	(41) 400
(42) 600	(42) 600
(43) 2 000	(45) 100
(44) 1 500	

图2-5　期间费用的核算

七、营业外收支的核算

（一）营业外收支的内容

营业外收支是指企业发生的与其生产经营无直接联系的各项收入和支出。

营业外收入包括处置固定资产净收益、罚款收入、没收逾期未退的包装物押金、无法支付的应付款项等。

营业外支出包括固定资产盘亏、处置固定资产净损失、非常损失、罚款支出、对外捐赠支出等。

营业外收支业务主要核算:投资及其损益的核算,营业外收入的核算,营业外支出的核算。

(二)设置的主要账户

1."营业外收入"账户

"营业外收入"账户属于收入类账户,用来核算企业发生的与其生产经营无直接关系的各项收入。该账户贷方登记企业发生的营业外收入,借方登记期末结转入"本年利润"账户的数额,结转后无余额。该账户应按营业外收入的具体项目设置明细账进行明细核算。

其账户结构为:

借方	营业外收入	贷方
发生额:期末转入"本年利润"账户的数额	发生额:本期发生的营业外收入	

2."营业外支出"账户

"营业外支出"账户属于费用类账户,用来核算企业发生的与其生产经营无直接关系的各项支出。该账户借方登记企业发生的各项营业外支出,贷方登记期末结转入"本年利润"账户的数额,结转后无余额。该账户应按营业外支出的具体项目设置明细账进行明细核算。

其账户结构为:

借方	营业外支出	贷方
发生额:本期发生的营业外支出	发生额:期末转入"本年利润"账户的数额	

(三)营业外收支核算实例

【例 2 - 47】

收到快帆厂交来的违约金罚款现金500元。(专用收款收据)

这项业务的发生,使企业现金增加,应在"库存现金"账户的借方登记500元;同时企业的营业外收入增加,应在"营业外收入"账户的贷方登记500元。

应编制如下会计分录:

借:库存现金   500
 贷:营业外收入   500

【例 2 - 48】

企业开出转账支票向希望工程捐款15 000元,款已支付。(专用收款收据存根、转账支票存根)

这项业务的发生,使企业的营业外支出增加,应在"营业外支出"账户的借方登记15 000元;同时企业的银行存款减少,应在"银行存款"账户的贷方登记15 000元。

应编制如下会计分录:

借:营业外支出   15 000
 贷:银行存款   15 000

【例 2 - 49】

企业签发转账支票支付排污费罚款3 000元。(行政事业性收费专用收款收据、转账支票

存根）

这项业务的发生，使企业的营业外支出增加，应在"营业外支出"账户的借方登记3 000元；同时企业的银行存款减少，应在"银行存款"账户的贷方登记3 000元。

应编制如下会计分录：

借：营业外支出　　　　　　　　　　　　　　　　　　　3 000

　　贷：银行存款　　　　　　　　　　　　　　　　　　　　　3 000

【例2-50】

企业经批准将无法支付的前欠麻雀公司的货款4 000元转入营业外收入。（申请）

这项业务的发生，使企业营业外收入增加，应在"营业外收入"账户的贷方登记4 000元，同时使企业的应付款减少，应在"应付账款"账户的借方登记4 000元。

应编制如下会计分录：

借：应付账款——麻雀公司　　　　　　　　　　　　　　4 000

　　贷：营业外收入　　　　　　　　　　　　　　　　　　　　4 000

为【例2-47】至【例2-50】的经济业务开设并登记T形账户，如图2-6所示。

借　　银行存款　　贷	借　　营业外支出　　贷	借　　应付账款　　贷
(48) 15 000 |	(48) 15 000 |	(50) 4 000 |
(49) 3 000 |	(49) 3 000 |	

借　营业外收入　贷	借　　库存现金　　贷
| (47) 500	(47) 500 |
| (50) 4 000	

图2-6　营业外收支的核算

八、财务成果形成的核算

（一）财务成果形成核算的内容

1. 财务成果形成的计算

财务成果是指企业在一定期间的生产经营成果，即实现的利润或发生的亏损，是企业在一定会计期间所实现的各种收入与相关费用的差额。

财务成果的形成用公式表示如下：

（1）营业利润＝营业收入－营业成本－营业税金及附加－管理费用－销售费用－
　　　　　　　财务费用（－资产减值损失＋公允价值变动损益＋投资收益）

（2）利润总额＝营业利润＋营业外收入－营业外支出

（3）净利润＝利润总额－所得税费用

2. 期末结转本年利润的方法

会计期末结转本年利润的方法有表结法和账结法两种。

（1）表结法。采用表结法，各损益类账户每月月末只需要结计出本月发生额和月末累计余额，不结转到"本年利润"账户，但要将损益类账户的本月发生额合计数填入利润表的本月数栏，同时将本月末累计余额填入利润表的本年累计数栏，通过利润表计算反映各期的利润

（或亏损）。只有在年末时才将全年累计余额结转入"本年利润"账户。表结法下，由于年度中间损益类账户无须结转入"本年利润"账户，从而减少了转账环节和工作量，同时并不影响利润表的编制及有关损益指标的利用。

（2）账结法。采用账结法，每月月末需要编制转账凭证，将各损益类账户的余额转入"本年利润"账户。结转后"本年利润"账户的本月借贷方差额反映当月实现的利润或发生的亏损，"本年利润"账户的全年累计余额反映本年累计实现的利润或发生的亏损。账结法在各月均要通过"本年利润"账户提供当月及本年累计的利润（或亏损）额，增加了转账环节和工作量。

（3）财务成果形成业务主要核算：损益类账户结转的核算，所得税的核算。

（二）主要账户的设置

1. "本年利润"账户

"本年利润"账户属于所有者权益类账户，用来核算企业在年度内实现的净利润（或亏损）总额。该贷方登记期末从收益类账户转入的金额，借方登记期末从费用类账户转入的金额。在年度内各期末转账后，该账户的贷方余额表示年初至本月末止累计实现的净利润，借方余额表示年初至本月末止累计实现的净亏损。年度终了，应将"本年利润"账户的累计余额转入"利润分配"账户的借方或贷方，结转后"本年利润"账户余额为零。

其账户结构为：

借方	本年利润	贷方
期初余额：期初累计亏损额		期初余额：期初累计盈利额
发生额：本期转入的各项费用、支出		发生额：本期转入的各项收入
期末余额：期末累计亏损额		期末余额：期末累计盈利额

2. "所得税费用"账户

"所得税费用"账户属于费用类账户，用来核算企业按税法规定计算的应缴纳的所得税金额。该账户借方登记计算出的应交纳的所得税额，贷方登记结转到"本年利润"账户的所得税额，期末结转后，本账户应无余额。

其账户结构为：

借方	所得税费用	贷方
发生额：本期应负担的所得税额		发生额：期末转入"本年利润"账户的数额

（三）财务成果形成业务核算实例

【例 2 - 51】

月末将各收入类账户余额结转到"本年利润"账户。（内部转账单）

根据【例 2 - 19】至【例 2 - 50】各例题，月末主营业务收入的贷方余额为 650 000 元，其他业务收入的贷方余额为 13 000 元，营业外收入的贷方余额为 4 500 元。将这些账户的余额转出，应记入各账户的借方，转入到"本年利润"账户的贷方。

应编制如下会计分录：

借:主营业务收入	650 000
其他业务收入	13 000
营业外收入	4 500
贷:本年利润	667 500

【例2－52】

月末将各费用类账户的余额结转到"本年利润"账户。(内部转账单)

根据【例2－19】至【例2－50】各例题,月末各费用类账户的借方余额分别为:主营业务成本358 000元、其他业务成本8 000、营业税金及附加5 700、管理费用55 700元、销售费用30 000元、财务费用2 100元、营业外支出18 000元。将这些账户的余额转出,应记入各账户的借方,转入到"本年利润"账户的贷方。

应编制如下会计分录:

借:本年利润	477 500
贷:主营业务成本	358 000
其他业务成本	8 000
营业税金及附加	5 700
管理费用	55 700
销售费用	30 000
财务费用	2 100
营业外支出	18 000

本月该企业利润总额＝667 500 － 477 500 ＝ 190 000(元)

【例2－53】

企业根据应纳税所得额按25%的税率计算本月应交所得税(假定没有应纳税所得额调整项目,直接根据利润总额计算)。

企业计算出的所得税是企业应负担的税费,应记入"所得税费用"账户的借方;在企业还未缴纳所得税之前,形成企业的一项负债,应记入"应交税费——应交所得税"账户的贷方。本月该企业利润总额为190 000元,则应交所得税为47 500元。

应编制如下会计分录:

借:所得税费用	47 500
贷:应交税费——应交所得税	47 500

【例2－54】

将"所得税费用"账户的余额结转到"本年利润"账户。

这项业务中,将所得税从"所得税费用"账户转出,应记入"所得税费用"账户的贷方;所得税作为一种费用转入"本年利润"账户的借方。

应编制如下会计分录:

借:本年利润	47 500
贷:所得税费用	47 500

为【例 2－51】至【例 2－54】的经济业务开设并登记 T 形账户，如图 2－7 所示。

借	主营业务成本	贷
		(52)358 000

借	本年利润	贷
(52)477 500		(51)667 500
(54)47 500		

借	主营业务收入	贷
(51)650 000		

借	其他业务成本	贷
		(52)8 000

借	所得税费用	贷
(53) 47 500		(54) 47 500

借	其他业务收入	贷
(51)13 000		

借	营业税金及附加	贷
		(52)5 700

借	财务费用	贷
		(52)2 100

借	营业外收入	贷
(51)4 500		

借	管理费用	贷
		(52)55 700

借	营业外支出	贷
		(52)18 00

借	应交税费－应交所得税	贷
		(53) 47 500

借	销售费用	贷
		(52)30 000

图 2－7 财务成果形成的核算

九、利润分配的核算

(一)利润分配核算的内容

企业在一定时期内实现的利润总额在按规定缴纳所得税后，就是企业的净利润。净利润应按规定顺序进行分配。

利润分配是将企业当年可供分配的利润，按照国家财务制度规定的分配形式和分配顺序，在企业和投资者之间进行的分配。企业当年实现的净利润加上年初未分配利润(或减年初未弥补亏损)和其他转入后的余额，为可供分配的利润。可供分配的利润为负数，则不能进行后续的分配。

可供分配的利润，应按下列顺序分配：

(1)提取法定盈余公积。按照税后利润的 10% 的比例提取，法定盈余公积金累计额达到公司注册资本的 50% 以上时，可以不再提取。

(2)提取任意盈余公积。提取比例由股东大会等企业的权力机构确定。

(3)向投资者分配利润。可供分配的利润减去提取的盈余公积后，为可供投资者分配的利润。

企业实现的净利润经过弥补亏损、提取盈余公积和向投资者分配利润后留存在企业的、历年结存的利润即为未分配利润。未分配利润可留待以后年度进行分配。企业如果发生亏损，可以按规定由以后年度利润进行弥补。

利润分配业务主要核算：净利润或亏损结转的核算，盈余公积提取的核算，向投资者分配利润的核算等。

(二)主要账户的设置

1. “利润分配”账户

“利润分配”账户属于所有这权益类账户，用来核算企业利润分配(或亏损弥补)情况。该账户借方登记提取盈余公积、向投资者分配利润的分配数和年终从“本年利润”账户转来的本年累计亏损总额；贷方登记用盈余公积亏数额和年终从“本年利润”账户转来的本年累计净利

润额;期末贷方余额表示尚未分配的利润,借方余额表示尚未弥补的亏损。该账户应按利润的分配项目设置"未分配利润""提取法定盈余公积""提取任意盈余公积""应付现金股利或利润""转作股本的股利""盈余公积补亏"等明细账户,进行明细分类核算。

其账户结构为:

借方	利润分配	贷方
期初余额:期初尚未弥补的亏损		期初余额:期初尚未分配的净利润
发生额:利润的各项分配额、年末从"本年利润"账户转来的本年累计亏损额		发生额:盈余公积弥补亏损数、年终从"本年利润"账户转来的本年累计净利润
期末余额:年末尚未弥补的亏损		期末余额:年末尚未分配的利润

2. "利润分配——未分配利润"账户

"利润分配——未分配利润"账户是"利润分配"账户的一个明细账户,属于所有这权益类账户,该账户核算企业的未分配利润的情况。该账户的借方登记年终从"本年利润"账户转入的本年亏损额及"利润分配——提取法定盈余公积""利润分配——提取任意盈余公积""利润分配——应付现金股利或利润"等明细账户转入的余额;贷方登记从"本年利润"账户转入的本年累计利润额及"利润分配——盈余公积补亏"等明细账户转入的余额;期末贷方余额表示累积的未分配利润,借方余额表示累积的未弥补亏损。

其账户结构为:

借方	利润分配——未分配利润	贷方
期初余额:期初尚未弥补的亏损		期初余额:期初尚未分配的净利润
发生额:该账户其他明细账户转入的余额、年末从"本年利润"账户转来的本年累计亏损额		发生额:"盈余公积补亏"等明细账转入的余额、年末从"本年利润"账户转来的本年累计净利润
期末余额:年末累计未弥补的亏损		期末余额:年末累计未分配的利润

3. "盈余公积"账户

"盈余公积"账户属于所有者权益类账户,用来核算企业从净利润中提取的盈余公积。该账户的贷方登记提取的盈余公积数;借方登记用盈余公积弥补亏损或转增资本数;期末贷方余额表示盈余公积的结存数。

其账户结构为:

借方	盈余公积	贷方
发生额:弥补亏损或转增资本数		期初余额:期初盈余公积的结存数
		发生额:提取的盈余公积数
		期末余额:期末盈余公积的结存数

4. "应付股利"账户

"应付股利"账户属于负债类账户,用来核算企业分配的现金股利或利润。该账户的贷方登记应付给投资者的现金股利或利润;借方登记实际支付给投资者的现金股利或利润;期末贷方余额表示尚未支付的现金股利或利润。该账户应按投资者设置明细账,进行明细核算。

其账户结构为：

借方	应付股利	贷方
发生额：实际支付给投资者的利润	期初余额：期初尚未支付的利润	
	发生额：应付给投资者的利润	
	期末余额：期末尚未支付的利润	

（三）主要经济业务核算实例

【例 2 - 55】

年终，将企业全年净利润转入"利润分配——未分配利润"专户。

根据【例 2 - 51】至【例 2 - 54】可知，该企业今年全年实现的净利润为 142 500 元。

净利润 = 利润总额 - 所得税 = 190 000 - 47 500 = 142 500（元）

在这项业务中，是将企业全年实现的净利润 142 500 元，从"本年利润"账户的借方转入"利润分配——未分配利润"账户的贷方。结转后，"本年利润"账户没有余额。

应编制如下会计分录：

借：本年利润   142 500

  贷：利润分配——未分配利润   142 500

【例 2 - 56】

企业年终按净利润的 10% 提取法定盈余公积，按净利润的 5% 提取任意盈余公积。

在这项业务中，提取的盈余公积是对净利润的一项分配，应记入"利润分配——提取盈余公积"账户的借方；同时提取盈余公积使企业的盈余公积金增加，应记入"盈余公积"账户的贷方。

应编制如下会计分录：

借：利润分配——提取法定盈余公积   15 000

    ——提取任意盈余公积   7 500

  贷：盈余公积——法定盈余公积   15 000

    ——任意盈余公积   7 500

【例 2 - 57】

年终，企业决定向投资者分配利润 100 000 元。

在这项业务中，企业分配给投资者的利润，在支付给投资者之前，作为一项负债，应记入"应付股利"账户的贷方；同时也是企业净利润的一项分配，应记入"利润分配——应付利润"账户的借方。

应编制如下会计分录：

借：利润分配——应付利润   100 000

  贷：应付股利   100 000

【例2-58】

年终,将"利润分配"账户其他明细账户转入"利润分配——未分配利润"明细账户。

在这项业务中,是将"利润分配"账户其他的明细账户从贷方转入"利润分配——未分配利润"账户的借方。结转后,"利润分配"账户其他的明细账户没有余额,只有"利润分配——未分配利润"账户存在余额。

应编制如下会计分录:

借:利润分配——未分配利润　　　　　　　　　　　　　　122 500
　贷:利润分配——提取法定盈余公积　　　　　　　　　　　15 000
　　　　——提取任意盈余公积　　　　　　　　　　　　　　7 500
　　　　——应付利润　　　　　　　　　　　　　　　　　100 000

为【例2-55】至【例2-58】的经济业务开设并登记T形账户,如图2-8所示。

借　利润分配—提取法定盈余公积　贷	借　利润分配——未分配利润　贷
(56) 15 000 | (58) 15 000	(56) 122 500 | (55) 150 000

借　利润分配—提取任意盈余公积　贷	借　盈余公积　贷	借　应付股利　贷
(56) 7 500 | (58) 7 500	| (56) 22 500	| (57) 100 000

借　利润分配—应付利润　贷	借　本年利润　贷
(57) 100 000 | (58) 100 000	(55) 150 000 |

图2-8　利润分配的核算

至此,"利润分配——未分配利润"账户的贷方余额为:150 000-122 500=27 500(元)

任务实施

一、练习资金筹集业务的核算

【资料】一企业2015年12月份发生下列经济业务:

1. 企业收到国家投入的资金500 000元,款项已存入银行。

2. 企业收到康宁公司投入的机器设备价值300 000元。

3. 企业从工商银行借入期限为5个月的一笔款项100 000元,存入银行。合同约定年利率为5%,按季支付利息,到期还本。

4. 企业从农业银行借入期限为3年的一笔款项600 000元,存入银行。

【要求】根据上述经济业务编制会计分录。

二、练习供应业务的核算

【资料】一企业2015年10月份发生下列经济业务:

1. 向卡帮公司购入甲材料5 000千克,单价20元,价款共计100 000元,增值税17 000元。款项用银行存款支付,材料已经验收入库。

2. 从夏莱公司购入乙材料 2 000 千克,单价 40 元,价款共计 80 000 元,增值税为 13 600 元,企业已开出商业承兑汇票 93 600 元。材料未验收入库。

3. 用银行存款预付给西夏公司购买乙材料的价款 50 000 元。

4. 用银行存款支付前欠绿城公司的货款 30 000 元。

5. 西夏公司发来乙材料 3 000 千克,单价 30 元,价款计 90 000 元,增值税 15 300 元。材料已验收入库。

6. 支付西夏公司所购乙材料余款。

【要求】

1. 根据上述经济业务,编制会计分录。

2. 开设并登记相关的 T 形账户。

三、练习供应业务的核算

【资料】某公司 2015 年 12 月发生的业务如下:

1. 从金露公司购入甲材料 20 000 千克,每千克 10 元,计 200 000 元;乙材料 10 000 千克,每千克 30 元,计 300 000 元,共计货款 500 000 元,增值税 51 000 元;运输费 6 000 元,开出转账支票支付款项,材料尚未到达。(其中共同发生的运杂费按材料重量比例分配)

2. 向金露公司购入甲材料与乙材料均已运到,并验收入库。

3. 从思远公司购入甲材料 2 500 千克,每千克 4 元;乙材料 1 500 千克,每千克 20 元,共计 40 000 元,增值税 6800 元;发生装卸费 800 元,款项均未支付。从思远公司购入的甲、乙材料已运达企业,并验收入库。

【要求】

1. 根据上述经济业务编制会计分录;

2. 开设并登记相关的 T 形账户。

四、练习生产业务的核算

【资料】某公司 2015 年 12 月份发生下列经济业务:

1. 车间管理人员报销办公费 500 元,以现金支付。

2. 开出现金支票支付某生产工人生活困难补助 2 000 元。

3. 生产 A 产品领用材料 200 000 元,生产 B 产品领用材料 80 000 元。

4. 银行通知已支付本月水电费 1 800 元,其中:车间用 1 000 元,行政管理部门用 800 元。

5. 计算分配本月应付职工薪酬 150 000 元,其中生产 A 产品工人工资 80 000 元,生产 B 产品工人工资 4 000 元,车间管理人员工资 10 000 元,行政管理人员工资 20 000 元。

6. 从银行提取现金 150 000 元,备发工资。

7. 用现金发放职工工资。

8. 计提本月固定资产折旧 40 000 元,其中,生产车间应计提固定资产折旧 30 000 元,企业行政管理部门应计提固定资产折旧 10 000 元。

9. 将本月发生的制造费用在甲、乙产品之间按生产工时比例进行分配:甲产品 6 000 工时,乙产品 4 000 工时,并将分配结果填入制造费用分配表,转入生产成本账户。

产品名称	分配标准(生产工时)	分配率	应分配的费用
甲产品			
乙产品			
合　计			

10. 结转本月完工产品的生产成本,各产品入库数量及实际成本资料如下:

产品名称	数量(件)	单位成本(元)	总成本(元)
甲产品	500 件	1 000	200 000
乙产品	600 件	600	80 000

【要求】

1. 根据以上资料编制会计分录。

2. 登记"制造费用""生产成本"总分类账户和"生产成本"明细分类账。

五、练习销售过程的核算

【资料】鸳鸯公司 2015 年 12 月份发生以下部分经济业务:

1. 销售给霖琳公司甲产品 500 台,每台售价 200 元;货款 100 000 元及增值税 17 000 元当即收到,存入银行存款户。

2. 收到上月应收霖琳公司货款 40 000 元,存入银行存款户。

3. 销售给全佳公司甲产品 200 台,每台售价 200 元;乙产品 600 件,每件售价 100 元,增值税额共计 17 000 元;已收到款项 6 0000 元,存入银行,其余暂欠。

4. 以银行存款支付广告费 50 000 元。

5. 收到债券投资利息 2 000 元存入银行。

6. 销售 B 材料 5 000 千克,每千克售价 6 元,货款 30 000 元,增值税 5 100 元,款项已收到存入银行。

7. 收到全佳公司前欠货款,存入银行存款户。

8. 结转本月已售产品的生产成本,甲产品每台成本 120 元,乙产品每件成本 60 元。

9. 结转本月销售 B 材料的成本 20 000 元。

10. 将收入和费用类账户的余额结转到"本年利润"账户。

【要求】

1. 根据以上经济业务编制会计分录。

2. 开设"主营业务收入"总分类账户并根据有关会计分录登记,结出本期发生额。

六、练习销售业务和财务成果形成的核算

【资料】庄野公司 2015 年 12 月份发生下列部分经济业务:

1. 2 日收到上月应收南方公司前欠货款 40 000 元,存入银行存款户。

2. 5 日售给南方公司甲产品 400 台,每台售价 500 元,乙产品 500 件,每件 200 元,增值税额 51 000 元,款项尚未收到。

3. 10 日收到南方公司本月 5 日购货欠款,存入银行。

4. 13 日以银行存款支付销售费用 5 000 元。

5. 20 日售给某物资公司甲产品 400 台,每台售价 500 元;乙产品 500 件,每件 200 元,增值税额 51 000 元,款项尚未收到。

6. 21 日以银行存款捐赠给希望工程 50 000 元。

7. 23 日售给华为公司 A 材料 2 000 千克,每千克售价 10 元,增值税额 3 400 元;款项已收到存入银行。

8. 25 日以银行存款支付本公司子弟学校经费 1 0000 元。

9. 27 日收到被投资单位汇来应分得的利润 20 000 元,存入银行。

10. 31 日结转本月已销产品成本,其中:甲产品每台成本 300 元,乙产品每件成本 120 元。

11. 31 日结转本月销售 A 材料成本,每千克 7 元。

12. 31 日将本月收益类账户余额结转"本年利润"账户。

13. 31 日将本月费用类账户余额结转"本年利润"账户。

14. 31 日按本月利润计算应交所得税(税率 25%),并将"所得税费用"账户余额结转"本年利润"账户。

15. 31 日,将本年实现的净利润(1 到 11 月份实现净利润 500 000 元)转入"利润分配"账户。

16. 31 日,按本年税后利润的 10% 提取盈余公积金。

17. 31 日,按规定计算应付给投资者利润 2 000 元。

18. 31 日,将"利润分配"账户下的其他明细账户转入"未分配利润"明细账户。

【要求】

1. 根据上述业务编制会计分录。

2. 开设并登记"本年利润""利润分配"总分类账户。

同 步 测 试

一、单项选择题

1. 在借贷记账法中,账户的哪一方记增加,哪一方记减少,取决于(   )。

　　A. 账户的结构　　　B. 账户的性质　　　C. 账户的用途　　　D. 账户的格式

2. 购入材料的运杂费,一般应计入(   )。

　　A. 材料成本　　　B. 生产成本　　　C. 制造费用　　　D. 管理费用

3. "财务费用"账户期末应(   )。

　　A. 无余额　　　B. 有借方余额　　　C. 有贷方余额　　　D. 借方贷方都有余额

4. 下列属于简单会计分录的是(   )。

　　A. 一借一贷　　　B. 一借多贷　　　C. 多借一贷　　　D. 多借多贷

5. 企业生产的产品完工,应将其成本转入(   )。

　　A. 本年利润　　　B. 库存商品　　　C. 主营业务成本　　　D. 制造费用

6. 企业销售产品实现的收入,应(   )。

　　A. 借记"主营业务收入"账户　　　　　B. 贷记"主营业务收入"账户

　　C. 贷记"本年利润"账户　　　　　　　D. 贷记"营业外收入"账户

7. 企业期末结转已销售产品的制造成本时,应( )。

    A. 借记"主营营业收入"账户　　　　　　B. 借记"本年利润"账户

    C. 借记"主营业务成本"账户　　　　　　D. 借记"库存商品"账户

8. 年末结转后,"利润分配"账户的借方余额表示( )。

    A. 利润分配总额　　B. 未弥补的亏损额　　C. 未分配的利润额　　D. 实现的利润总额

9. 下列属于负债类账户的是( )。

    A. 应收账款　　　　B. 应收票据　　　　C. 预收账款　　　　D. 其他应收款

10. 企业销售原材料的收入,应计入( )账户。

    A. 主营业务收入　　B. 其他业务收入　　C. 营业外收入　　　D. 投资收益

11. 下列费用属于销售费用的是( )。

    A. 购买材料的运费　　　　　　　　　　B. 生产设备的折旧费

    C. 销售产品的运费　　　　　　　　　　D. 筹资手续费

12. 下列( )项目会影响企业的营业利润。

    A. 营业外收入　　B. 营业外支出　　C. 所得税费用　　　D. 主营业务成本

二、多项选择题

1. 借贷记账法下,账户的借方登记( )。

    A. 资产的增加　　B. 资产的减少　　C. 权益的增加　　　D. 权益的减少

2. 公式"贷方期初余额 + 贷方本期发生额——借方本期发生额反映"( )。

    A. 负债类账户期末余额　　　　　　　　B. 资产类账户期末余额

    C. 所有者权益类账户期末余额　　　　　D. 损益收入类账户期末余额

3. 材料采购成本是由( )构成的。

    A. 支付的材料价款　　　　　　　　　　B. 发生的各项采购费用

    C. 保管费用　　　　　　　　　　　　　D. 生产中的消耗

4. 所有者权益类账户包括( )等。

    A. 实收资本　　　　B. 资本公积　　　　C. 盈余公积　　　　D. 本年利润

5. 下列( )账户月末一般无余额。

    A. 制造费用　　　　B. 生产成本　　　　C. 主营业务收入　　D. 管理费用

6. 产品的制造成本包括下列内容( )。

    A. 为制造产品产生的材料费用　　　　　B. 为制造产品产生的人工费用

    C. 为制造产品产生的固定资产折旧费　　D. 自然灾害造成的材料损失

7. 属于营业外收入的项目有( )。

    A. 固定资产盘盈　　　　　　　　　　　B. 出售不需用材料收入

    C. 无法偿还的应付款　　　　　　　　　D. 罚款收入

8. 下列属于期间费用的是( )。

    A. 销售费用　　　　B. 管理费用　　　　C. 财务费用　　　　D. 制造费用

9. 下列应按产品品种或类别设置明细账的是( )。

    A. 库存商品　　　　B. 主营业务收入　　C. 应收账款　　　　D. 原材料

10. 下列费用属于管理费用的是( )。

    A. 董事会费　　　　　　　　　　　　　B. 车间生产设备修理费

C. 车船税   D. 专设销售机构人员工资

11. 长虹电器股份有限公司取得的下列收入中,属于其他业务收入的是(　　)。

    A. 销售材料收入   B. 销售产品收入

    C. 固定资产出租的租金   D. 收到的合同违约金

12. 下列应计入"营业税金及附加"账户的税费是(　　)。

    A. 增值税   B. 消费税   C. 城市维护建设税   D. 所得税

三、判断题

1. 复式记账法是指对发生的每项经济业务按相等的金额在两个或两个以上的账户中同时进行登记的一种记账方法。　　　　　　　　　　　　　　　　　　　（　　）

2. 资产类账户是用来记录和反映各项资产增减变动的账户,其余额一定在借方。（　　）

3. 费用类账户在月末都要转入"本年利润"账户,以确定当期损益。该类账户在月末都没有余额。　　　　　　　　　　　　　　　　　　　　　　　　　　（　　）

4. 在借贷记账法下,对每一项经济业务都是用借、贷相等的金额来记录的,因此全部账户的借方发生额和贷方发生额必然相等。　　　　　　　　　　　　　（　　）

5. 如果试算平衡表平衡,则可断定记账没有错误。　　　　　　　　　　（　　）

6. 在实际工作中因为难以明确账户的对应关系,因此一般不编制"多借多贷"这种对应关系的会计账户。　　　　　　　　　　　　　　　　　　　　　（　　）

7. 对于预收账款业务不多的单位,可以不设"预收账款"账户,而通过"应收账款"账户核算。　　　　　　　　　　　　　　　　　　　　　　　　　　　（　　）

8. 企业购进材料所负担的运输费用应记入所购材料的成本。　　　　　（　　）

9. 企业发生的车间管理部门用的固定资产修理费,应记入"制造费用"账户。（　　）

10. 发生的营业外收支不会影响企业的利润总额。　　　　　　　　　　（　　）

11. 企业支付的财务部人员工资,应记入"财务费用"账户。　　　　　（　　）

12. 出售钢材的收入在所有企业都属于其他业务收入。　　　　　　　　（　　）

四、名词解释

1. 复式记账法   2. 会计分录   3. 试算平衡   4. 实收资本   5. 短期借款   6. 期间费用

7. 应收票据   8. 生产成本

五、简答题

1. 简述借贷记账法的各类账户的结构。

2. 简述试算平衡的理论基础。

3. 简述期间费用的具体内容。

4. 简述企业净利润的计算过程。

5. 简述企业利润分配的程序。

6. 简述主营业务收入、其他业务收入、营业外收入的区别。

六、计算题

综合练习制造企业主要经营过程的核算。

【资料】荣城公司为一般纳税人,2015年12月发生下列经济业务:

1. 1日,财务科出纳员开出现金支票一张,从银行提取现金5 000元备用。

2. 5日,购入甲材料1 000千克,单价10元,增值税税率17%,材料未到,货款开出转账支

票支付。

3.6 日,向宏东商场销售 A 产品 1 000 件,每件售价 1 000 元,增值税税率 17% ;销售 B 产品 1 000 件,每件售价 400 元,增值税税率 17% 。当日收到商场的转账支票 1 张,并送存银行。

4.8 日,5 日购入的甲材料运到并验收入库。

5.10 日,用银行存款预付供货单位野村公司购材料款 30 000 元。

6.10 日,开出转账支票 1 账,支付前欠德露公司货款 70 000 元。

7.15 日,生产车间生产 A 产品领用甲材料 200 千克。

8.16 日,开出转账支票支付广告费用 30 000 元。

9.19 日,向中国建设银行借入期限为 8 个月的借款 100 000 元。

10.20 日,以库存现金支付销售产品的运杂费 400 元。

11.23 日,以银行存款支付行政部门办公用品费 800 元。

12.25 日,分配结转本月职工工资 200 000 元,其中,生产工人工资 120 000 元,车间管理人员工资 20 000 元,行政管理人员工资 80 000 元。

13.27 日,结转本月销售 A、B 产品的成本。A 产品单位成本为 600 元,B 产品单位成本为 280 元。

14.31 日,计算应交城市维护建设税 1 000 元。

15.31 日,计提本月固定资产折旧费 40 000 元,其中,生产车间计提折旧 30 000 元,管理部门计提折旧 10 000 元。

16.31 日,以银行存款购买不需安装的生产设备一台,买价 60 000 元,增值税 10 200 元,设备已交付使用。

17.31 日,将本月收益类和费用类账户结转到"本年利润"账户。

18.31 日,按 25% 的税率计算本月应交的所得税。

19.31 日,将所得税费用结转到"本年利润"账户。

20.31 日,将本年实现的净利润转入"利润分配——未分配利润"账户。

21.31 日,按本年税后利润的 10% 提取盈余公积金。

22.31 日,按规定计算应付给投资者利润 30 000 元。

23.31 日,将"利润分配"账户下的其他明细账户转入"未分配利润"明细账户。

【要求】根据上述业务编制会计分录。

项目三　会计凭证

引导案例

　　李三创业时经常会收到一些票据。有的是正规公司开具的发票,有的是单位开具的收据。是不是所有的这些凭证都能依法报销呢? 作为单位财务人员如何审核凭证? 如何填制凭证呢? 哪些凭证可以入账?

【案例解析】

　　发票或收据是维护权益证明,也是单位报销入账的依据,没有发票就无法报销。本项目重点给大家讲述会计凭证类型,会计凭证的审核与填制。

任务一　填制会计凭证

知识目标

1. 熟悉会计凭证的填制要求。
2. 掌握会计凭证填制方法。

技能目标

能够正确填制会计凭证。

知识讲解

一、会计凭证的相关知识

　　会计凭证是具有一定格式,记录经济业务,明确经济责任,作为记账依据的书面证明。

　　企业、行政事业单位在经济活动中要发生各式各样的经济业务,都需要取得凭证进行

记录,以证明和反映经济活动的发生和完成情况,明确经办部门和人员的经济责任,并据以登记会计账簿,如购买材料,要取得供货单位发货票;销售商品,要为购货单位填制销货发票;与银行结算,要填写和收到各种结算凭证;企业内部生产领用材料,要填写领料单等,因此,填制和取得会计凭证是会计核算工作的初始阶段和基础。只有根据审核无误的会计凭证来处理经济业务,才能保证会计记录真实、客观,才能行使会计的监督职能,才能审核会计凭证所证明的经济业务是否合规、合法。填制和审核凭证成为会计核算的基本方法之一。

由于经济业务起点不同,会计凭证在会计核算中的环节和作用不同,会计凭证分为不同的种类,正确对会计凭证进行分类,可以熟悉会计凭证在会计核算中的作用,充分认识和运用凭证。

会计凭证按照填制程序和用途不同,可以分为原始凭证和记账凭证。

原始凭证是在经济业务发生时取得和填制的,反映经济业务的发生、完成情况,具有法律效力的书面证明,如发货票、各种专用票据、借款单、工资单、入库单、各种报销车票等,是办理经济业务手续的证明,真实、正确、合理、合法的原始凭证,是编制记账凭证的依据。

记账凭证是会计人员根据审核后的原始凭证编制的,据以登记账簿的凭证。由于经济业务涉及环节各式各样,取得的原始凭证数量繁多,大小不一,格式不同,不能直接登记账簿,需要对原始凭证进行审核、整理、归类,根据记账方法,填制记账凭证,确定会计分录,作为直接登记账簿的依据。

1. 原始凭证

(1)原始凭证的基本内容。尽管原始凭证纷繁复杂,格式内容很不一样,但根据经济业务的要求,各种原始凭证应具备一些共同的基本内容。原始凭证基本内容也称原始凭证基本要素,包括:

①凭证名称,如销货发票、借款单等就是凭证名称。

②填制凭证时间,即经济业务发生时的时间。

③接受单位的名称,如购货单位名称,应尽量写全称,写准确,以便于联系和核对账务。

④经济业务的内容、数量、单价、金额等,主要是产品名称、规格、单位、数量、金额或劳务数量、金额等,包括用阿拉伯数小写和用汉字大写的金额。通过经济业务的内容,核对审查凭证的真实性、合法性。

⑤经办单位、人员的签名盖章。单位之间发生经济业务,必须有填制凭证单位的公章及经办人员签章,以明确法律责任,出现问题便于核对查找。对于需要进行检验、验收的实物凭证,还要有验收部门或人员的手续。

为了满足其他工作的需要,原始凭证除上述必须具备的基本内容外,还增加其他一些补充项目,如为了防止伪造,增加了防伪条码或识别标志;为便于业务联系,增加填制单位的地址、银行账号、电话等;为方便核对查找,注明相关合同号码、结算方式等,使原始凭证更趋于规范,增加了相关功能。

(2)原始凭证的种类。

①原始凭证按来源不同,可分为外来原始凭证和自制原始凭证。

外来原始凭证:是在经济业务发生时,从其他单位或个人取得的原始凭证,如企业购买材料取得的购货发票,银行代为支付费用的付款结算凭证,采购员出差购买的车船票等,增值税专用发票格式,见凭证 3-1。

【凭证 3-1】

××省增值税专用发票

开票日期: 年 月 日 编号:

购货单位	名　称		纳税人登记号	
	地址、电话		开户银行及账号	

货物及劳务名称	计量单位	数量	单价	金　额 百 十 万 千 百 十 元 角 分	税率 (%)	税　额 百 十 万 千 百 十 元 角 分
合计						
价税合计(大写)	仟 佰 拾 万 仟 佰 拾 元 角 分 ￥_____					
销货单位	名　称		纳税人登记号			
	地址、电话		开户银行及账号			

收款人: 开票单位(未盖章无效)

第二联:发票联 购货方记账

自制原始凭证:由本单位内部业务部门和人员填制,执行和完成某项经济业务所使用的原始凭证,如收料单、领料单、产品入库单、工资计算单等。格式见凭证 3-2 和凭证 3-3。

【凭证 3-2】

收 料 单

供货单位: 凭证编号:
发票号码: 年 月 日 收料仓库:

材料编号	材料规格名称	计量单位	数量 应收	数量 实收	金额 单价	金额 金额
备注					合计	

收料: 记账: 保管: 仓库负责人:

第一联

【凭证 3-3】

领 料 单

领用部门: 凭证编号:
用途: 年 月 日 发料仓库:

材料编号	材料规格名称	计量单位	数量 请领	数量 实领	金额 单价	金额 金额
备注					合计	

审批: 发料: 记账: 领料:

第一联

②原始凭证按填制方法不同可以分为一次原始凭证、累计原始凭证和汇总原始凭证。

一次原始凭证,即一次凭证,一般在一张原始凭证上只填写一笔经济业务,凭证一次填写完成,如发货票、银行结算凭证、借款单等。大部分原始凭证都是一次凭证。一次凭证使用灵活方便,便于分类保管,但数量较多。

累计原始凭证,即累计凭证,在一张凭证上连续登记一定期间内发生的相同经济业务的凭证,它可以随经济业务的发生分次填写凭证,并随时计算出累计数。累计原始凭证能简化填制手续,减少凭证张数,便于同计划、定额对照,实施预算控制,如限额领料单(见凭证3-4)。

汇总原始凭证,即汇总凭证,是根据若干张同类经济业务的原始凭证,经过汇总编制的凭证,如材料耗用汇总表、工资结算汇总表等。汇总凭证可以简化编制记账凭证和登记账簿的手续,同时可为经营管理提供所需总量指标。发出材料汇总表见凭证3-5。

【凭证3-4】

限额领料单

领料部门:　　　　　　　　　　　　　　　　　　　　　　　　编　　号:

用　途:　　　　　　　　　　　年　月　日　　　　　　　发料仓库:

材料编号	材料名称规格	计量单位	计划投产量	单位消耗定额	领用限额	实　发		
						数　量	实际(计划)单价	金　额

日期	领用			退料			限额结余
	数量	领料人	发料人	数量	退料人	收料人	
合计							

生产计划部门:　　　　　　　供销部门:　　　　　　　仓库:

【凭证3-5】

发出材料汇总表

年　月　日

会计科目		领料部门	原材料	燃料	合计
生产成本	基本生产车间	一车间			
		二车间			
		小　计			
	辅助生产车间	机修车间			
		供电车间			
		小　计			
制造费用		一车间			
		二车间			
		小　计			
合　计					

会计负责人:　　　　　　　复核:　　　　　　　制表:

③原始凭证按格式、使用范围不同可分为通用凭证和专用凭证。

通用凭证,在全国或某行业、某部门已统一格式使用的原始凭证,如全国统一的异地结算银行凭证,税务部门统一印制格式的发票等。

专用凭证,企业等单位内部自行设计、制定、使用的凭证,为满足本单位内部管理的需要,如借款单、差旅费报销单等。

④原始凭证按用途不同可分为计算凭证、证明凭证和通知凭证。

计算凭证,是指根据有关原始凭证和会计核算资料计算后编制的原始凭证,如制造费用分配表、产品成本计算单、工资计算单等。

证明凭证,用来证明某项经济业务实际发生情况的凭证,如产品入库单、领料单、固定资产报废单,需要上级批准的经济业务的批准文件,根据有关决定处理经济业务的有关会议决定或记录等。

通知凭证,命令、指示、要求进行某项经济业务的凭证,如罚款(扣款)通知单、工资标准执行单等。

2. 记账凭证

(1)记账凭证的基本内容。如前所述,企业事业等单位的原始凭证种类繁多,格式大小不一,内容不同,不能直接作为记账的依据。所以在登记账簿之前,应先编制记账凭证。记账凭证是根据审核无误的原始凭证编制的,按照会计核算的方法,指出每一项经济业务应登记的账户名称、记账方向及其金额,是直接登记会计账簿的依据。

记账凭证的基本内容包括:

①凭证名称。

②填制凭证的日期。

③经济业务内容摘要。

④账户名称(包括一级、二级和明细账户)、记账方向和金额。

⑤记账凭证编号。

⑥所附有的原始凭证和其他资料的张数。

⑦有关人员的签章。

(2)记账凭证的种类和格式。

①按经济业务内容不同可分为收款凭证、付款凭证、转账凭证

收款凭证,专门用来登记库存现金、银行存款收款业务的记账凭证,它根据加盖"收讫"戳记的收款原始凭证编制,作为登记库存现金、银行存款日记账以及有关账簿的依据,格式见凭证3-6。

【凭证3-6】

收 款 凭 证

借方科目:　　　　　　　　　　　　　年　月　日　　　　　　　　　收字第　　号

摘　　要	贷方科目		金　额									√	附件
	总账科目	明细科目	千	百	十	万	千	百	十	元	角	分	
													张
合　　计													

会计主管:　　　　记账:　　　　出纳:　　　　稽核:　　　　制证:

付款凭证,专门用于登记库存现金、银行存款付款业务的记账凭证,它根据加盖"付讫"戳记的付款原始凭证编制,作为登记库存现金、银行存款日记账和其他有关账簿的依据,格式见凭证3-7。对于发生在库存现金和银行存款之间的收付业务,如从银行提取现金,或将现金存入银行,一般只填制付款凭证,不再填制收款凭证,以避免重复编制。

【凭证3-7】

付 款 凭 证

贷方科目: 年   月   日   付字第   号

摘　要	贷方科目		金　额										√	
	总账科目	明细科目	千	百	十	万	千	百	十	元	角	分		附件
														张
合　计														

会计主管: 记账: 出纳: 稽核: 制证:

转账凭证,用于登记不涉及库存现金和银行存款收付的其他经济业务的记账凭证,即登记非现金和银行存款收付的业务,也称转账业务,如生产领用材料、产品入库、月末转账、债权债务产生等,转账凭证格式见凭证3-8。

【凭证3-8】

转 账 凭 证

年   月   日   转字第   号

摘　要	总账科目	明细科目	√	借方金额									√	贷方金额									
				千	百	十	万	千	百	十	元	角	分		千	百	十	万	千	百	十	元	角	分
合计																							

会计主管: 记账: 稽核: 制证:

②按使用范围或用途不同可分为通用记账凭证和专用记账凭证。

通用记账凭证,对各种经济业务(收款、付款、转账业务)都适用的会计凭证,其格式与转账凭证相同,适应了会计人员较少、业务较为简单的小型企业单位。

专用记账凭证,专门适用于某类经济业务的会计凭证,如前所述收款凭证、付款凭证、转账凭证。

③按编制方式不同可分为单式记账凭证和复式记账凭证。

单式记账凭证,在一张记账凭证上只填写一个会计科目的记账凭证。一笔经济业务有几个会计科目,就要填写几张单式记账凭证,填列借方账户的称为借项记账凭证,填列贷方账户的称为贷项记账凭证。一笔经济业务至少要填制两张以上的单式记账凭证。该种凭证内容单一,数量较多,便于按科目进行汇总,适合会计人员分工记账,提高工作效率;但凭证比较分散,不能完整反映经济业务,容易丢失,它适用于经济业务量较大,会计人员较多的单位,格式见凭证 3-9 和凭证 3-10。

【凭证 3-9】

借项记账凭证

对应科目: 年   月   日   编号:

摘要	一级科目	二级或明细科目	金 额	记账符号

会计主管: 记账: 出纳: 稽核: 制证:

【凭证 3-10】

贷项记账凭证

对应科目: 年   月   日   编号:

摘要	一级科目	二级或明细科目	金 额	记账符号

会计主管: 记账: 出纳: 稽核: 制证:

复式记账凭证,将一项经济业务所涉及的所有会计科目登记在一张记账凭证上,即通过一张记账凭证全面完成一项经济业务的分录,其优点是涉及会计科目较少的经济业务只做一账凭证即可完成。复式记账凭证能完整反映经济业务的全貌及会计科目之间的对应关系,便于检查记账凭证编制是否正确。缺点是不便于按会计科目同时进行汇总,不便于分工记账,上述凭证 3-8~凭证 3-10 都是复式记账凭证。

④按是否进行汇总分为分录记账凭证和汇总记账凭证。

分录记账凭证,根据原始凭证编制,用以确定每一项经济业务会计分录的记账凭证,如前面所述收款凭证、付款凭证、转账凭证、通用记账凭证等都是。

汇总记账凭证,根据一定时期分录记账凭证汇总编制的记账凭证。目的是为了简化登记总账手续,也为日常分析提供资料。按汇总内容不同,一般分为全部汇总凭证和分类汇总凭证。

全部汇总凭证,也称记账凭证汇总表或科目汇总表,将一定时期的全部记账凭证按会计科目(或账户)进行汇总编制的汇总记账凭证,它集中反映了一定时期经济业务的发生情况,便于进行分析,便于集中登记总账。规模较大,经济业务较多的单位多采用全部汇总记账凭证方式,其格式见凭证 3-11。

【凭证 3-11】

科目汇总表

年　月　日　　　　　　　　　　　　　　汇字第　　号

会计科目	总账页次	本期发生额		凭证起讫号数
		借　方	贷　方	
库存现金				
银行存款				
应收账款				
其他应收款				
…				
合　计				

分类汇总凭证,对一定时期的记账凭证进行分类汇总编制的记账凭证,如汇总收款凭证、汇总付款凭证、汇总转账凭证。可以按类分别编制几张汇总记账凭证,也可以编一张分类的全部汇总记账凭证。大中型企业单位多采用分类汇总凭证。

企业单位选择什么样的记账凭证,应结合本单位会计事项的多少、会计人员分工情况和会计核算方式确定,采用一种和几种记账凭证。不同种类的记账凭证应印制成不同颜色,以便区别使用。将上述会计凭证分类归纳列示如下,见表3-1。

表3-1　会计凭证分类表

按填制程序和用途不同分为	原始凭证	按来源不同分类	外来原始凭证
			自制原始凭证
		按填制方法不同分类	一次原始凭证
			累计原始凭证
			汇总原始凭证
		按格式、使用范围不同分类	通用凭证
			专用凭证
		按用途不同可分为	计算凭证
			证明凭证
			通知凭证
	记账凭证	按经济业务内容不同分	收款凭证
			付款凭证
			转账凭证
		按使用范围或用途不同分	通用记账凭证
			专用记账凭证
		按编制方式不同分	单式记账凭证
			复式记账凭证
		按是否进行汇总分	分录记账凭证
			汇总记账凭证

二、会计凭证的填制

(一)会计凭证填制的意义

填制和审核会计凭证,对真实客观地反映经济业务内容,保证会计核算资料质量,有效进行会计监督,发挥会计在经济管理中的作用具有重要意义。

(1)填制和审核会计凭证,可以客观真实地反映经济业务发生情况,为记账提供依据。

每一项经济业务发生,都能取得不同环节上的会计凭证,通过凭证的填制和审核,会计人员能清楚地明了业务的经办单位、人员,经济业务内容,发生的时间、地点等。如购买材料取得供货单位的发货票凭证,详细记录供货单位、经办人员、材料的名称、数量、单价、金额、购买时间、经手人签章、凭证号数,以及供货单位公章、材料验收部门签章等,对记录经济业务的详细情况进行客观真实的反映。

(2)通过填制和审核会计凭证,可以监督经济业务是否合理合法。

对发生的经济业务,会计人员应对有关凭证所反映的内容进行审核、监督,检查经济业务是否真实、正确、合理、合法,是否符合国家有关的政策、法规、制度的要求,是否符合企业、单位预算、计划等的规定,防止不合法、不合理的经济业务发生,加强会计管理。通过会计凭证审查发现的问题,应及时采取措施,不断改进完善会计核算工作。

(3)通过填制和审核会计凭证,可以明确经济责任。

每一项发生的经济业务,都能填制或取得有关凭证,通过对凭证内容的填制和审核,如部门、个人的签章,可以明确经办部门和人员的责任,促使有关部门和人员增强责任感,严格落实岗位责任制。对一旦出现的问题,也便于查对和分清责任,能对有关方面及人员正确地进行裁决和处罚。

(二)原始凭证的填制

1. 原始凭证填制要求

原始凭证是具有法律效力的书面文件,所以填制原始凭证是一项细致、规范的基础性工作,必须严格按要求认真填写。原始凭证填制不当,不仅影响经济业务效率,降低会计工作质量,而且会影响企业等单位的经济利益。

自制原始凭证是由经办单位和人员按照经济业务实际发生情况填制的,一部分是在经济业务发生和完成的当时填制的,如购进材料时仓库的验收单、领用材料的领料单、业务人员出差时填制的借款收据等;另一部分自制原始凭证是在经济业务发生之后,有关人员根据凭证和账簿的有关记录整理填制的,如领用材料汇总分配表、工资汇总分配表、产品成本计算单等。外来原始凭证是由其他单位和个人填写的,它同样要具有证明经济业务和经济责任所具有的内容。

(1)内容真实。原始凭证内容应与实际经济业务相符,不得任意编写项目、数字,弄虚作假,少报多填,违反财经法规。对于实物的数量、质量,应经过相关部门和人员的审核检验,确保无误。

(2)项目齐全。凭证中基本内容的各个项目都应填写齐全,不得遗漏,少填。

(3)书写规范。凭证中文字、数字应按要求填写,字迹工整、清晰,易于辨认,不连笔,不写草字,不写非规范字。一式多联凭证复写时,要上下对齐,不串行,不出格,上下清晰。凭证书写错误应按正确方法更正或作废,不得刮擦、挖补、粘贴、涂改液消除等。

（4）填写及时。每项经济业务发生或完成，应即时填写有关原始凭证，及时反映经济业务发生、执行情况，不拖后，不误时，以免事后回忆，造成误差。

（5）合理合法。凭证填写内容应符合有关政策、法规、制度的要求，符合单位的实际业务，对不符合政策、法规、制度要求的，不应作为会计凭证，应查明原因，提交有关方面处理。

（6）格式统一。填写的同类经济业务凭证应尽量使用统一的格式，以免造成混乱，不利于工作。

2. 原始凭证填制规范

（1）凡需填大小写金额的凭证，大小写金额必须相等；购入实物的原始凭证，须有第三者的检验证明手续；从个人取得的原始凭证，需有个人的签名或盖章。

（2）一式多联的原始凭证，必须用双面复写纸（自带复写功能的除外）套写，其中只能用一联作为报销凭证；原始凭证作废，应加盖"作废"戳记，连同存根一起保存，不得撕毁。

（3）经上级批准的经济业务或会议决定的事项，应将批准文件或会议决定作为原始凭证的附件，如有关文件、决定需要单独存档，则复印后与凭证一起入账。

（4）凭证要用蓝色或黑色墨水书写。阿拉伯数字应当一个一个地写，不得连笔写，排列要整齐，在书写时应有一定的斜度，一般为60°左右。书写时要紧靠横格底线，数字的高度一般占凭证账页横格高度的1/2，使上方能留出更正空间。阿拉伯金额数字前应写币种符号，如人民币符号"￥"，美元符号"＄"，币种符号与阿拉伯数字之间不得留有空白。凡阿拉伯数字前写"￥"的，数字后不再写"元"字。所有以元为单位的阿拉伯数字，除表示单价等情况外，一律填写到角分；无角分的，角位和分位可写"00"或符号"－"；有角无分的，分位应写"0"，不得用符号"－"代替。

阿拉伯数字书写标准字样如图3－1所示。

图3－1 阿拉伯数字标准字样

（5）汉字大写金额数字，一律用正楷字或行书字书写，如壹、贰、叁、肆、伍、陆、柒、捌、玖、拾、佰、仟、万、亿、圆、角、分、零、整（正）等易于辨认，不宜涂改字样；不得用0、一、二（两）、三、四、五、六、七、八、九、十等字样代替，不得任意自造简化字；大写金额数字到元或角为止的，在"元"或"角"之后写"整"或"正"字；大写金额数字后有分的，分后面不写"整"或"正"字；大写金额数字前未印有人民币字样的，应加填"人民币"三字，"人民币"三字与金额数字之间不得留有空白。

（6）阿拉伯数字之间有"0"时，汉字大写要写"零"字，如￥2 305.30，汉字大写金额应为：人民币贰仟叁佰零伍圆叁角整；阿拉伯数字之间连续有几个"0"时，汉字大写金额中可以只写一个"零"，如1 002.30，汉字大写金额应写为人民币壹仟零贰圆叁角整；阿拉伯金额数字元位是"0"，或者数字中间连续几个"0"，元位也是"0"，但角分不是"0"时，汉字大写金额可只写一个"零"字，也可以不写"零"，如￥5 000.36，汉字大写金额应写为人民币伍仟圆零叁角陆分，或写成人民币伍仟圆叁角陆分。

(三)记账凭证的填制

1. 记账凭证编制要求

(1)依据正确。记账凭证以原始凭证为依据编制,要对原始凭证内容、手续等进行认真审核,确保无误后,方可作为编制依据。经审核不符合手续、内容不真实的原始凭证,不能作为编制记账凭证的依据。

(2)内容完整。记账凭证内容应填写齐全,包括日期、摘要、会计科目以及明细科目、金额、编号、附件和责任人签字等,都不能遗漏或错填。

(3)编写规范。记账凭证编写时,会计科目以及明细科目、金额数字、编号等要规范填写,同原始凭证书写一样,字迹工整,易于辨认及核对。

(4)填制及时。有关会计人员对财务收支业务,依据手续齐全的收付款原始凭证及时编制记账凭证,及时登记日记账;对转账业务应定期根据原始凭证编制记账凭证,定期登记有关账簿。

2. 记账凭证编制方法

(1)日期的填写。填写日期一般是填财会人员填制记账凭证的当天日期,也可以根据管理需要,填写经济业务发生的日期或月末日期。如报销差旅费的记账凭证填写报销当日的日期;库存现金收、付款记账凭证填写办理收、付现金的日期;银行收款业务的记账凭证一般按财会部门收到银行进账单或银行回执的戳记日期填写;当实际收到的进账单日期与银行戳记日期相隔较远,或次月初收到上月的银行收、付款凭证,可按财会部门实际办理转账业务的日期填写;银行付款业务的记账凭证,一般以财会部门开出银行存款付出单据的日期或承付的日期填写;属于计提和分配费用等转账业务的记账凭证,应以当月最后的日期填写。

(2)摘要的填写。摘要应与经济业务内容相符,言简意赅,表述准确,一般要考虑经办单位或人员、经济业务性质和金额变化方向等因素,使其规范化。向银行提取现金,摘要为"补充库存或备发工资";小额销售收入现金存入银行,摘要为"存入销货款";支付现金,摘要为"某职工借差旅费""货款""某职工购买办公用品";通过银行付款,摘要为"付某单位某日购货款""某职工购买办公用品";通过银行收款,摘要为"托收某单位某日货款"等。

(3)会计科目的填写。除一级科目外,如有二级科目或明细科目也要填写。会计科目写到哪一级,要根据记账和核算要求,一般要写到会计科目所属最下一级账户。会计科目和明细项目要写全称,不能省略或简化,以便日后核对。

(4)金额的填写。金额要填写清楚,角分位不留空白,可写成"00";空行划一斜线注销;金额合计第 ·位数前应小写人民币符号"¥"。填写金额要保持会计分录的平衡关系。

(5)编号方法。采用专用凭证的要分类编号,每月从第1号编起,例如收字第1号,付字第1号,转字第1号。一笔复杂的会计分录要编制多张记账凭证,采用"分数编号法",如一笔会计分录要编制三张转账记账凭证,编号为转字第6 1/3号,转字第6 2/3号,转字第6 3/3号。只采用一种通用记账凭证,可以按编制凭证的先后顺序编号,每月从第1号编起,以凭证的名称冠以字头,如记字第1号;每月末各种记账凭证的最后一张编号,在其旁边要加注"全"字,表示本月凭证编号到此结束,以免丢失。

(6)附件的填写。除结账和更正错误的记账凭证外,记账凭证都必须有原始凭证或其

他资料为附件,并要填写附件的张数。附件张数计算,一般以原始凭证自然张数为准。原始凭证的内容和张数,应同记账凭证的内容和所列张数一致,不能错置和少置原始凭证。一张原始凭证同几张记账凭证有关,可将该原始凭证附在一张主要记账凭证后面,在其他记账凭证上注明该凭证编号,或将原始凭证复印,附在各记账凭证后面。一张原始凭证所列支出几个单位共同负担时,要开具原始凭证分割单。分割单要具有原始凭证的基本内容,如凭证名称、填制日期、填制单位或人员名称、经济业务内容、数量、金额及费用分担情况。重要资料或原始凭证数量过多,须单独保存的,要在摘要栏注明。原始凭证要认真整理,依左上角对齐,展平放正,粘附在记账凭证后面;凭证过大,可折叠成比记账凭证略小的面积;凭证过小,可在其后面加一张比原始凭证略小的衬纸;原始凭证破损要修补完好;凭证过厚,可取其表面一层薄纸。粘附原始凭证,应选用不为鼠咬、虫蛀、不易腐烂,也不使文字数字褪色的胶水或糨糊。

(7)责任人签字。记账凭证编制无误后,应由有关人员签字或盖章,以明确责任。

3. 记账凭证编制举例

(1)收款凭证编制。凡收到现金和银行存款的经济业务,如销售收入、款项拨入、其他收入等,都应编制收款记账凭证。

【例 3-1】

收到大新工厂还来前欠货款 6 000 元,存入银行。根据原始凭证编制收款凭证,见凭证 3-12。

【凭证 3-12】

收 款 凭 证

借方科目:银行存款   2016 年 5 月 12 日   收字第 5 号

摘　要	贷方科目		金　额									√
	总账科目	明细科目	千	百	十	万	千	百	十	元	角	分	
收到新华工厂偿还前欠货款	应收账款	新华工厂					6	0	0	0	0	0	
合计金额						￥	6	0	0	0	0	0	

附单据1张

会计主管:×××　　　记账:×××　　　出纳:×××　　　稽核:×××　　　制证:×××

(2)付款凭证编制。凡付出现金和银行存款的经济业务,如支付购买材料款、支付工资、支付各项费用、缴纳税金、款项拨出等,都应编制付款记账凭证。

【例 3-2】

以银行存款归还工商银行短期借款 30 000 元。根据有关原始凭证编制付款凭证,见凭证 3-13。

【凭证 3－13】

付 款 凭 证

贷方科目:银行存款　　　　　　　　2016 年 5 月 12 日　　　　　　　　付字第 4 号

摘　要	贷方科目		金　额									√
	总账科目	明细科目	千	百	十	万	千	百	十	元	角	分	
还银行短期借款	短期借款	工商银行				3	0	0	0	0	0	0	
合 计 金 额				¥	3	0	0	0	0	0	0	

会计主管:×××　　　　记账:×××　　　　出纳:×××　　　　稽核:×××　　　　制证:×××

（3）转账凭证编制。凡不涉及现金和银行存款收付业务以外的其他业务,如领用材料、计提折旧、摊销费用、债权债务产生、期末收支结转等,都应编制转账记账凭证。

【例 3－3】

月末,生产车间甲产品完工入库,生产成本 35 000 元。根据有关原始凭证编制转账凭证,见凭证 3－14。

【凭证 3－14】

转 账 凭 证

2016 年 5 月 31 日　　　　　　　　　　　　　转字第 58 号

摘　要	总账科目	明细科目	√	借方金额										√	贷方金额									
				千	百	十	万	千	百	十	元	角	分		千	百	十	万	千	百	十	元	角	分
产品完工入库	库存商品	甲产品				3	5	0	0	0	0	0												
	生产成本	甲产品															3	5	0	0	0	0	0	
合计金额					¥	3	5	0	0	0	0	0				¥	3	5	0	0	0	0	0

会计主管:×××　　　记账:×××　　　稽核:×××　　　制证:×××

任务实施

练习收款凭证、付款凭证编制。

【资料】××工厂 12 月份发生下列业务:

1.4 日,购买一台设备,价款 40 000 元,以银行存款支付。

2.10 日,从银行提取现金 2 500 元备用。

3.17 日,王经理出差回来,报销差旅费 2 380 元。

4.17 日,收回以前销货款 120 000 元,存入银行。

5.18 日,开出转账支票一张,偿还前欠新华工厂货款 180 000 元。

6.20 日,接到银行收款通知,收到大明厂支付的货款 255 000 元。

7.20 日,以现金发放工资 62 000 元。

8.25 日,购买材料一批,货款 100 000 元,增值税 17 000 元,开出转账支票支付。

9.30 日,销售 A 产品 5 辆,每辆售价 15 000 元,货款 75 000 元,增值税额 12 750 元,款项收到存入银行。

【要求】根据上述业务编制收款凭证、付款凭证。

任务二　审核会计凭证

知识目标

1. 了解会计凭证审核的内容与要求。

2. 了解会计凭证的种类,知晓其构成要素。

技能目标

能够准确审核会计凭证。

知识讲解

一、原始凭证的审核

(一)原始凭证审核的内容

原始凭证是对各式各样经济活动的具体反映,是据以编制记账凭证,进而登记账簿的依据,要保证会计核算资料的真实、有效,充分实施会计的监督职能,发挥会计在管理中的作用,就必须加强对原始凭证的审核。对原始凭证审核的内容主要是:

(1)审核原始凭证所反映的经济业务是否符合国家方针、政策、法规、制度的要求。

原始凭证所反映的经济业务是否合规合法,是否违反财经纪律,是否符合有关规定,会计人员应依据国家法令、财经制度等进行认真审核。凡有下列情况之一者不能作为合法的会计凭证:①多计或少计收入、支出、费用、成本;②擅自扩大开支范围,提高开支标准;③不按国家规定的资金渠道和用途使用资金;④巧立名目,虚报冒领,违反规定出借公款公物;⑤套取现金,签发空头支票;⑥不按国家规定标准、比例提取费用;⑦私分公共财物和资金;⑧擅自动用公款、公物请客送礼;⑨未经批准,擅自购买商品。

(2)审核凭证所反映的经济业务是否符合企业单位制度和管理的要求。

要认真贯彻会计经济核算,落实厉行节约、反对浪费、提高经济效益的原则,通过凭证审查,发现是否有违反制度、不按规定办事的行为,有无虚报冒领、伪造凭证等违法乱纪行为,计划预算是否科学合理,内部财物管理、各项支出手续是否严密,相关人员是否签字认可等。

（3）审核原始凭证基本要素是否真实、完整。

要按照填制凭证的要求，认真审核原始凭证的内容是否齐全，手续是否完备，所反映的经济业务是否与实际相符，数字计算是否正确。有下列情形之一者不能作为正确的原始凭证：①未写接收单位，或名称不符；②数量和金额计算不正确；③有关责任人员没有签字或盖章；④凭证联次不符；⑤有污染、抹擦、刀刮和挖补等。

（二）原始凭证审核后的处理

原始凭证经过认真严格审核，符合要求的，应及时办理会计手续，据以编制记账凭证，并作为记账凭证的附件一起存档；对不符合会计法规、制度要求，违反原则的事项，应区别情况分别处理。

《会计法》规定，会计机构、会计人员必须按照国家统一的会计制度规定对原始凭证进行审核，对不真实、不合法的原始凭证有权不予接受，并向单位负责人报告；对记载不准确、不完整的原始凭证予以退回，并要求按照国家统一会计制度的规定更正、补充。

原始凭证记载的各项内容均不得涂改，原始凭证有错误的，应当由出具单位重开或更正，更正处应当加盖出具单位印章。原始凭证金额有错误的，应当由出具单位重开，不得在原始凭证上更正。

二、记账凭证的审核

记账凭证编制完成后，要经过认真审核，才能据以登记账簿。记账凭证审核的主要内容是：

（1）与原始凭证是否相符：主要审查记账凭证的内容与原始凭证的内容是否相符，原始凭证张数与记账凭证所填张数是否一致。

（2）所填会计科目是否正确：记账凭证所编制的应借、应贷会计科目对应关系是否正确，总账科目和明细科目是否填列齐全，借贷金额是否相等。

（3）项目填写是否齐全：审核记账凭证各个项目，如凭证填制日期、摘要、会计科目及明细项目、金额、凭证编号、附件数以及有关人员是否签章齐全等。

①填制凭证的日期是否正确：收款凭证和付款凭证的填制日期是否是货币资金的实际收入日期、实际付出日期；转账凭证的填制日期是否是收到原始凭证的日期或者是编制记账凭证的日期。

②凭证是否编号，编号是否正确。

③经济业务摘要是否正确地反映了经济业务的基本内容。

④记账凭证所列金额计算是否准确，书写是否清楚、符合要求。

⑤填制凭证人员、稽核人员、记账人员、会计机构负责人、会计主管人员的签名或盖章是否齐全。

经过审核，只有符合规定要求的记账凭证才能作为记账的依据；不符合规定要求，手续不完备的记账凭证，不能作为记账依据，应重新编制，或补全手续、更正错误。

三、会计凭证的传递和保管

（一）会计凭证的传递

企业、单位的一项经济业务往往涉及若干部门和经办人员，会计凭证作为记录经济业务的

载体,也要在不同部门和人员之间传递,以反映经济业务的完成情况,履行有关部门的责任和手续。会计凭证传递是指从原始凭证取得、填制开始到归档保管为止,在有关部门和人员之间传递的路线、顺序和手续。正确组织会计凭证传递,对于及时核算和监督经济业务,管理经济活动,协调有关部门、人员工作,进而加强企业单位内部管理具有重要意义。

由于企业单位规模大小不一,生产经营组织不同,经济业务性质和核算要求不同,会计凭证传递具体环节、手续等也不尽相同,要根据实际情况,确定每一种或性质相同的大类会计凭证的传递具体要求。其基本要求是:

(1)传递程序要合理,凭证经过的环节是必需的,对每个环节部门的核算或人员控制都是必需的,应避免多余或无效环节停留。

(2)传递时间要节约,根据各环节的工作内容和工作量,以及在正常情况下完成各项工作所需要的时间,来确定凭证的传递时间。所有凭证的传递和处理,都应在报告其内完成,一般不得跨期,以便及时进行会计核算。

(3)传递手续要严密,应制定传递的办法和程序,明确责任,确保会计凭证的安全完整,各环节之间的衔接既要完备,又要简便易行。

(二)会计凭证的保管

会计凭证是记录和监督经济业务、明确经济责任,并作为登记账簿依据的书面文件,是重要的经济档案和历史记录。所有企业单位都要按规定建立会计档案归档制度,都要对会计凭证、账簿等保存完善,以备日后核查。

1. 日常保管

会计凭证审核无误登记账簿后,应按照分类和编号顺序保管,不能散乱、丢失。记账凭证应连同所附全部原始凭证,一起顺序折叠整齐,以备按期装订成册。

原始凭证不得外借,如特殊原因确需外借时,须经会计主管、单位领导批准后复制。对外单位提供复制原始凭证,要设专门登记簿记录,并由提供人员和收取人员共同签名盖章。从外单位取得的原始凭证如有遗失,应取得原开出单位盖有公章的证明,并注明原来凭证的号码、金额和内容等,由经办单位负责人、会计主管人员和单位负责人批准后,才能代作原始凭证。如确实无法取得证明的,如火车、飞机票等,由当事人写出详细情况,由单位负责人批准后代作原始凭证。

2. 定期装订

对记账后顺序整理的会计凭证,应定期装订成册。根据凭证数量多少,可以每日、5 日、10日、半月、1 月装订。装订时应按凭证种类、顺序,连同所附原始凭证,一并装订成册。装订成册时,应加具封面、封底,在封面写明凭证名称、年、月份、凭证起止日期、号数、册数、装订人等,并由装订人加盖骑缝章,以明确责任。

经济合同和各种重要的原始单据,需要随时查阅的凭证等,如工资单、存出保证金收据等,可另编目录,单独保存;凭证数量过多,也可单独装订保管,在封面注明记账凭证日期、编号、种类,同时在有关记账凭证上注明"附件另订"。

3. 归档保管

装订成册的会计凭证,应严格完整保管,年度终了,移交财会档案室登记归档,长期保存。会计凭证的保管和销毁手续,应严格执行会计制度的有关规定。未到规定期限的会计凭证,任何人都不能随意销毁。对保管期满需要销毁的会计凭证,需经单位领导审查,报经上级主管单位批准后方可进行。

任务实施

练习审核原始凭证、记账凭证。

同 步 测 试

一、单项选择题

1. 会计凭证按其( )不同,可以分为原始凭证和记账凭证。
   A. 填制的方式　　　　　　　　　　B. 取得的来源
   C. 填制的程序和用途　　　　　　　D. 反映经济业务的次数

2. 下列会计凭证中属于自制原始凭证的是( )。
   A. 付款凭证　　　　　　　　　　　B. 收款凭证
   C. 收料单　　　　　　　　　　　　D. 银行结算凭证

3. 不属于记账凭证类的会计凭证是( )。
   A. 转账凭证　　　B. 收款凭证　　　C. 累计凭证　　　D. 付款凭证

4. 不是自制原始凭证的是( )。
   A. 耗用材料汇总表　　B. 收料单　　　C. 银行收款通知　　D. 领料单

5. 下列记账凭证中可以不附原始凭证的是( )。
   A. 所有收款凭证　　　　　　　　　B. 所有付款凭证
   C. 所有转账凭证　　　　　　　　　D. 用于转账的记账凭证

6. 借记"应收账款"科目,贷记"主营业务收入"科目的会计分录,应填制( )。
   A. 付款凭证　　　　　　　　　　　B. 收款凭证
   C. 转账凭证　　　　　　　　　　　D. 收款和付款凭证

7. 企业向银行提取现金若干准备发放工资,应填制的记账凭证是( )。
   A. 转账凭证　　　　　　　　　　　B. 收款凭证
   C. 付款凭证　　　　　　　　　　　D. 收款和付款凭证

8. 原始凭证上的数字和文字要清楚、规范、大小写金额要相符指的是( )审核。
   A. 真实性　　　　B. 合法性　　　C. 合理性　　　D. 正确性

9. 下列凭证中,属于累计凭证的是( )。
   A. 领料单　　　　B. 收料单　　　C. 发货单　　　D. 限额领料单

10. 对于不真实不合法的原始凭证会计机构和会计人员有权( )。
    A. 扣留并举报　　　　　　　　　　B. 退回
    C. 不予接受并向单位负责人报告　　D. 要求更正

二、多项选择题

1. 原始凭证的内容有( )。
   A. 凭证的名称、日期、编号　　　　B. 接受单位或个人名称
   C. 会计分录　　　　　　　　　　　D. 业务内容

2. 某一张记账凭证的编制依据可以是( )。

　A. 某一张原始凭证　　　　　　　　　B. 反映一类经济业务的多张原始凭证

　C. 汇总原始凭证　　　　　　　　　　D. 有关账簿记录

3. 下列各项中,属于记账凭证审核内容的有( )。

　A. 金额是否正确　　　　　　　　　　B. 项目是否齐全

　C. 科目是否正确　　　　　　　　　　D. 书写是否正确

4. 填制原始凭证时应当做到( )。

　A. 内容真实　　　B. 要素齐全　　　C. 填制及时　　　D. 书写清楚

5. 收款凭证的贷方科目不可能为下列科目的是( )。

　A. 库存现金　　　B. 银行存款　　　C. 材料采购　　　D. 管理费用

三、判断题

1. 记账凭证填制日期应当与原始凭证填制日期相同。　　　　　　　　　( )

2. 企业每项经济业务的发生都必须从外部取得原始凭证。　　　　　　　( )

3. 原始凭证对于发生和完成的经济业务具有证明效力。　　　　　　　　( )

4. 对于不同性质的经济业务,其凭证传递程序和时间是相同的。　　　　( )

5. 结账和更正错误的记账凭证可以不附原始凭证。　　　　　　　　　　( )

6. 在填制原始凭证时,以元为单位的阿拉伯数字,一律写到元。　　　　( )

四、名词解释

1. 会计凭证　2. 原始凭证　3. 记账凭证　4. 收款凭证

五、问答题

1. 什么是原始凭证? 它是如何分类的?

2. 怎样审核原始凭证?

3. 如何审核记账凭证?

4. 审核记账凭证的主要内容是什么?

六、计算题

【资料】××工厂12月份发生下列业务:

1. 2 日,企业收到国家投入资本人民币 400 000 元,存入银行。

2. 3 日,向银行借入期限 6 个月借款 400 000 元,存入银行。

3. 4 日,向光明工厂购入甲材料 2 000 千克,单价 10 元,计 20 000 元;乙材料 4 000 千克,单价 20 元,计 80 000 元,共计货款 100 000 元,增值税 17 000 元。货款及税额尚未支付,材料验收入库。

4. 5 日,以银行存款支付上述甲、乙材料运费 6 000 元,进项税额扣除率 11%,运费按材料重量分配。

5. 6 日,结转上述甲、乙材料的实际采购成本。

6. 9 日,职工王凡出差预借差旅费 2 000 元,以现金付讫。

7. 10 日,从银行提现 80 000 元,备发工资。

8. 13 日,职工王凡出差归来,实报差旅费 1 900 元,余款交回现金。

9. 15 日,销售给新丽百货公司 A 产品 800 件,每件 1000 元,计货款 800 000 元,增值税 136 000 元,货款及增值税尚未收到。

10. 16 日,以银行存款 2 000 元支付广告费。

11. 18 日,以银行存款偿还光明工厂材料款 117 000 元。

12. 19 日,收到新丽百货公司货款及增值税存入银行。

13. 22 日,销售给东海公司 B 产品一批,金额 220 000 元,增值税 17% ,货款及增值税尚未收到。

14. 25 日,收到某职工交来的罚款收入现金 800 元。

15. 28 日,以银行存款支付水电费 2 300 元,其中:车间 1800 元,行政管理部门 500 元。

16. 30 日,月末结算本月份应付职工工资共 50 000 元,其中:制造 A 产品工人工资18 000 元,制造 B 产品工人工资 22 000 元,车间管理人员工资 6 000 元,行政管理人员工资 7 000 元。

【要求】根据上述经济业务编制收款凭证、付款凭证、转账凭证。

项目四 会 计 账 簿

李三创办的日升有限责任公司出资了 500 万元成立了一家 A. Grass 服装厂。根据国家法规、公司和服装厂业务的特点,该公司和 A. Grass 服装厂需要设置哪些账簿?

【案例解析】

通过账簿的设置,公司和服装厂的业务能通过账簿中反映出来,有利于公司的管理。

任务一 建立会计账簿

知识目标

1. 设置与登记会计账簿的意义。
2. 会计账簿的定义、种类。
3. 会计账簿的启用、设置。

技能目标

能够正确设置会计账簿。

知识讲解

一、会计账簿的意义

会计账簿是由一定格式账页组成,以会计凭证为依据,全面、连续、系统地记录和反映各项经济业务的簿籍。设置和登记账簿是会计核算的方法之一,也是会计循环的中间环节。

企业、行政事业单位发生的经济业务,应及时编制会计凭证。由于会计凭证格式不一,比较分散,特别是原始凭证,数量较多,只能反映单项经济业务引起资金运动的变化,不能全面反映单位一定时期全部经济业务情况。因此,为了对资金运动进行全面、连续、系统地反映,有必要根据会计凭证,对企业、行政事业单位所发生的经济业务,在会计账簿中进行系统的登记,提供会计核算所需要信息指标。

科学设置和准确登记会计账簿在经济管理中具有极其重要的作用,具体表现在以下几个方面:

(1)会计账簿可以全面反映经济活动,提供连续系统的会计信息。通过设置和登记总分类账、明细分类账等,可以全面、系统、连续地记录和反映一个单位各项会计要素增减变动,以及资金、成本、利润的形成和分配等情况,为改进经营管理,加强经济核算,控制企业生产经营活动,提供总括和明细的会计信息。

(2)会计账簿是编制财务会计报告的主要依据。财务会计报告主要是依据记录完整、计算准确的总分类账、明细分类账等有关会计资料编制的,其指标是否真实,资料是否完整,都与会计账簿设置和登记有直接关系。

(3)会计账簿是保护财产物资安全与完整的重要手段。通过设置和登记有关财产物资的明细账簿,能反映每一项财产物资的增减变化和实存情况,监督其使用,保护财产物资的安全完整。出现问题及时发现,杜绝财物意外流失。

(4)会计账簿为会计分析和会计检查提供保证。现代会计在企业管理中发挥越来越重要的作用,通过会计账簿提供所需数据信息,分析企业生产经营活动,检查企业财务执行情况,为进行会计预测,做出会计决策,实施会计控制发挥基础作用。

二、会计账簿的种类

(一)会计账簿按用途分类

1. 日记账簿

日记账簿亦称序时账,是按经济业务发生的时间先后顺序,逐日逐笔登记的账簿。用以反映经济业务随时间变化情况,如反映现金收付业务的库存现金日记账,用以反映银行存款增减结余的银行存款日记账。

2. 分类账簿

分类账簿按经济业务类别分别登记的账簿。分类账按登记内容详细程度不同,又分为总分类账簿和明细分类账簿。

(1)总分类账簿,依据总分类科目设置,通过对全部经济业务的登记,以全面、系统、总括地反映全部资金增减变化和结存情况的分类账簿。总分类账簿简称总账,可以提供全部资金的总括资料,是一种非常重要的账簿,所有单位都要设总分类账。

(2)明细分类账簿,根据明细分类科目(或细目)设置,用以具体反映某类(某种)资金增减变化和结存情况的账簿,包括明细分类账和明细账。

3. 备查账簿

备查账簿也称辅助账簿,是对日记账和分类账中不能反映和记录的事项进行补充登记的账簿。主要记录一些供日后查阅的经济事项,如"代销商品登记簿""租入固定资产登记簿"。它只是对有关事项的一种备查,与其他账簿之间没有依存、勾稽关系。

（二）会计账簿按外表形式分类

1. 订本式账簿

订本式账簿是指会计账簿在使用前已经固定装订成册并编好页次的账簿。一般用于库存现金日记账、银行存款日记账、总分类账等。其优点是账簿账页固定，可防止账页散失及任意抽换，保证账簿完整。缺点是预留账页往往与实际需用页数不一致，影响业务记录连续性或者造成浪费，也不便于分工记账。

2. 活页式账簿

活页式账簿是指将一定数量的账页按顺序装在账夹内，并可根据需要随时加入或取出部分账页的账簿。这种账簿可根据经济业务的多少变化，加入、取出或移动部分账页，使用灵活；便于分类计算和汇总，有利于分工记账；多余账页可取出，防止浪费。其缺点是账页分散，容易丢失或抽换，常用于明细分类账和明细账。

3. 卡片式账簿

卡片式账簿是指将一定数量的卡片格式的账页组成的账簿。一般按一定顺序码放在卡片箱内，根据需要随时加入和抽取。其优缺点与活页账类似，适用于设置固定资产、低值易耗品等使用时间较长，平时记录少的财产明细账。

（三）会计账簿按账页格式分类

1. 三栏式账簿

三栏式账簿是指在账页中设置三个金额栏的账簿。一般设借方、贷方、余额三个金额栏，是账簿的基本格式。

2. 数量金额式账簿

数量金额式账簿也称三大栏式账簿，是指三大栏内，再设置数量、单价、金额三小栏，适用于既核算数量，又核算金额，如原材料、库存商品等实物资产。

3. 多栏式账簿

多栏式账簿是指在账页中设置三个以上金额栏的账簿。通常按经济业务组成项目或内容设置，以反映经济业务构成，适用于"生产成本""管理费用"等明细账。

4. 平行登记式账簿

平行登记式账簿是将前后密切相关的经济业务登记在同一横行的借方和贷方内进行详细登记的账簿。主要记录每笔经济业务的完成及变动情况，适用于"在途物资"等明细账。

综上所述，会计账簿的分类情况可归纳如图 4-1 所示。

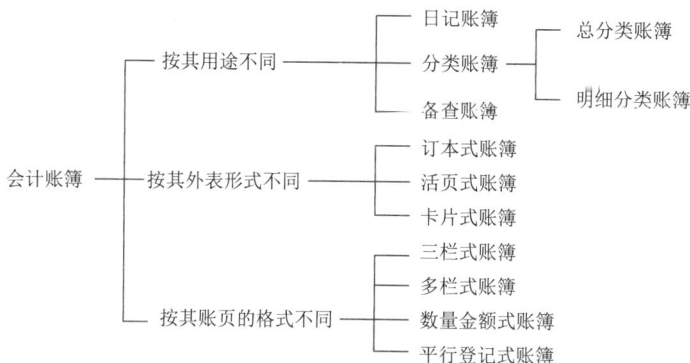

图 4-1　会计账簿的分类

三、会计账簿的启用

企业、事业单位等应当依据有关会计规定,依法设置会计账簿。一个单位账簿如何设置,设置哪些账簿,采用哪种账页格式,要符合国家统一会计制度的规定,又要能全面反映经济活动情况,满足单位进行会计核算和经营管理的需要。

(一)会计账簿的基本内容

会计账簿的基本内容即会计账簿组成部分。尽管各种会计账簿记录经济业务的内容不同,因而其格式不尽相同,但其基本的组成是相同的,一般包括三部分:

1. 封面

封面会计账簿的封面,除保护账簿以外,主要用于填写账簿名称,如总账、应收应付账款明细账等;填写账簿使用年度等。

2. 扉页

扉页一般在封面的次页,印有"账簿启用及交接登记表"或"账簿启用(使用)表"字样,用于填写账簿名称、启用日期、账簿页数以及会计机构负责人、会计主管和记账人员姓名及交接记录等,其格式见表4-1。

表4-1 账簿启用及交接登记表

使用单位							单位盖章
账簿名称							
账簿编号							
账簿页数	本账簿共计			页			
启用日期	年	月	日至	年	月	日	
经管人员	主管		会计		记账		
交接记录		接管年月日					
		交出	年	月	日		
		接管	年	月	日		
		交出	年	月	日		
		接管	年	月	日		
		交出	年	月	日		

3. 账页

账页是账簿的主体,其内容主要包括:

(1)账户名称,用来设立账户的会计科目、明细分类科目、明细项目。

(2)日期栏,填写记账凭证的时间。

(3)凭证种类及号数。

(4)摘要栏,用于填写经济业务摘要。

(5)借、贷方金额及余额方向、余额,用于填写资金运动增减变化及余额。

(6)页次,表明账页的顺序。

（二）会计账簿启用规则

会计账簿是重要会计档案。为了使会计账簿的记录完整、准确，明确责任，在账簿启用时，必须按照一定规则进行。

启用会计账簿，首先在账簿的封面上写明单位名称、账簿名称和使用年度，在账簿扉页上认真填写"账簿启用及交接登记表"或"账簿启用表"，内容包括：启用日期、账簿页数以及会计机构负责人、会计主管和记账人员姓名，并加盖人名章和单位公章，以明确责任。记账人员或会计主管工作调动时，应按有关规定办理交接手续，注明交接日期、交出和接办人员以及监交人员姓名，由交接双方人员签名或盖章。

启用订本账簿，应当从第一页到最后一页顺序编写页数，不得跳页、缺号；使用活页式账页，应当按账户顺序编号，并须定期装订成册，装订后再按实际使用的账页顺序编写页码，另加目录，记录每个账户名称和页次。

四、会计账簿的设置

（一）会计账簿设置原则

对从事生产、经营的各类纳税人，都要按规定设置账簿，根据合法、有效凭证记账，进行核算，但各单位规模、组织结构不一，经济业务性质不同，因而在设置账簿种类、数量、账页格式时，既要满足会计核算和管理的需要，又要符合生产经营的特点，同时又和国家会计制度相符合。一般来说，要遵循以下原则：

（1）会计账簿的设置应符合会计法规要求，各单位发生的各项经济业务事项应当在依法设置的会计账簿上统一登记、核算，不得违反会计法和会计制度私设会计账簿。

（2）会计账簿的设置应满足经济管理和会计核算实际需要，应当根据本单位经济活动特点和经济管理需要以及会计人员多少来确定，一般都应设置日记账、总分类账、明细账和必要辅助账簿，既不使会计账簿重复，也不要过于简化。

（3）会计账簿的设置要科学严谨，账簿体系设置要严密，层次分明，对应关系清晰。账簿之间互相联系，分工明确，互相制约，能清晰反映账户之间控制或平行关系，提供完整、系统资料。

（4）会计账簿的设置要反映的核算指标要统一，要按照国家会计准则的规定和各单位实际经济业务确定账簿所记录的内容，全面反映经济活动情况，为会计信息使用者提供满足需要的各项数据资料。

（二）会计账簿设置规定

（1）从事生产、经营的纳税人自领取营业执照之日起 15 日内设置账簿。

（2）扣缴义务人应当自扣缴义务发生之日起 10 日内，按照所代扣、代收的税种，分别设置代扣代缴、代收代缴税款账簿。

（3）生产经营规模小又确无建账能力的个体工商户，可以聘请注册会计师或者经税务机关认可的财会人员代为建账和办理账务；聘请注册会计师或者经税务机关认可的财会人员有实际困难的，经县以上税务机关批准，可以按照税务机关的规定，建立收支凭证粘贴簿、进货销货登记簿等。

任务实施

1. 启用账簿时,不能在扉页上书写的是(   )。
   - A. 单位名称
   - B. 账簿名称
   - C. 账户名称
   - D. 启用日期
2. 会计账簿按其用途不同可以分为(   )。
   - A. 序时账簿
   - B. 分类账簿
   - C. 备查账簿
   - D. 活页账簿

任务二　登记会计账簿

知识目标

1. 会计账簿的记账规则、登记方法。
2. 总分类账簿和明细分类账簿的平行登记。

技能目标

能够规范登记各种类型的账簿。

知识讲解

账簿的登记,通常叫作记账或过账。会计账簿的登记,必须以经过审核的会计凭证为依据,并符合有关法律、行政法规和国家统一的会计制度的规定。

一、会计账簿的登记规则

账簿登记的规则要求:

(1)登记会计账簿时,应将会计凭证日期、编号、业务内容摘要、金额和其他有关资料记入账簿相关栏内。"时间"栏登记记账凭证的填制时间;"凭证"栏登记会计凭证的种类、编号;"摘要"栏一般按记账凭证内容填写;"金额"栏按记账凭证金额栏的借贷方向和金额填写。

(2)账簿登记完毕,要在记账凭证上签名或盖章,并在记账凭证"记账符号"栏登记过入账页页码或划"√"表示记账完毕,避免重记或漏记。

(3)账簿书写的文字或数字之上要留适当空距,即不要写满格,一般应占格高1/2。

(4)登记账簿要使用蓝黑墨水或碳素墨水,钢笔书写,不得使用铅笔或圆珠笔(银行的复写账簿除外)书写,下列情况可用红色墨水记账:

①按照用红字冲账的记账凭证,冲销错误记录。

②在不设借贷等栏的多栏式账页中,登记减少数。

③在三栏式账户的余额栏前,如为印明余额的方向,在余额栏内登记负数余额。

④会计制度规定的用红字登记的其他记录。

(5)各种账簿要按页次、行次顺序连续登记,不得跳行、隔页。发生跳行时要在空行的"摘要"栏从左上角至右下角划红线,或注明"此行空白"字样以示注销;发生隔页时要在空页上划红色对角线,或注明"此页空白"字样以示注销。注销的空行或空页要由记账人员签章以示负责。

(6)凡需要结出余额的账户,结出余额后,应在"借或贷"栏内写明"借"或"贷"等字样。没有余额的账户,应在"借或贷"栏内写"平"字,并在余额栏内用"0"表示。

(7)每一账页登记完毕结转下页时,应结出本页合计数及余额,写在本页最后一行和下一页第一行有关栏内,并在本页摘要栏内注明"转次页"字样,在次页的摘要栏内注明"承前页"字样。

对需要结计本月发生额的账户,结计"转次页"的本页合计数应当为自本月初至本页末止的发生额合计数;对需要结计本年发生额的账户,结计"转次页"的本页合计数应当为自年初起至本页末止的累计数;对既不需要结计本月发生额,也不需要结计本年累计发生额的账户,可以只将每页末的余额结转次页。

(8)会计账簿为了便于长期查阅使用,要保持清洁,不得污损;发生记账错误,要按规定方法进行更正,不得撕毁、涂抹、挖补、刮擦、遮盖或使用药物清除字迹。

二、登记会计账簿

(一)日记账的登记

按国家会计制度的规定,企事业单位必须设置库存现金日记账和银行存款日记账,有外币业务的单位还需要按币种不同,分别设置外币的库存现金日记账和银行存款日记账。此外,为了集中反映企业的全部经济业务,还可考虑设置普通日记账;为了反映某类经济业务也可分别设置特种日记账,如材料采购日记账、销售日记账等。

1. 库存现金日记账的登记

库存现金日记账必须采用订本式账簿,根据核算和管理的需要采用不同的账页格式,一般采用三栏式。

库存现金日记账是由出纳员根据库存现金的收款、付款凭证和银行存款付款凭证逐日逐笔序时登记的账簿。其目的在于随时掌握库存现金的收入、付出及结余情况,便于检查库存现金收支业务,加强库存现金管理。

其"三栏式"账页基本结构为"收入""支出"和"结余"三栏,为便于反映资金的来龙去脉,一般还设有"对方科目"栏,其账页基本格式如表4-2所示。

登记库存现金日记账,要依据当日审核无误的库存现金收、付款凭证逐笔进行。收入栏(借方)一般根据库存现金收款凭证登记,支出栏(贷方)一般根据库存现金付款凭证登记。由于从银行提取现金业务,只填制付款凭证,所以从银行提取现金后收入的现金,应依据银行存款付款凭证记入收入栏。将当日经济业务全部登记入日记账后,在最后一笔业务的下方划一通栏红线,并在下一行"摘要栏"填入"本日合计",将当日借贷双方发生额合计后分别填入该行的"借方""贷方"栏内,计算的当日余额填入该行的"余额栏",并同当日库存现金实际金额,进行核对,确保账实相符。

实际工作中,当单位每日收付业务较少时,为简化记账手续也可不计算当日合计发生额,而只结算当日余额,并记入当日最后一笔业务的余额栏,其账页基本格式参见表4-2。

表4-2 库存现金日记账

2015 年		凭证号数	摘要	对方科目	收入	支出	结余
月	日						
	1		期初余额				800
	1	付1	提取现金	银行存款	3 000		3 800
	2	付2	购买办公用品	管理费用		1 200	2 600
	4	付5	赵明出差借款	其他应收款		500	2 100
	6	收1	零星销售	主营业务收入	200		2 300
	11	付8	车间购维修材料	制造费用		1 800	500
	25	付12	提取现金	银行存款	6 000		6 500
	25	付13	付员工培训费	管理费用		6 000	500
			本月发生额及余额		9 200	9 500	500

2. 银行存款日记账的登记

银行存款日记账必须采用订本式账簿,根据核算和管理的需要采用不同的账页格式,一般采用三栏式。

银行存款日记账是由出纳员依据银行存款收款、付款凭证和库存现金付款凭证逐日逐笔序时登记,反映银行存款增减变化和结存情况的日记账。目的在于随时掌握银行存款实有数,加强对银行存款的监督管理,并便于同银行对账单进行对账。

银行存款日记账的格式与库存现金日记账基本相同,由于银行存款收付业务通过银行结算凭证进行,因此,银行存款日记账账页还设立"结算凭证—种类、号数"栏,其账页基本格式见表4-3。

表4-3 银行存款日记账

年		凭证号数	摘要	结算凭证	对方科目	收入	支出	结余
月	日							

银行存款日记账要依据当日审核无误的银行存款收款、付款凭证和库存现金付款凭证逐日逐笔序时登记,其余额栏应定期与银行对账单核对,如果银行存款日记账余额与银行对账单余额不符,必须认真逐笔查明原因,及时处理,并按月编制"银行存款余额调节表",直至调整相符。

库存现金日记账和银行存款日记账也可采用多栏式,其基本结构是将"收入"和"支出"栏按对应科目分设专栏。

(二)总分类账簿的登记

总分类账簿简称总账,是根据总分类科目开设的分类账。它提供会计核算的总括资料,又对日记账、明细分类账起控制作用。每个企事业单位都要设置总分类账,以全面、连续、系统、总括地反映本单位资金运动的整体情况,为编制会计报表提供资料依据,保证会计账簿记录的完整性。

总分类账一般采用订本式账簿,其账页格式有三栏式、多栏式等,下面以三栏式为例说明总分类账的设置和登记。

三栏式总分类账的账页格式设借方、贷方、余额三栏,全面、系统、总括地反映资金运动的增减变化和结存情况,其格式见表4-4。

表4-4 三栏式总分类账

账户名称:

年		凭证号数	摘要	借方	贷方	借或贷	余额
月	日						

由于总分类账采用订本式账簿,页次固定,所以在同一账簿设立全部总分类账户时,每一账户根据其经济活动内容多少,可预留若干账页,为便于记账及查找,每个账户第一页可用索引纸标明。

总账的登记方法取决于企业所采用的会计核算组织形式(也称账务处理程序)。总账可根据记账凭证逐日逐笔登记,也可将记账凭证汇总编制成"汇总记账凭证"或"科目汇总表",再据之以登记总账。

总账账页中各基本栏目的登记方法如下:

(1)"日期"栏填写登记总账所依据的凭证上的日期。

(2)"凭证类别、号数"栏填写登记总账所依据的凭证的字(如收、付、转、汇收、汇付、汇转、科汇等)和编号。

(3)"摘要"栏填写所依据的凭证的简要内容。依据记账凭证登账的,应填写与记账凭证中的摘要内容一致的内容;依据汇总记账凭证、科目汇总表登账的,应填写"某日至某日发生额"字样。

(4)"对方科目"栏填写与所设总账账户发生对应关系的账户。

(5)"借、贷方金额"栏填写所依据凭证上记载的各账户的借、贷方发生额。

(6)"借或贷"栏表示余额的方向,填写"借"字或"贷"字,如期末余额为零,则填写"平"字。

(三)明细分类账簿的登记

明细账簿是根据明细项目设置账户,提供经济业务具体详细核算资料的账簿。在不设明细分类账簿的单位,明细账簿可直接设在总分类账簿之下。除会计制度规定不需要进行明细核算的账户外,各账户都要依据统一会计制度要求,以及单位内部经营管理对会计核算的需要,设置明细账簿,特别是各项存货、债权债务、费用、固定资产、收入等都必须设置明细账簿,进行明细分类核算。

由于反映经济业务内容性质不同,不同明细账账页格式也不相同,主要分以下三种:

1. 三栏式明细账

三栏式明细账的账页格式与三栏式总分类账的账页格式相同,主要分借方、贷方、余额三个金额栏,其格式见表4-5。

表4-5　三栏式明细账

二级或明细科目:

年		凭证号数	摘要	借方	贷方	借或贷	余额
月	日						

这种明细账适用于只进行金额核算,不需要进行数量核算的明细账。如"应收账款""应付账款""应收(应付)票据""短期借款"等的明细核算。

2. 数量金额式明细账簿

数量金额式明细账账页在收入、付出、结存三栏中,再分设数量、单价、金额三栏,即以实物计量和货币计量,同时对经济业务进行实物数量核算和价值核算。因此,这种明细账格式适用于既要进行金额核算,又要进行实物数量核算的明细账,如"原材料""库存商品"等,其格式见表4-6。

表4-6　数量金额式明细账

材料种类:　　　　　　　　　　　　　　　　　　　　　　　　　　　计量单位:
材料名称:　　　　　　　　　　　　　　　　　　　　　　　　　　　存放地点:

年		凭证号数	摘　要	收入			支出			结余		
月	日			数量	单价	金额	数量	单价	金额	数量	单价	金额

3. 多栏式明细账

多栏式明细账是根据经济业务特点和经营管理的需要,在一张账页内设置三个以上金额栏的明细账。通过按有关明细项目设置许多专栏,以便在一张账页上集中反映各有关明细项目的详细资料。适用于费用、成本以及收入等的明细核算,如"主营业务收入""制造费用""管理费用"等。

多栏式明细账页格式又可分为两种,一种明细账是只设借方专栏,不设贷方专栏,贷方转出的金额,在借方以红字登记;另一种明细账在三栏式账页基础上,借方、贷方分设多个专栏而形成的带余额的多栏式明细账,其格式见表4-7和表4-8。

表4-7 多栏式明细账的格式(1)

制造费用明细账

年		凭证号数	摘要	借方				合计
月	日			工资	折旧费	修理费	…	

表4-8 多栏式明细账的格式(2)

××明细分类账

年		凭证号数	摘要	借方		贷方		借或贷	余额
月	日				合计		合计		

三、总分类账簿和明细分类账簿的平行登记

总分类账和明细分类账的平行登记,就是依据会计凭证,将一项经济业务记入有关明细分类账的同时,记入有关的总账。平行登记方法的要点可归纳如下:

(1)同时登记,即在同一会计期间内,对每一项经济业务,记入有关总分类账,又要记入其所属的所有相关明细分类账。实际会计工作中,两者记账的具体时间并不一定要求同时进行,但一定是在同一会计期间内。

(2)方向相同,根据会计凭证记入有关总分类账和明细分类账的记账方向必须相同,总分类账户记入借方,明细分类账户也要记入借方;总分类账户记入贷方,明细分类账户也要记入贷方。

(3)金额相等,对每一项经济业务,记入总账中的金额应等于记入总账所属各明细账户的金额之和相等。

以"原材料"和"应付账款"两个账户为例,说明总分类账和明细分类账的平行登记方法。

【例4-1】

某工厂2015年11月"原材料"总分类账户借方月初余额为10 800元,所属两个明细账户,其中甲材料600千克,每千克8元,借方月初余额为4 800元;乙材料10吨,每吨600元,借方月初余额为6 000元。"应付账款"总分类账户贷方月初余额为22 000元,所属两个明细账户,其中A工厂明细账贷方月初余额8 000元,B工厂明细账贷方月初余额14 000元。本月发生以下经济业务:

（1）本月 10 日，从 F 工厂购入以下原材料，均已验收入库，款项尚未支付。

甲材料：1000 千克，每千克 8 元，计 8 000 元。

乙材料：10 吨，每吨 600 元，计 6 000 元，增值税计 2 380 元。

会计分录如下：

借：原材料——甲材料	8 000
——乙材料	6 000
应交税费——应交增值税（进项税额）	2 380
贷：应付账款——F 工厂	16 380

（2）15 日，生产车间领用原材料进行生产。

甲材料：800 千克，每千克 8 元，计 6 400 元。

乙材料：12 吨，每吨 600 元，计 7 200 元。

会计分录如下：

借：生产成本	13 600
贷：原材料——甲材料	6 400
——乙材料	7 200

（3）20 日，以银行存款偿还前欠 B 工厂、F 工厂货款各 10 000 元。

会计分录如下：

借：应付账款——B 工厂	10 000
——F 工厂	10 000
贷：银行存款	20 000

（4）25 日，从 A 工厂购入乙材料 6 吨，每吨 600 元，计 3 600 元，材料验收入库，增值税 612 元，款项尚未支付。

会计分录如下：

借：原材料——乙材料	3 600
应交税费——应交增值税（进项税额）	612
贷：应付账款——A 工厂	4 212

根据上述总分类账户和明细账户月初余额资料及本月发生的经济业务会计分录，按平行登记的原则，将"原材料""应付账款"两个总分类账及所属的明细分类账记录列示如下。

总分类账户见表 4-9 和表 4-10。

表 4-9　总分类账户

账户名称：原材料

年		凭证号数	摘要	借方	贷方	借或贷	余额
月	日						
11	1		月初余额			借	10 800
	10		购入甲、乙材料	14 000		借	24 800
	15		生产领用		13 600	借	11 200
	25		购入乙材料	3 600		借	14 800
	30		本月合计	17 600	13 600	借	14 800

表 4 - 10　总分类账户

账户名称:应付账款

2015 年		凭证号数	摘要	借方	贷方	借或贷	余额
月	日						
11	1		月初余额			贷	22 000
	10		购入甲、乙材料		16 380	贷	38 380
	20		偿还货款	20 000		贷	18 380
	25		购入乙材料		4 212	贷	22 592
	30		本月合计	20 000	20 592	贷	22 592

明细账户见表 4 - 11 ~ 表 4 - 15。

表 4 - 11　原材料明细账户

明细账户名称:甲材料

2015 年		凭证号数	摘　要	收入			发出			结存		
月	日			数量（千克）	单价（元/千克）	金额（元）	数量（千克）	单价（元/千克）	金额（元）	数量（千克）	单价（元/千克）	金额（元）
11	1		月初余额							600	8	4 800
	10		购入	1 000	8	8 000				1 600	8	12 800
	15		生产领用				800	8	6 400	800	8	6 400
			本月合计	1 000	8	8 000	800	8	6 400	800	8	6 400

表 4 - 12　原材料明细账户

明细账户名称:乙材料

2015 年		凭证号数	摘　要	收入			发出			结存		
月	日			数量（千克）	单价（元/千克）	金额（元）	数量（千克）	单价（元/千克）	金额（元）	数量（千克）	单价（元/千克）	金额（元）
11	1		月初余额							10	600	6 000
	10		购入	10	600	6 000				20	600	12 000
	15		生产领用				12	600	7 200	8	600	4 800
	25		购入	6	600	3 600				14	600	8 400
			本月合计	16	600	9 600	12	600	7 200	14	600	8 400

表 4 - 13　应付账款明细账户

明细账户名称:A 工厂

2015 年		凭证号数	摘要	借方	贷方	借或贷	余额
月	日						
11	1		月初余额			贷	8 000
	25		购入乙材料		4 212	贷	12 212
	30		本月合计		4 212	贷	12 212

表 4－14 应付账款明细账户

明细账户名称:B 工厂

2015 年		凭证号数	摘要	借方	贷方	借或贷	余额
月	日						
11	1		月初余额			贷	14 000
	20		偿还材料款	10 000		贷	4 000
	30		本月合计	10 000		贷	4 000

表 4－15 应付账款明细账户

明细账户名称:F 工厂

2015 年		凭证号数	摘要	借方	贷方	借或贷	余额
月	日						
11	10		购入甲、乙材料		16 380	贷	16 380
	20		偿还材料款	10 000		贷	6 380
	30		本月合计	10 000	16 380	贷	6 380

总分类账户和明细账户经过平行登记,在发生额和余额两方面必然有如下相等关系,即:

总分类账户本期借方发生额应等于其所属的明细分类账户借方发生额之和。

总分类账户本期贷方发生额应等于其所属的明细分类账户贷方发生额之和。

总分类账户期初余额应等于其所属的明细分类账户期初余额之和。

总分类账户期末余额应等于其所属的明细分类账户期末余额之和。

总分类账户和明细账户经过平行登记以后取得的上述相等关系,可以检验账簿记录是否正确完整。总分类账户和明细账户的检验工作,通常是通过编制总分类账户所属明细账户的本期发生额及期末余额对照表来进行的。现将以上举例中"原材料""应付账款"两个总分类账及所属的明细分类账记录,编制对照表见表 4－16 和表 4－17。

表 4－16 "原材料"明细账户本期发生额及余额对照表

明细账户	月初结存		本期发生额		月末结存	
	借方	贷方	借方	贷方	借方	贷方
甲材料	4 800		8 000	6 400	6 400	
乙材料	6 000		9 600	7 200	8 400	
合计	10 800		17 600	13 600	14 800	

表 4－17 "应付账款"明细账户本期发生额及余额对照表

明细账户	月初余额		本期发生额		月末余额	
	借方	贷方	借方	贷方	借方	贷方
A 工厂		8 000		4 212		12 212
B 工厂		14 000	10 000			
F 工厂			10 000	16 380		6 380
合计		22 000	20 000	20 592		22 592

以上两表数据表明,"原材料""应付账款"两个总分类账户及所属的明细分类账户的本期发生额及余额相等,账簿记录是正确的。如果上述有关发生额和余额不相等,表明账簿记录有错误,应及时查明原因,予以更正。

任务实施

练习总账和明细账的平行登记。

【资料】1. 光明公司 11 月 1 日"原材料"总分类账户借方月初余额为 11 000 元,其中:

甲材料:1 000 千克;每千克 6 元,计 6 000 元。

乙材料:10 吨,每吨 500 元,计 5 000 元。

"应付账款"总分类账户贷方月初余额为 22 000 元,其中:

中兴工厂明细账贷方月初余额 8 000 元。

复兴工厂明细账贷方月初余额 14 000 元。

2. 本月发生以下经济业务:

(1)5 日,向中兴工厂购入甲材料 1 500 千克,每千克 6 元,计 9 000 元;乙材料 20 吨,每吨 500 元,计 10 000 元,增值税 3 230 元,材料验收入库,货款尚未支付。

(2)10 日,以银行存款偿付中兴、复兴工厂前欠货款各 10 000 元。

(3)15 日,生产领用以下材料:甲材料 1 600 千克,每千克 6 元,计 9 600 元;乙材料 25 吨,每吨 500 元,计 12 500 元。

(4)20 日,从复兴工厂购入乙材料 15 吨,每吨 500 元,计 7 500 元,材料验收入库,货款尚未支付。

【要求】

1. 根据资料 1 开设"原材料""应付账款"总分类账户及其所属明细账户,登记期初余额。

2. 根据资料 2 的经济业务,编制会计分录,登记"原材料""应付账款"总分类账户及其所属明细账户。

3. 结出"原材料""应付账款"总分类账户及其所属明细账户的本期发生额及期末余额,验证总分类账户及其所属明细账户的本期发生额及期末余额是否相符。

总分类账户

账户名称:原材料

年		凭证号数	摘要	借方	贷方	借或贷	余额
月	日						
			本月合计				

总分类账户

账户名称:应付账款

年		凭证号数	摘要	借方	贷方	借或贷	余额
月	日						
			本月合计				

原材料明细账户

明细账户名称:甲材料

年		凭证号数	摘 要	收入			发出			结存		
月	日			数量	单价	金额	数量	单价	金额	数量	单价	金额
			本月合计									

原材料明细账户

明细账户名称:乙材料

年		凭证号数	摘 要	收入			发出			结存		
月	日			数量	单价	金额	数量	单价	金额	数量	单价	金额
			本月合计									

应付账款明细账户

明细账户名称:中兴工厂

年		凭证号数	摘要	借方	贷方	借或贷	余额
月	日						
			本月合计				

应付账款明细账户

明细账户名称：复兴工厂

年		凭证号数	摘要	借方	贷方	借或贷	余额
月	日						
			本月合计				

任务三　对账和结账

知识目标

1. 熟悉对账和结账。
2. 掌握错账的更正方法。

技能目标

1. 能够完成对账和结账工作。
2. 能够正确处理错账更正。

知识讲解

一、对账

各单位应当定期将会计账簿记录与实物、款项及有关资料互相核对，保证会计账簿记录与实物及款项的实有数相符、会计账簿记录与会计凭证的有关内容相符、会计账簿之间相对应的记录相符、会计账簿记录与会计报表的有关内容相符。所以，为了使会计核算资料之间保持一致，保证会计账簿记录正确无误，必须加强对账工作。

对账即核对账目，就是将账簿记录同其他会计资料和有关实物互相核对，已查验账簿记录是否正确的工作。对账包括日常核对和定期核对两方面。日常核对就是对日常填制的记账凭证所进行的随时审核。由于此项工作随时进行，一旦发现差错，记账之前就可以查明更正。定期核对一般在月末、季末、年末结账之前进行，以验明记账工作是否正确和实际是否相符。对账的内容包括账证核对、账账核对、账实核对。

（一）账证核对

账证核对是将账簿记录同记账凭证及其所附原始凭证相核对，以保证账证相符。账簿是依据记账凭证及其所附的原始凭证进行登记的,记账凭证及其所附的原始凭证是检验账簿记录内容是否准确的根源,账簿记录应与会计凭证保持一致。核对时,依次检查时间、凭证字号、会计科目、业务内容以及数量金额是否达到双方相符一致。

(二)账账核对

账账核对是指各种会计账簿之间的有关数字核对相符。各种会计账簿之间互相联系,互相制约,总账统驭着明细分类账、日记账,所以通过账账核对可以使会计账簿之间的记录保持一致。账账核对具体内容包括:

(1)总账的核对,即各总账全部账户的本期借方发生额合计数与本期贷方发生额合计数,期末借方余额合计数与期末贷方余额合计数应分别核对相符。

(2)总分类账和日记账的核对,库存现金日记账和银行存款日记账的期末余额应与总账中"库存现金"和"银行存款"账户的期末余额核对相符。

(3)总账与明细分类账的核对,即总分类账户的借方发生额、贷方发生额及期末余额,与其所属各明细分类账户(包括明细账)的借方发生额、贷方发生额及期末余额合计数核对相符。

(三)账实核对

账实核对是将账簿记录与财产实有数额之间的核对,包括各项财产物资、货币性资产的实存数核对。具体内容包含:

(1)库存现金日记账余额应与库存现金实有数核对相符。

(2)银行存款日记账的余额应与银行对账单核对,并编制银行存款余额调节表,调节相符。

(3)财产物资明细账的结存数应与财产物资盘点的实存数核对相符。

(4)各种应收账款、应付账款明细账的期末余额,与各相关单位核对相符。

二、结账

结账是指将一定时期(月、季、年)内所发生的经济业务全部登记入账的基础上,按规定的方法将各种账簿记录结算出本期发生额和期末余额的核算工作,为编制财务报告提供依据。结账工作的程序和方法是:

(一)结账的程序

(1)在结账前,必须将本期内所发生的各项经济业务全部登记入账,检查是否有错记的经济业务,对于发现的记账错误要及时更正。

(2)应按照权责发生制的要求,及时调整期末需调整的账项,做好各种成本、损益类账户的结转,以正确计算、确定本期产品的成本和损益。

(3)在确认当期发生的经济业务,调整账项及有关转账业务全部登记入账后,分别结算出各种日记账、总分类账和明细分类账的本期发生额和期末余额,并进行试算平衡,余额结转下期的结账手续。

(二)结账的方法

根据结账的时间不同,结账可分为月结、季结和年结。

1. 月结

月结是在月末计算出各账户的本月发生额和期末余额。结账方法是在最后一笔业务记录

的数字下面划一通栏红线,在红线下计算出本月借、贷方发生额和余额,并在摘要栏内注明"本月发生额及余额"或"本月合计"字样,并在下面通栏划单红线,以便将本期与下期的记录明显分开。对于需要计算出本年累计发生额的,应当在结算本月发生额和期末余额后,在下一行进行,摘要栏内注明"本年累计"字样,计算出本年累计发生额分别计入借方和贷方,并在下面通栏划单红线。如果账户没有发生额,则不用进行月结。

2. 季结

季结是季度终了,计算出本季度的借贷方发生额合计数,写在月结数的下一行内,在摘要栏注明"本季合计"字样,并在季结下面划一通栏红线。

3. 年结

年结是在 12 月月结和第 4 季度的季结后,计算出全年 12 个月的发生额合计数,填写在季结的下一行,在摘要栏注明"年度发生额和余额"或"本年累计"字样,将本年度的借贷方发生额分别计入借方和贷方栏,并在年结数字下面通栏划双红线,表示封账。结账后,根据各账户的年末余额,结转下年,在摘要栏注明"结转下年"字样。在下一年度新账第一行余额栏内填写上年转入的余额,并在摘要栏注明"上年结转"字样。

结账划线的目的是为了突出本月(季、年)合计数及月末余额,表示本会计期的会计记录已经截止或结束,并将本期与下期的记录明显分开。月结划单红线,年结划双红线,划线应划通栏线,不应只在本账页中的金额部分划线。

结账方法举例见表 4-18。

表 4-18 总 分 类 账

账户名称:应收账款

年		凭证号数	摘要	借方	贷方	借或贷	余额
月	日						
1	1		上年结转			借	20 000
	10	汇1	1-10 汇总	18 000	22 000	借	16 000
	20	汇2	11-20 汇总	26 000	21 000	借	21 000
	30	汇3	21-30 汇总	34 000	20 000	借	35 000
	31		本月发生额及余额	78 000	63 000	借	35 000
2	10	汇1	1-10 汇总	23 000	31 000	借	27 000
			…	…	…		…
			…	…	…		…
			…	…	…		…
12	31		本月发生额及余额	75 000	81 000	借	28 000
	31		第四季度发生额及余额	342 000	358 000	借	31 000
	31		本年度累计发生额及余额	1 342 000	1 279 000	借	31 000
			结转下年				

三、错账更正方法

在记账过程中,由于种种原因,难免发生记账错误,一般称之为错账。对不同的错账,更正的方法也不同。一般常用更正记账错误的方法有划线更正法、红字更正法和补充登记法等。

(一) 划线更正法

划线更正法也称红线更正法,是适用于在结账前发现记账凭证正确,而账簿记录存在文字或数字错误的情况,而采用在错误记录上划红线的方式注销原有记录,从而更正账簿记录错误的方法。

更正方法是:先在错误的文字或数字(整个数字)上划一条红线注销,使原来的字迹仍可辨认,以备查考,然后将正确的文字或数字填写在上方空白处,并由记账人员在更正处盖章,以明确负责。对改正错误的数字一定要用红线全部划去,不能只改个别数字。如将 8 675 错写成 8 765,应将 8 765 用红线全部划去,再在红线上面空白处写上 8 675。对于文字的错误,可只划去错误的部分。

(二) 红字更正法

红字更正法适用于下列两种情况错误的更正:

第一种情况,记账以后,如果记账凭证中应借、应贷的会计科目错误,而造成记账的账簿记录错误。

更正方法是:先用红字金额填制一张与错误记账凭证分录相同的记账凭证,在摘要栏填写"更正某月某日第×号凭证的错误"并据以用红字金额记账,冲销原有错误记录,再用蓝字编制一张正确的记账凭证,在摘要栏注明"补记某月某日账",登记入账。

【例 4－2】

某企业生产车间领用材料 800 元,用于一般耗用。编制凭证时错填为以下会计分录并登记入账。

借:管理费用   800
　贷:原材料   800

发现错误后,应先用红字金额编制一张与错误凭证相同的记账凭证,并据以记账(框起的数字表示红色,下同)。

借:管理费用   800
　贷:原材料   800

然后,用蓝字编制一张正确的记账凭证,并登记入账。

借:制造费用   800
　贷:原材料   800

上述红字更正法因将账簿记录的错误全部用红字冲销,另以蓝字重新登记正确的内容,故又称红字冲销法。

第二种情况,记账以后,如果记账凭证中应借和应贷方会计科目和记账方向没有错误,只是所记金额大于应记金额。

更正方法是:将多记金额用红字填制一张与原错误记账凭证应借、应贷的会计科目和记账方向相同的记账凭证,据以用红字登记入账,冲销多记金额即可。

【例 4－3】

某公司以银行存款支付广告费 2 000 元。编制记账凭证时将金额错记为 20 000 元,并登

记入账。错误的会计分录金额是：

借：销售费用　　　　　　　　　　　　　　　　　　20 000

　贷：银行存款　　　　　　　　　　　　　　　　　　　　20 000

发现错误后，可以将多记金额18 000元，用红字编制一张记账凭证，摘要栏注明"冲减某月某日错账"，并据以用红字记账。分录如下：

借：销售费用　　　　　　　　　　　　　　　　　　18 000

　贷：银行存款　　　　　　　　　　　　　　　　　　　　18 000

上述红字更正法因将账簿上错误数字多于正确数字的差额部分用红字冲减，故又称红字冲减法。

(三)补充登记法

补充登记法是记账以后，如果发现记账凭证中，应借、应贷的会计科目和记账方向都是正确的，但记账凭证存在所记金额小于应记金额的错误，从而导致账簿记录中出现同样数字错误的情况，可采用蓝字增记金额方式，补充账簿中原有记录，从而更正账簿记录错误的方法。

更正方法是：按应记金额与错误金额的差额，用蓝字填一张与原错误的记账凭证应借、应贷的会计科目和记账方向相同的记账凭证，在摘要栏注明"补记某月某日错账"字样，并据以用蓝字记账。

【例4-4】

仍以上例，假如编制记账凭证时将金额错记为200元，并登记入账。错误的会计分录金额是：

借：销售费用　　　　　　　　　　　　　　　　　　200

　贷：银行存款　　　　　　　　　　　　　　　　　　　　200

发现上述少记金额错误，更正时，可以将少记金额1 800元，用蓝字编制如下记账凭证进行补充更正，并据以用蓝字记账。分录如下：

借：销售费用　　　　　　　　　　　　　　　　　　1 800

　贷：银行存款　　　　　　　　　　　　　　　　　　　　1 800

四、会计账簿的更换和保管

(一)账簿的更换

会计年度结束，按照会计制度规定需结束本年度会计账簿记录，更换旧账，建立新的账簿。在旧账结束时，应检查各账簿结账手续是否完备，是否可以封账。建立新账时，首先在新账的账簿封面上写明单位名称、账簿名称和使用年度，在新账簿扉页上填写"账簿启用及交接登记表"或"账簿启用表"，内容包括：启用日期、账簿页数以及会计机构负责人、会计主管和记账人员姓名，并加盖人名章和单位公章。然后，将全部账户年终余额转入新账中的相应账户第一页第一行余额栏内，一定要将余额填准确，并写清方向，在摘要栏注明"上年结转"字样。

总账、日记账和大部分的明细账要每年更换一次。部分明细账，如固定资产明细账，因年度中业务数量较少，可以不必更换新账，继续使用原账簿。可在摘要栏，注明"结转下年"字样，以分清新旧年度之间的业务界限。新旧账户之间结转年终余额，可以不用填制记账凭证。

新旧年度之间会计科目如有不同的,在建立新账时还应编制"新旧会计科目对照表",将上一年有关会计科目的余额,转到新年度对应会计科目的相应栏内。

(二)账簿的保管

会计账簿是重要的会计档案和历史资料,应认真妥善保管。要注意日常的保管,会计账簿在日常记录中,要仔细、规范,注意爱护。对订本式的固定账簿,不得任意撕毁账页,活页式账簿在年终结账后要装订成册,并按顺序编号,不能随意抽换账页。要按照谁记账、谁负责原则,明确账簿日常保管责任。一般来说会计账簿不得外借,以防丢失或损坏,遇特殊情况需要调用时,须经单位负责人批准。

年度业务结束后,会计账簿要归档保管。同其他会计资料一起顺序编号,移交会计档案室登记归档保管。企业的原始凭证、记账凭证和汇总凭证保管 15 年;总账、明细账保管 15 年,日记账保管 15 年,其中现金日记账和银行存款日记账保管 25 年,固定资产卡片在固定资产报废清理后保管 5 年,辅助账簿保管 15 年;月、季度财务报告保管 3 年,年度财务报告永久保管;银行余额调节表、银行对账单保管 5 年,会计移交清册保管 15 年,会计档案保管和销毁清册永久保管。各种会计档案的保管年限和销毁的审批程序,应按会计档案管理办法的统一规定严格执行。

任务实施

练习错账的更正方法。

【资料】光明公司在记账以后发现以下记账错误:

1. 经理办公室以现金购买办公用品 600 元,编制的记账凭证为:

借:管理费用 6 000
　贷:库存现金 6 000

2. 以银行存款支付车间维修费用 3 200 元,编制的记账凭证为:

借:管理费用 5 200
　贷:银行存款 5 200

3. 支付本月水电费 26 000 元,其中车间负担 18 000 元,厂部负担 8 000 元,编制的记账凭证为:

借:制造费用 1 800
　　管理费用 800
　贷:银行存款 2 600

4. 结转当月销售产品成本 46 000 元,编制的记账凭证为:

借:库存商品 46 000
　贷:生产成本 46 000

5. 月末结转制造费用 37 000 元,编制的记账凭证为:

借:生产成本 37 000
　贷:制造费用 37 000

登记账户时,误记为 73 000 元。

6. 以银行存款支付生产车间固定资产修理费用 78 万元。编制的记账凭证为:

借:制造费用   87

  贷:银行存款   87

【要求】对以上记账错误按正确的方法予以更正。

同 步 测 试

一、单项选择题

1. 下列记账差错中,可采用补充登记法进行更正的是(   )

    A. 会计科目正确,错将 22 454 记为 22 544

    B. 将记账凭证应借、应贷方向记错

    C. 会计科目正确,错将 1 000 元记为 100 元

    D. 登记账簿计算结余时发生计算错误

2. 一般情况下,不需要根据记账凭证登记的账簿是(   )

    A. 总分类账   B. 明细分类账   C. 备查账   D. 日记账

3. 记账以后,如发现记账错误是由于记账凭证所列会计科目或记账方向有误引起的,应采用(   )进行错账更正。

    A. 划线更正法   B. 红字更正法   C. 补充登记法   D. B 或 C 都行

4. 总账一般采用(   )账簿。

    A. 活页式   B. 订本式   C. 多栏式   D. 卡片式

5. (   )账簿必须逐日逐笔登记。

    A. 总账   B. 明细账   C. 日记账   D. 备查账

6. 下列适合采用多栏式明细账格式核算的是(   )。

    A. 原材料   B. 制造费用   C. 应付账款   D. 库存商品

7. 企业的结账时间应为(   )。

    A. 每项经济业务登账后   B. 每日终了时

    C. 一定时期终了时   D. 会计报表编制后

8. 登记账簿时,错误的做法是(   )。

    A. 文字和数字的书写占格据的 1/2   B. 使用圆珠笔书写

    C. 用红字冲销错记录   D. 在发生的空页上注明"此页空白"

9. 登记账簿时,正确的做法是(   )。

    A. 文字或数字的书写必须占满格

    B. 书写可以使用蓝黑墨水圆珠笔或铅笔

    C. 用红字冲销错误记录

    D. 发生的空行空页一定要补充书写

10. 下列做法错误的是(   )。

    A. 现金日记账采用三栏式账簿   B. 产成品明细账采用数量金额式账簿

    C. 生产成本明细账采用三栏式账簿   D. 制造费用明细账采用多栏式账簿

11. 对账时,账账核对不包括(   )。

A. 总账各账户的余额核对   B. 总账与明细账之间的核对

C. 总账与备查账之间的核对   D. 总账与日记账的核对

12. 记账以后,如发现记账凭证和账簿登记金额小于应记的正确金额,没有其他错误,应采用( )进行错账更正。

     A. 划线更正法   B. 红字更正法

     C. 补充登记法   D. B 或 C 都行

13. 银行存款日记账借方除了依据银行收款凭证登记外,还要依据( )登记。

     A. 库存现金收款凭证   B. 记账凭证

     C. 库存现金付款凭证   D. 银行存款付款凭证

14. 更正错账时,划线更正法的适用范围是( )。

     A. 记账凭证上会计科目或记账方向错误,导致账簿记录错误

     B. 记账凭证正确,在记账时发生错误,导致账簿记录错误

     C. 记账凭证上会计科目或记账方向正确,所记金额大于应记金额,导致账簿记录

     D. 记账凭证上会计科目或记账方向正确,所记金额小于应记金额,导致账簿记录错误

二、多项选择题

1. 对账的内容包含( )。

     A. 账簿记录与有关会计凭证进行核对   B. 总账与日记账进行核对

     C. 账簿之间的有关金额进行核对   D. 财产物资的账面额与实存额相核对

2. 登记库存现金日记账的依据有( )。

     A. 库存现金收款凭证   B. 现金付款凭证

     C. 银行存款收款凭证   D. 银行存款付款凭证

3. 划线更正法更正错账的正确做法是( )。

     A. 将错误数字或文字部分划红线注销

     B. 将错误数字或文字全部划红线注销

     C. 将正确的数字或文字用蓝黑字写在划线上方

     D. 更正人不用在划线处盖章

4. 会计账簿按经济业务用途不同,可以分为( )。

     A. 序时账簿   B. 分类账簿   C. 联合账簿   D. 账簿

5. 以下对明细分类账正确的表述是( )。

     A. 明细分类账是在总账下设置,对经济业务进行明细核算的账户

     B. 明细分类账应根据记账凭证及其原始凭证登记

     C. 明细分类账要逐日逐笔登记

     D. 明细分类账是对总账的补充说明

6. 必须逐日结出余额的账簿是( )。

     A. 库存现金总账   B. 银行存款总账

     C. 库存现金日记账   D. 银行存款日记账

7. 收回货款 1 500 元存入银行,记账凭证误填为 15 000 元,并已入账。错误的更正方法是( )。

A. 采用划线更正法更正

B. 用蓝字借记"银行存款"贷记"应收账款"

C. 用蓝字借记"应收账款",货记"银行存款"

D. 用红字借记"银行存款",贷记"应收账款"

8. 结账时,正确的做法是(　　)。

　　A. 结出当月发生额的,在"本月合计"下面通栏划单红线

　　B. 结出本年累计发生额的,在"本年累计"下面通栏划单红线

　　C. 12 月末,结出全年累计发生额的,在下面通栏划单红线

　　D. 12 月末,结出全年累计发生额的,在下面通栏划双红线

9. 可以用三栏式明细分类核算的是(　　)。

　　A. 原材料　　　　　　B. 实收资本　　　　　　C. 生产成本　　　　　　D. 短期借款

10. 会计工作可以使用的更正错账的方法是(　　)。

　　A. 补充登记法　　　　B. 红字更正法　　　　　C. 用涂改液改错　　　　D. 划线更正法

11. 登记账簿的要求有(　　)。

　　A. 可用圆珠笔、蓝黑或黑色墨水书写

　　B. 文字和数字高度一般占格高 1/2

　　C. 特殊情况可用红色墨水记账

　　D. 账簿应按页次连续登记,不得跳行隔页

12. 结账工作的程序和方法一般包括(　　)。

　　A. 将本期内所发生的各项经济业务全部登记入账

　　B. 及时调整期末需要调整的账项

　　C. 如果账户没有发生额,则不用进行月结

　　D. 结账后,在本月发生额和余额下面通栏划单红线

三、判断题

1. 总账用订本式账簿,明细账一般用活页账簿,日记账一般用卡片式账簿。　　(　　)

2. 备查账簿是企业一种重要账簿,它与其他账簿存在着数量对等关系。　　(　　)

3. 会计账簿就是账户。　　(　　)

4. 库存现金日记账可以根据库存现金收款凭证、库存现金付款凭证、银行存款付款凭证登记。　　(　　)

5. 在结账以前,如发现账簿记录有文字或数字错误,而记账凭证没错,应采用划线更正法进行错账更正。　　(　　)

6. 订本式会计账簿优点是防止账页散失和非法抽换,缺点是不便于分工记账,不能根据记账需要增添及减少账页。　　(　　)

7. 总账、日记账和大部分的明细账要每年更换一次。　　(　　)

8. 使用订本账时,要为每一账户预留若干空白账页。　　(　　)

9. 对需要按月进行月结的账簿,结账时,应在"本月合计"字样下面通栏划单红线,而不是划双红线。　　(　　)

10. 活页式账簿便于账页的重新排列和记账人员的分工,但账页容易散失和被随意抽换。

　　　　　　　　　　　　　　　　　　　　　　　　　　　　　　　　　　(　　)

11. 多栏式账簿主要适用于既需要记录金额,又需要记录实物数量的财产物资明细账户。（   ）

12. 会计账簿登记中,如果不慎发生隔页,应立即将空页撕掉,并更改页码。（   ）

13. 对账,就是核对账目,即对各种会计账簿之间相对应记录进行核对。（   ）

四、名词解释

1. 会计账簿　2. 日记账　3. 分类账　4. 总账　5. 明细分类账　6. 备查账　7. 订本账

8. 对账　9. 平行登记　10. 红字更正法　11. 补充登记法　12. 划线更正法

五、简答题

1. 总分类账与明细分类账的关系及其平行登记要点有哪些? 如何核对?

2. 会计账簿的意义和作用有哪些?

3. 对账的基本内容有哪些?

4. 错账的更正方法有哪些?

六、计算题

练习账簿的登记:

【资料】

1. ××有限公司12月初各账户月初余额如下:

单位:元

会计科目	借方余额	贷方余额
库存现金	3 000	
银行存款	60 000	
原材料	55 000	
应收账款	32 000	
其他应收款	3 000	
固定资产	180 000	
累计折旧		42 000
应付账款		76 000
短期借款		22 000
应交税费		18 000
应付利息		1 000
实收资本		170 000
本年利润		4 000
合　计	333 000	333 000

2. 本月发生下列经济业务:

(1)企业收到国家投入资本人民币300 000元,存入银行。

(2)向银行借入期限3个月借款200 000元,存入银行。

(3)向新华工厂购入甲材料2 000千克,单价10元,计20 000元;乙材料4 000千克,单价20元,计80 000元,共计货款100 000元,增值税17 000元。货款及税额以银行存款支付,材

料尚未收到。

（4）以银行存款支付上述甲、乙材料运费5 000元,增值税550元,运费按材料重量分配。

（5）上述甲、乙材料运到并验收入库,结转入库材料实际成本。

（6）从仓库领用甲材料23 000元,乙材料65 000元,其中A产品耗用46 000元,B产品耗用32 000元,车间一般耗用8 000元,行政管理部门耗用2 000元。

（7）王经理出差,预借差旅费2 500元,以现金支付。

（8）销售给新世纪公司A产品800件,每件100元,计货款80 000元,增值税13 600元,货款及增值税尚未收到。

（9）以银行存款2 000元支付广告费。

（10）王经理出差归来,报销差旅费2 200元,余款交回。

（11）以银行存款支付下年度报刊杂志费6 000元。

（12）月末结算本月份应付职工工资共52 000元,其中:制造A产品工人工资18 000元,制造B产品工人工资22 000元,车间管理人员工资5 000元,行政管理人员7 000元。

（13）从银行提取现金52 000元,发放职工工资。

（14）以银行存款支付水电费2 300元,其中:车间1 500元,行政管理部门800元。

（15）计提本月短期借款利息3 200元。

（16）计提本月固定资产折旧费5 600元,其中:车间固定资产折旧4 200元,行政管理部门固定资产折旧1 400元。

（17）将本月发生的制造费用20 000元,按生产工人工资的比例分配计入A、B产品成本。

（18）本月A产品1 000件完工入库,单位成本70元,结转其实际成本。

（19）结转销售A产品800件成本,每件成本70元。

（20）结转有关收支账户,计算本月净利润。

【要求】

1. 根据【资料】1开设有关账户,登记期初余额。

2. 根据【资料】2的经济业务,编制会计分录,登记账簿。

3. 结出有关账户的本期发生额及期末余额,并试算平衡。

项目五 财 产 清 查

引导案例

李三所办的企业在 2015 年 11 月份的"银行存款日记账"的账面余额为 277 280 元,而银行转来的"银行存款对账单"的余额却是 279 550 元,这是为什么呢？是企业记账有误,还是银行记账有误？

【案例解析】

有多种原因可能使各项财产的账面数额与实际结存数额发生差异,造成账实不符。因此,为了保证会计资料的真实性、准确性和完整性,企业必须运用财产清查的方法,对各项财产进行定期或不定期的盘点和核对。在编制会计报表之前,为了保证账簿记录的正确和完整,应加强对会计凭证的日常审核,定期进行账证核对和账账核对。

任务一 财产清查的意义和种类

知识目标

1. 了解财产清查概念、种类及一般程序。
2. 掌握财产物资的盘存制度。

技能目标

1. 能够分清财产清查的种类。
2. 能够熟练运用财产物资的盘存制度。

知识讲解

一、财产清查的意义

财产清查是通过对实物资产、货币资金、往来款项等的盘点和核对,查明其实有数和账存

数是否相符的一种会计核算的专门方法。

实际工作中由于存在如财产物资保管过程中的自然损耗、收发计量的错误、管理失职造成的损失、贪污盗窃、营私舞弊、自然灾害造成的损失、未达账项等账实不符的原因,因此需要进行财产清查。通过财产清查,可以确保会计资料的真实可靠,保证各项财产物资的安全完整,加速资金周转,提高财产物资的使用效率,促进企业遵守财经纪律,贯彻财经制度。

二、财产清查的种类

财产清查按照清查对象的范围可分为全面清查和局部清查,按照清查时间可分为定期清查和不定期清查。在会计实务中,财产物资的盘存制度有永续盘存制和实地盘存制。在开展财产清查工作之前,要认真做好必要的组织准备工作和业务准备工作。对不同的清查对象,应选择不同的清查方法:现金、实务资产的清查主要通过实地盘点进行;银行存款和往来款项的清查主要是通过对账单进行。

1. 按清查的范围分类

(1)全面清查,对企业所有的财产物资进行全面的盘点核对。

(2)局部清查,对企业部分财产物资进行全面的盘点核对。

2. 按清查的时间分类

(1)定期清查,按事先计划安排的时间进行清查。

(2)不定期清查,根据临时需要进行清查。

3. 按清查执行的单位分类

(1)内部清查,企业自行组织的清查。

(2)外部清查,外部有关单位对本企业进行的清查。

三、财产清查的一般程序

1. 成立清查小组

清查小组由清查工作领导小组和清查人员组成,负责财产清查的组织和管理工作。

2. 进行业务准备

(1)账簿准备,所有的业务要全部登记入账,结出余额,认真核对账目,做到计算正确,内容完整,账证、账账相符。

(2)实物准备,清查前,保管人员要整理好财产物资,有明细账的要结出余额。

3. 工具准备

准备好清查需要的各种工具、表格等。

四、财产物资的盘存制度

1. 永续盘存制(账面盘存制)

永续盘存制是对各项财产物资平时在明细账中既要记增加数,又记减少数,以便随时结出账面结存数。即:

$$期初余额 + 本期增加额 - 本期减少额 = 期末余额$$

永续盘存制的优点是:有利于随时掌握财产物资的增减结存情况,对加强财产物资的管理,保证其安全完整有重要作用。

永续盘存制的缺点是：要逐日逐笔登记账簿，工作量较大。一般单位应尽量采用永续盘存制。

2. 实地盘存制

实地盘存制是对各项财产物资平时在明细账中只记增加数，不记减少数，期末通过实地盘点数倒推算出本期减少数。

$$期初余额 + 本期增加额 - 期末盘点数 = 本期减少额$$

实地盘存制的优点是：平时在明细账中只记增加数，不记减少数，减少了账簿的登记工作。

实地盘存制的缺点是：不利于随时掌握财产物资的增减结存情况及加强财产物资的管理，倒推算出本期减少数容易掩盖财产物资管理中的问题。零售商业企业常用此法。

任务实施

1. （选择题）企业在编制年度财务会计报告进行的财产清查，一般应进行（　　　　）。
   A. 重点清查　　　　　B. 全面清查　　　　　C. 局部清查　　　　　D. 抽样清查
2. （填空题）财产物资的盘存制度有_____、_____。

任务二　财产清查的方法

知识目标

1. 熟悉实物资产的清查方法。
2. 熟悉货币资金的清查方法。
3. 熟悉往来款项的清查方法。

技能目标

能够编制银行存款余额调节表。

知识讲解

一、实物资产的清查方法

1. 存货的清查方法

存货的清查方法通常有实地盘点法和技术推算法。实地盘点法是各项实物通过逐一清点或用计量器具确定其实存数的方法；技术推算法是通过计量、计尺等技术推算财产物资实存数的方法。存货清查首先由清查人员和财产物资保管人员进行实地盘点，然后将盘点结果登记

在"盘存单"上,其格式见表5-1。

表5-1 盘存单

单位名称:　　　　　　　　　　盘存时间:　　　　　　　　　　编号:

财产类别:　　　　　　　　　　存放地点:

序号	名称	规格	计量单位	实存数量	单价	金额	备注

再根据"盘存单"和有关财产物资的账簿记录填制"账存实存对比表"。"账存实存对比表"是调整账簿记录的原始依据,其格式见表5-2。

表5-2 账存实存对比表

单位名称:　　　　　　　年 月 日

序号	名称	规格	计量单位	单价	实存		账存		盘盈		盘亏		备注
					金额	数量	金额	数量	金额	数量	金额	数量	

2. 固定资产的清查方法

固定资产的清查方法通常采用实地盘点法。清查前要将固定资产总账的余额和明细账的余额核对,再进行实地盘点,若发现盘盈盘亏情况要查明原因,填制固定资产清查盘盈盘亏报告表,其格式见表5-2。

二、货币资金的清查方法

1. 库存现金的清查

库存现金的清查是先确定库存现金的实存数,再与现金日记账的余额核对。盘点前出纳员应先将现金收付款凭证全部登记入账,并结出余额,盘点时出纳员必须在场,最后根据盘点结果编制表5-3"库存现金盘点报告表"。

表5-3 库存现金盘点报告表

实存金额	账存金额	对比结果		备注
		盘盈	盘亏	

盘点人(签章):　　　　　　　　　　　　　　　　　出纳员(签章):

2. 银行存款的清查

银行存款的清查是采取与银行核对账目的方法进行,即将企业的"银行存款日记账"与"银行对账单"逐笔进行核对。通过核对往往发现双方账目会不一致,主要原因是由于未达账

项的存在。未达账项是指一方已经入账,另一方由于凭证传递时间的影响没有入账的款项。未达账项有以下四种类型:

(1)企业已记增加而银行未记增加。

(2)企业已记减少而银行未记减少。

(3)银行已记增加而企业未记增加。

(4)银行已记减少而企业未记减少。

找出未达账项后,据以编制"银行存款余额调节表",检查双方账簿记录有无错误。

【例5-1】

企业3月31日银行日记账余额是76 760元,银行对账单余额为84 250元,经逐笔核对发现下列未达账项:

(1)3月29日企业开出现金支票一张250元支付职工预支出差费,持票人尚未到银行取款。

(2)3月30日企业开出转账支票一张6 450元,银行尚未入账。

(3)3月31日企业收到转账支票一张18 000元,已送银行,企业已经入账,但银行尚未入账。

(4)3月31日银行从企业账上代扣款项2 000元,企业尚未接到凭证而未入账。

(5)3月31日银行计算企业存款利息5 300元,已记入企业账户、企业尚未接到凭证而未入账。

(6)3月31日银行收到企业委托代收销货款项15 490元,已记入企业账户、企业尚未接到凭证而未入账。

根据以上资料编制银行存款余额调节表5-4。

表5-4 银行存款余额调节表　　　　　　　　　　　　　　单位:元

项　　目	金　　额	项　　目	金　　额
银行日记账余额	76 760	银行对账单余额	84 250
加:银行已增企业未增	5 300 15 490	加:企业已增银行未增	18 000
减:银行已减企业未减	2 000	减:企业已减银行未减	250 6 450
调节后的余额	95 550	调节后的余额	95 550

三、往来款项的清查方法

往来款项包括各种应收款、应付款、预收款、预付款等,往来款项的清查与银行存款一样,也是采用与对方核对账目的方法。

任务实施

企业6月30日银行日记账余额是1 338 450元,银行对账单余额为126 575元,经逐笔核对发现下列未达账项:

（1）6月25日,企业开出转账支票购买材料8 500,持票人尚未到银行办理转账手续。

（2）6月26日,企业存入转账支票16 800元,企业已入账,银行尚未入账。

（3）6月27日,企业委托银行代收销货款项860元,银行已收款入账,企业尚未接到银行收款通知,未登记入账。

（4）6月30日,银行代扣企业借款利息4 435元,并已入账,企业尚未接到银行收款通知,未登记入账。

根据以上资料编制银行存款余额调节表。

银行存款余额调节表

项　　目	金　　额	项　　目	金　　额
银行日记账余额		银行对账单余额	
加:银行已增企业未增		加:企业已增银行未增	
减:银行已减企业未减		减:企业已减银行未减	
调节后的余额		调节后的余额	

任务三　财产清查结果的财务处理

知识目标

1. 熟悉财产清查结果分类。
2. 掌握财产清查结果的账务处理。

技能目标

能够对财产清查结果进行账务处理。

知识讲解

一、财产清查结果分类

（1）财产物资账实不符:盘盈、盘亏。

（2）其他问题。财产清查中发现账实不符,无论是盘盈还是盘亏,都必须分析原因,认真做好清查结果的处理工作。对账实不符差异的账务处理,分两个步骤进行:

①审批前,调整账面记录,使账实相符。

②审批后,根据差异的原因和审批意见,调整相应的账户记录。

二、财产清查结果的账务处理

设置"待处理财产损溢"账户,核算财产盘盈、盘亏及其处理情况。属双重性质的账户,下设"待处理固定资产损溢"和"待处理流动资产损溢"两个明细账。

"待处理财产损溢"账户结构如表 5-5 所示。

表 5-5 待处理财产损溢

期初余额:尚未处理的各项财产盘亏数	期初余额:尚未处理的各项财产盘盈数
发生额:发生的财产盘亏数 转销财产盘盈数	发生额:发生的财产盘盈数 转销财产盘亏数
期末余额:尚未处理的各项 财产盘盈数	期末余额:尚未处理的各项财产盘盈数

(一)存货清查结果的账务处理

发生存货盘盈、盘亏,审批前先通过"待处理财产损溢"账户核算,审批后再根据不同的情况进行转账处理。发生存货盘盈一般冲减管理费用;盘亏时,自然损耗转作管理费用,管理不善造成的损失由责任人员赔偿,非常损失扣除保险赔偿和残料后,列作营业外支出。

【例 5-2】

财产清查中盘盈甲材料 4 吨,每吨单价 1 000 元。

审批前:

借:原材料——甲材料　　　　　　　　　　　　　　　　　4 000

　　贷:待处理财产损溢　　　　　　　　　　　　　　　　　　　　4 000

审批后:

借:待处理财产损溢　　　　　　　　　　　　　　　　　　4 000

　　贷:管理费用　　　　　　　　　　　　　　　　　　　　　　　4 000

【例 5-3】

财产清查中盘亏乙材料 40 千克,每千克单价 30 元。

审批前:

借:待处理财产损溢　　　　　　　　　　　　　　　　　　1 200

　　贷:原材料——乙材料　　　　　　　　　　　　　　　　　　　1 200

上述盘亏乙材料,经查明自然损耗 5 千克,非常损失 25 千克,管理员管理不善造成损失 10 千克。根据批准处理意见做如下分录:

借:管理费用　　　　　　　　　　　　　　　　　　　　　150

　　营业外支出　　　　　　　　　　　　　　　　　　　　750

　　其他应收款　　　　　　　　　　　　　　　　　　　　300

　　贷:待处理财产损溢　　　　　　　　　　　　　　　　　　　1 200

(二)固定资产清查结果的账务处理

发生固定资产盘盈、盘亏,审批前先通过"待处理财产损溢"账户核算,报批后,盘盈的固定资产净值转入营业外收入,盘亏的固定资产净值转入营业外支出。

【例 5-4】

企业在财产清查中发现账外机器一台,其重置价值为 8 000 元,估计已折旧 3 000 元。

审批前:

借:固定资产	8 000
贷:累计折旧	3 000
待处理财产损溢	5 000

审批后:

借:待处理财产损溢	5 000
贷:营业外收入	5 000

【例 5-5】

企业在财产清查中发现盘亏设备一台,账面原价是 15 000 元,已提折旧 6 000 元。

审批前:

借:待处理财产损溢	9 000
累计折旧	6 000
贷:固定资产	15 000

盘亏是意外事故造成,保险公司赔 6 000 元。

借:营业外支出	3 000
其他应收款	6 000
贷:待处理财产损溢	9 000

(三)库存现金清查结果的账务处理

现金清查中发现现金长款、短款,一般通过"其他应收款""其他应付款"账户核算。

【例 5-6】

企业进行现金清查,发现现金长款 20 元。

借:库存现金	20
贷:待处理财产损溢	20

经核查未查明原因,经批准作营业外收入。

借:待处理财产损溢	20
贷:营业外收入	20

【例 5-7】

企业进行现金清查,发现现金短款 30 元。

借:待处理财产损溢	30
贷:库存现金	30

经核查,属于出纳员的责任,应由其赔偿

借:其他应收款——出纳员	30
贷:待处理财产损溢	30

任务实施

企业在财产清查中发现甲产品短缺800元。经查属于定额内正常损耗。对上述处理结果进行账务处理。

同 步 测 试

一、单项选择题

1. 库存现金盘点时,(   )必须在场。

    A. 记账人员　　　　　B. 出纳人员　　　　　C. 单位领导　　　　　D. 会计主管

2. 在企业与银行记账无误的情况下银行存款日记账与银行对账单余额不一致是由于有(   )存在。

    A. 应收账款　　　　　　　　　　　　B. 应付账款

    C. 未达账项　　　　　　　　　　　　D. 其他货币资金

3. 某企业仓库本期期末盘亏原材料原因已经查明,属于自然损耗,经批准后,会计人员应编制的会计分录为(   )。

    A. 借:待处理财产损溢

       贷:原材料

    B. 借:待处理财产损溢

       贷:管理费用

    C. 借:管理费用

       贷:待处理财产损溢

    D. 借:营业外支出

       贷:待处理财产损溢

4. 库存现金清查中无法查明原因的长款,经批准应计入(   )。

    A. 其他应收款　　　　B. 其他应付款　　　　C. 营业外收入　　　　D. 管理费用

5. 对盘亏的固定资产净损失经批准后可计入(   )账户的借方。

    A. 制造费用　　　　　B. 生产成本　　　　　C. 营业外支出　　　　D. 管理费用

6. "待处理财产损溢"账户未转销的借方余额表示(   )。

    A. 等待处理的财产损溢

    B. 等待处理的财产盘亏

    C. 尚待批准处理的财产盘盈数大于尚待批准处理的财产盘亏和毁损数的差额

    D. 尚待批准处理的财产盘盈数小于尚待批准处理的财产盘亏和毁损数的差额

7. 在财产清查中发现盘亏一台设备,其账面原值为80 000元,已提折旧20 000元,则该企业记入"待处理财产损溢"账户的金额为(   )元。

    A. 80 000　　　　　　B. 20 000　　　　　　C. 60 000　　　　　　D. 100 000

8. 下列记录可以作为调整账面数字的原始凭证的是(   )。

A. 盘存单　　　　　　　　　　　　　B. 实存账存对比表

C. 银行存款余额调节表　　　　　　　D. 往来款项对账单

9. 在企业进行财产清查时,发现存货盘亏,在报批前正确的账务处理方法为(　　　)。

  A. 借:库存商品

    贷:待处理财产损溢

  B. 借:待处理财产损溢

    贷:管理费用

  C. 借:管理费用

    贷:待处理财产损溢

  D. 借:待处理财产损溢

    贷:库存商品

10. 月末存在未达账项时,企业可以动用的银行存款数额是(　　　)。

  A. 企业银行存款日记账上的余额　　　B. 银行对账单上的存款余额

  C. 银行存款余额调节表中调节后的余额　　D. 企业现金日记账上的余额

11. 某企业在财产清查过程中,盘亏材料一批,计 5 000 元,经查明原因,属于非常损失的是 4 000 元,另外 1 000 元为自然损耗,经批准后,转销材料盘亏的会计分录为(　　　)。

  A. 借:管理费用　　　　　　　　　　　　　5 000

    贷:待处理财产损溢　　　　　　　　　　　　　5 000

  B. 借:营业外收入　　　　　　　　　　　　5 000

    贷:待处理财产损溢　　　　　　　　　　　　　5 000

  C. 借:管理费用　　　　　　　　　　　　　4 000

    营业外收入　　　　　　　　　　　　1 000

    贷:待处理财产损溢　　　　　　　　　　　　　5 000

  D. 借:管理费用　　　　　　　　　　　　　1 000

    营业外支出　　　　　　　　　　　　4 000

    贷:待处理财产损溢　　　　　　　　　　　　　5 000

12. 银行存款的清查方式,应采用(　　　)。

  A. 实地盘点法　　　　　　　　　　　B. 技术分析法

  C. 对账单法　　　　　　　　　　　　D. 抽样清查

13. 银行代企业支付的水电费,银行已入账,企业未收到通知,未入账且未用补记,在编制调节表时,该笔金额应在(　　　)。

  A. 企业日记账上加　　　　　　　　　B. 银行对账单上加

  C. 企业日记账上减　　　　　　　　　D. 银行对账单上减

14. 在实地盘存制下,正确的存货数量关系式为(　　　)。

  A. 期初账面结存数 + 本期收入数 − 本期发出数 = 期末账面结存数

  B. 期初账面结存数 + 本期收入数 − 本期盘点实存数 = 本期发出数

  C. 期初余额 + 本期增加额 − 本期减少额 = 期末余额

  D. 期初余额 + 本期增加额 − 期末余额 = 本期减少额

二、判断题

1. 企业的银行存款日记账与银行对账单所记的内容是相同的,都是反映企业的银行存款的增减变动情况。 （　　）

2. 全面清查是对企业所有财产物资进行全面的盘点和核对,包括各种在途物资,委托外单位加工、保管的材料。 （　　）

3. 盘点实物时,发现账面数大于实存数,即为盘盈。 （　　）

4. 实物盘点后,应根据"实存账存对比表"作为调整账面余额记录的原始依据。 （　　）

5. 银行存款余额调节表只是为了核对账目,并不能作为调整银行存款账面余额的原始凭证。 （　　）

6. 银行存款的清查应通过与开户银行核对账目的方法进行。 （　　）

7. 采用永续盘存制能在账面上及时反映各种财产物资的结存数,同时也需要对各项财产物资进行定期或不定期的清查盘点。 （　　）

8. 实地盘存制一般只适用于规模较大的企业或者价值很高和易于计量的物质核算。 （　　）

9. 通过财产清查,可以挖掘财产物资的潜力,有效利用财产物资,加速资金周转。（　　）

10. 企业的定期清查一般在期末进行,可以是全面清查,也可以是局部清查。 （　　）

三、名词解释

1. 财产清查　　2. 永续盘存制　　3. 实地盘存制　　4. 未达账项

四、综合题

1.【资料】某企业年末进行财产清查,清查结果如下:

(1) 库存现金溢余500元,无法查明原因。

(2) 盘亏材料10 000元,可以收回的保险赔偿和过失人赔款合计5 000元,剩余的净损失中有3 000元属于非常损失,2 000元属于自然损耗。

(3) 发现设备短缺一台,账面原价5 000元,已计提折旧1 000元。

【要求】对上述业务账务处理(写出审批前和审批后的会计分录)。

2.【资料】某企业2015年5月30日银行存款日记账余额为238 000元,银行对账单余额为243 000元。经逐笔核对,发现有几笔未达账项:

(1) 企业偿还A公司货款25 000元已登记入账,但银行尚未登记入账。

(2) 企业收到销售商品款35 000元已登记入账,但银行尚未登记入账。

(3) 银行已划转电费4 900元登记入账,但企业尚未收到付款通知单、未登记入账。

(4) 银行存款已收到外地汇入货款20 000元登记入账,但企业尚未收到收款通知、未登记入账。

【要求】编制银行存款余额调节表。

项目六　主要会计报表

引导案例

《孙子·谋攻篇》中说："知己知彼,百战不殆;不知彼而知己,一胜一负;不知彼,不知己,每战必殆。"

请思考:李三的企业如何做到知己知彼?

【案例解析】

一个企业要做到知己知彼,则要编制资产负债表和利润表,并能运用会计信息分析方法进行分析。

财务会计报告又称财务报告,是指企业对外提供的反映企业某一特定日期财务状况和某一会计期间经营成果、现金流量及其他重要信息的报告文件。企业的财务报告由会计报表、会计报表附注和其他应当在财务会计报告中披露的相关信息和资料组成。企业对外提供的会计报表至少包括:资产负债表、利润表、现金流量表、所有者权益变动表及附注。

任务一　编制资产负债表

知识目标

1. 理解资产负债表的内容、结构。
2. 掌握资产负债表的编制方法。

技能目标

能够编制简单的资产负债表并分析。

知识讲解

资产负债表是反映企业某一特定日期资产、负债和所有者权益状况的会计报表。资产负债表是一张静态报表,它显示出企业某一报表日所拥有或控制的资产总量及分布状况、负债金额及其构成情况,以及企业投资者对本企业所持有的权益状况及其形成的原因。

一、资产负债表的内容和结构

(一)资产负债表的内容

资产负债表是由资产、负债、所有者权益这三个会计要素组成的,资产负债表是根据"资产 = 负债 + 所有者权益"这一会计恒等式而设计的,按照一定的分类标准和顺序,把企业一定日期的资产、负债和所有者权益各项目适当安排,反映企业资产、负债、所有者权益的总体规模和结构。

在资产负债表中,企业通常按照资产、负债、所有者权益分类分项反映。资产和负债按其流动性大小进行列示;所有者权益则按在企业的永久性程度进行列示。

(二)资产负债表的结构

资产负债表一般有表首和正表两部分组成,其中表首概括说明报表名称、编制单位、编制日期、报表编号、货币名称、计量单位等。正表是资产负债表的主体,列示了用以说明企业某一特定日期财务状况的各个项目。资产负债表的正表格式一般有两种:报告式和账户式。报告式资产负债表是上下结构,上半部列示资产,下半部列示企业的负债和所有者权益,具体格式见表6-1。账户式资产负债表是左右结构,左边列示资产各项目,反映全部资产的分布以及存在形态;右边列示负债和所有者权益各项目,反映全部负债和所有者权益的内容以及构成情况,具体格式见表6-2。

表6-1 报告式资产负债表

资产
流动资产×××
长期股权投资××××
固定资产××××
无形资产××××
其他资产××××
资产合计××××
负债
流动负债××××
长期负债××××
负债合计××××
所有者权益
实收资本××××
资本公积××××
盈余公积××××
未分配利润××××
所有者权益合计××××

表 6-2　资产负债表　　　　　　　　　　会企 01 表

编制单位：××××　　　　　　　　年　月　日　　　　　　　　　　单位：元

资　产	行次	期末余额	年初余额	负债和所有者权益	行次	期末余额	年初余额
流动资产：				流动负债：			
货币资金				短期借款			
交易性金融资产				交易性金融负债			
应收票据				应付票据			
应收账款				应付账款			
预付账款				预收账款			
其他应收款				应付职工薪酬			
应收利息				应交税费			
应收股利				应付利息			
存货				应付股利			
一年内到期的非流动资产				其他应付款			
其他流动资产				一年内到期的非流动负债			
流动资产合计				其他流动负债			
非流动资产：				流动负债合计			
可供出售金融资产				非流动负债：			
持有至到期投资				长期借款			
长期应收款				应付债券			
长期股权投资				递延所得税负债			
固定资产				其他非流动负债			
在建工程				非流动负债合计			
工程物资				负债合计			
固定资产净值				所有者权益（或股东权益）：			
无形资产				实收资本（或股本）			
商誉				资本公积			
长期待摊费用				盈余公积			
递延所得税资产				未分配利润			
其他长期资产				所有者权益（或股东权益）合计			
其他非流动资产							
非流动资产合计							
资产总计				负债及所有者权益总计			

我国资产负债表格式采用账户式。

二、资产负债表的编制方法

资产负债表是静态报表,在编制该表时,应根据有关账户的期末余额填列。资产负债表一般采用对比式填列,即各项目均对比填列"期末余额"和"年初余额",这样有利于进行纵向对比分析,了解各项目在本期的增减变动,便于年末现金流量表的编制。

(一)资产负债表中"年初余额"的填列方法

资产负债表中"年初余额"栏内各项数字,应根据上年末资产负债表"期末余额"栏内所列数字填列。如果本年度资产负债表规定的各项目名称和内容同上年度不一致,应对上年年末资产负债表各项目的名称和数字按照本年度的规定进行调整,填入资产负债表"年初余额"栏内。

(二)资产负债表"期末余额"的填列方法

资产负债表"期末余额"栏内各项数字,应根据有关账簿记录填列。大多数报表项目可直接根据总分类账户的期末余额填列,少数报表项目则需要根据总分类账户余额分析填列。具体方法主要有以下几种情况:

1. 直接根据总分类账户的期末余额填列

根据总分类账户的期末余额直接填列的报表项目有:应收票据、应收股利、应收利息、固定资产清理、递延所得税负债、短期借款、交易性金融负债、应付票据、应付职工薪酬、应付股利、应交税费、实收资本、资本公积、盈余公积等。这类报表项目名称与账户名称完全一致,或者虽不完全一致,但其含义相同。

【例6-1】

某企业2015年12月31日结账后,"应交税费"账户余额为贷方150 000元。

则该企业2015年12月31日的资产负债表中,"应交税费"项目金额为150 000元。

【例6-2】

某企业2015年12月31日结账后,"资本公积"账户余额为贷方2 000 000元。

则该企业2015年12月31日的资产负债表中,"资本公积"项目金额为2 000 000元。

2. 根据几个总分类账户的期末余额合计填列

当报表项目与账户名称完全不一致时,应根据各个指标的含义和有关账户的关系,采用几个账户余额之和的方法进行填列。例如:

(1)"货币资金"项目,应根据"库存现金""银行存款""其他货币资金"账户余额合计填列。

(2)"存货"项目,应根据"原材料""库存商品""生产成本""周转材料""材料成本差异""委托加工物资"等账户余额之和("材料成本差异"若为贷方余额,则相减)减去"存货跌价准备"合计填列。

(3)"未分配利润"项目,在平时,应根据"本年利润"账户和"利润分配"账户的余额计算填列,未弥补的亏损,用"-"填列;"本年利润"账户和"利润分配"账户的余额均在贷方的,用二者余额之和填列;余额均在借方的,用二者余额之和以"-"填列;二者余额一个在借方,一个在贷方的,用二者余额相抵后的差额填列,如为借差以"-"填列。但在年末,可直接根据

"利润分配"账户的年末余额进行填列,如为借方余额以"－"填列。

【例6－3】

某企业2015年12月31日结账后,"库存现金"账户余额为5 000元,"银行存款"账户余额为300 000元,"其他货币资金"账户余额为120 000元。

则该企业2015年12月31日的资产负债表中,"货币资金"项目金额＝5 000＋300 000＋120 000＝425 000(元)。

【例6－4】

某企业2015年12月31日结账后,"原材料"账户余额为3 000元,"周转材料"账户余额为40 000元,"生产成本"账户余额为65 000元,"库存商品"账户余额为8 000元,"在途物资"账户余额为2 000元,"存货跌价准备"账户余额为1 000元。

则该企业2015年12月31日的资产负债表中,"存货"项目金额＝3 000＋40 000＋65 000＋8 000＋2 000－1 000＝117 000(元)。

【例6－5】

某企业2015年6月30日结账后,"本年利润"账户余额为借方9 000元,"利润分配"科目账户为贷方50 000元。

则该企业2015年6月30日的资产负债表中,"未分配利润"项目金额＝50 000－9 000＝41 000(元)。

【例6－6】

某企业2015年6月30日结账后,"本年利润"账户余额为贷方150 000元,"利润分配"账户余额为借方250 000元。

则该企业2015年6月30日的资产负债表中,"未分配利润"项目金额＝150 000－250 000＝－100 000元。

3. 根据有关明细账户的余额计算分析填列

资产负债表中某些项目,应根据有关明细账户的期末余额分析填列。这些报表项目如下:

(1)"应收账款"和"预收账款"。报表中的"应收账款"项目应根据"应收账款"和"预收账款"总分类账户所属各明细账户的期末借方余额之和,减去"坏账准备"账户中有关应收账款计提的坏账准备期末贷方余额后的数额填列,报表中"预收账款"项目应根据"预收账款"和"应收账款"总分类账户所属明细账户期末贷方余额之和合计填列。

(2)"应付账款"和"预付账款"。报表中的"应付账款"项目应根据"应付账款"和"预付账款"总分类账户所属明细账户的期末贷方余额之和合计填列;报表中"预付账款"项目应根据"预付账款"和"应付账款"总分类账户所属明细账户的期末借方余额之和合计填列。

【例6－7】

某企业2015年12月31日结账后,有关账户余额如表6－3所示。

表6-3 往来账户年末余额表

单位:元

科目名称	总账科目余额		明细账科目余额	
	借方余额	贷方余额	借方余额	贷方余额
应收账款	200 000			
——A 公司			300 000	
——B 公司				100 000
预收账款		8 000		
——C 公司				8 000
应付账款		120 000		
——D 公司				200 000
——E 公司			100 000	
——F 公司				20 000
预付账款	5 000			
——G 公司			5 000	

则该企业 2015 年 12 月 31 日的资产负债表中,有关项目金额如下:

"应收账款"项目金额 = 300 000(元)

"预收账款"项目金额 = 10 000 + 8 000 = 108 000(元)

"应付账款"项目金额 = 200 000 + 20 000 = 220 000(元)

"预付账款"项目金额 = 100 000 + 5 000 = 105 000(元)

4. 根据有关资产账户与其备抵账户相减后的净额填列

报表中的有关项目,根据原账户与其备抵调整账户相减进行填列。例如报表中"固定资产"项目,根据"固定资产"账户的期末借方余额减去"累计折旧""固定资产减值准备"等账户的期末贷方余额填列。具有相同性质的报表项目有:持有至到期投资、应收账款、其他应收款、存货、长期股权投资、长期债权投资、在建工程、无形资产等。

【例6-8】

某企业 2015 年 12 月 31 日结账后,"固定资产"账户余额为 800 000 元,"累计折旧"账户余额为 200 000 元,"固定资产减值准备"账户余额为 50 000 元。

该企业 2015 年 12 月 31 日的资产负债表中,"固定资产"项目金额 = 800 000 - 200 000 - 50 000 = 550 000(元)。

三、资产负债表编制实例

【例6-9】

××股份有限公司 2015 年 12 月 31 日有关账户余额见表 6-4。

根据上述资料,编制该公司 2015 年 12 月 31 日的资产负债表,见表 6-5。

表 6-4　会计账簿余额表

总账账户	明细账账户	借方余额	贷方余额	总账账户	明细账账户	借方余额	贷方余额
库存现金		6 500.00		短期借款			10 000.00
银行存款		1 350 000.00		应付票据			20 000.00
其他货币资金		8 000.00		应付账款			350 000.00
					—X 公司	150 000.00	
					—Y 公司		280 000.00
					—Z 公司		220 000.00
交易性金融资产		10 000.00		预收账款			50 000.00
					—C 企业	30 000.00	
					—D 企业		80 000.00
应收票据		45 000.00		应付职工薪酬			210 000.00
应收账款		500 000.00					
	—甲企业	400 000.00					
	—乙企业	250 000.00					
	—丙企业		100 000.00				
	—丁企业		50 000.00				
预付账款		93 000.00		坏账准备			2 000.00
	—A 公司	100 000.00					
	—B 公司		7 000.00				
其他应收款		5 000.00		应交税费			63 000.00
生产成本		48 000.00		其他应付款			30 000.00
在途物资		230 000.00					
原材料		76 000.00		应付股利			1 500.00
库存商品		1 370 000.00		长期借款			520 000.00
					一年内到期的长期借款		200 000.00
				实收资本			4 700 000.00
持有至到期投资	一年内到期的债券投资	200 000.00 80 000.00		资本公积			100 000.00
固定资产		1 800 000.00		盈余公积			200 000.00
工程物资		150 000.00		利润分配	—未分配利润		190 000.00
在建工程		350 000.00		累计折旧			250 000.00
无形资产		360 000.00		固定资产减值准备		5 000.00	
其他长期资产		100 000.00					
合计		6 701 500.00		合计			6 701 500.00

表6-5　资产负债表　　　　　　　　　　　会企01表

编制单位：××股份有限公司　　　　　2015年12月31日

资　　产	行次	期末余额	年初余额	负债和所有者权益	行次	期末余额	年初余额
流动资产：				流动负债：			
货币资金		1 364 500.00	略	短期借款		10 000.00	略
交易性金融资产		10 000.00		交易性金融负债			
应收票据		45 000.00		应付票据		20 000.00	
应收账款		678 000.00		应付账款		507 000.00	
预付账款		250 000.00		预收账款		230 000.00	
其他应收款		5 000.00		应付职工薪酬		210 000.00	
应收利息				应交税费		63 000.00	
应收股利				应付利息			
存货		1 724 000.00		应付股利		1 500.00	
一年内到期的非流动资产		80 000.00		其他应付款		30 000.00	
其他流动资产				一年内到期的非流动		200 000.00	
流动资产合计		4 156 500.00		负债			
非流动资产：				其他流动负债			
可供出售金融资产				流动负债合计		1 271 500.00	
持有至到期投资		120 000.00		非流动负债：			
长期应收款				长期借款		320 000.00	
长期股权投资				应付债券			
固定资产		1 545 000.00		递延所得税负债			
在建工程		350 000.00		其他非流动负债			
工程物资		150 000.00		非流动负债合计			
固定资产清理				负债合计		1 591 500.00	
无形资产		360 000.00		所有者权益（或股东权益）：			
商誉				实收资本（或股本）		4 700 000.00	
长期待摊费用				资本公积		100 000.00	
递延所得税资产				盈余公积		200 000.00	
其他非流动资产		100 000.00		未分配利润		190 000.00	
非流动资产合计		2 625 000.00		所有者权益（或股东权益）合计		5 190 000.00	
资产总计		6 781 500.00		负债及所有者权益总计		6 781 500.00	

表6-5中数据的来源：年初数来源于2014年末资产负债表中"期末余额"的数据（略）；期末数主要根据表6-4进行填列，现将期末数一栏中需要进行计算的有关金额说明如下：

（1）货币资金＝库存现金＋银行存款＋其他货币资金

$$＝6\ 500.00＋1\ 350\ 000.00＋8\ 000.00＝1\ 364\ 500.00（元）$$

（2）应收账款＝应收账款所属明细科目的借方余额＋预收账款所属明细科目的借方余额
－坏账准备贷方余额。

$$=400\,000.00+250\,000.00+30\,000.00-2\,000.00=678\,000.00（元）$$

（3）预收账款＝应收账款所属明细科目的贷方余额＋预收账款所属明细科目的贷方余额

$$=100\,000.00+50\,000.00+80\,000.00=230\,000.00（元）$$

（4）应付账款＝应付账款所属明细科目的贷方余额＋预付账款所属明细科目的贷方余额

$$=280\,000.00+220\,000.00+7\,000.00=507\,000.00（元）$$

（5）预付账款＝预付账款所属明细科目的借方余额＋应付账款所属明细科目的借方余额

$$=100\,000.00+150\,000.00=250\,000.00（元）$$

（6）存货＝生产成本＋在途物资＋原材料＋库存商品

$$=48\,000.00+230\,000.00+76\,000.00+1\,370\,000.00=1\,724\,000.00（元）$$

（7）固定资产＝固定资产总账借方余额－累计折旧贷方余额－固定资产减值准备贷方余额

$$=1\,800\,000.00-250\,000.00-5\,000.00=1\,545\,000.00（元）$$

（8）长期借款＝长期借款总账贷方余额－一年内到期的长期借款＝520\,000.00－
200\,000.00＝320\,000.00（元）

任务实施

根据"项目二"同步测试内容编制资产负债表，填入表 6－2 中。

任务二　编制利润表

知识目标

1. 理解利润表的内容、结构。
2. 掌握利润表的编制方法。

技能目标

能够解释利润表的内容和方法并能简单分析。

知识讲解

利润表是反映企业在一定会计期间（如月份、半年度、年度）经营成果的报表。利润表反映企业在一定时期内的利润额及利润构成情况。通过利润表，可以了解企业的获利能力，预测企业未来收入、费用的发展变化趋势。

一、利润表的内容和结构

(一)利润表的内容

利润表是根据"收入－费用＝利润"这一会计等式编制的,它由收入、费用、利润这三个会计要素组成。通常,利润表按各项收入、费用以及构成利润的各个项目分项列示。收入通常按其重要性进行列示,主要指主营业务收入、其他业务收入、公允价值变动收益、投资收益、营业外收入;费用按其性质进行列示,主要指主营业务成本、营业税金及附加、其他业务成本、销售费用、管理费用、财务费用、营业外支出、所得税费用等。这里的收入和费用概念应从广义上加以理解。

(二)利润表的结构

利润表一般包括表首、正表两部分。表首有报表名称、编制单位、编制日期、报表编号、货币名称、计量单位等;正表是利润表的主体,反映形成企业经营成果的各个项目,各个项目又分为"本期金额"和"上期金额"两栏。

利润表正表的结构一般有两种:单步式利润表和多步式利润表。单步式利润表是将当期所有的收入列在一起,所有的费用列在一起,二者相减,即计算出企业的当期利润,单步式利润表计算简单,见表6-6。

表 6-6　利润表(单步式)

项 目	金 额	项 目	金 额
收入:		营业税金及附加	
营业收入		销售费用	
公允价值变动收益		管理费用	
投资收益		财务费用	
营业外收入		投资损失	
收入合计		营业外支出	
减:成本与费用		所得税费用	
营业成本		净利润	

多步式利润表是按照企业利润的构成内容,分层次、分步骤地逐项计算编制,能够分层次地提供利润总额的构成,通常可分为以下几步:

1. 营业利润

从营业收入开始,减去为取得营业收入而发生的营业成本、营业税金及附加、期间费用(销售费用、管理费用、财务费用),加(减)公允价值变动收益(变动损失),加(减)投资收益(投资损失)后,得出企业的营业利润。

2. 利润总额(或亏损总额)

利润总额(或亏损总额)是在营业利润的基础上,加上营业外收入,减去营业外支出后得出。

3. 净利润(或净亏损)

净利润(或净亏损)是在利润总额(或亏损总额)的基础上,减去本期计入损益的所得税费用后得出。

多步式利润表最大的优点是:利润的构成内容非常清楚,排列上体现了配比原则,提供的会计信息便于多层次的进行财务分析,较好满足各信息使用者的信息需求,我国当前所采用的

是多步式利润表,具体格式见表6-7。

表6-7　利　润　表　　　　　　　　会企02表

编制单位:　　　　　　　　　　　　　年　　　月　　　　　　　　　　　　　单位:元

项　　目	行次	本期金额	上期金额
一、营业收入			
减:营业成本			
营业税金及附加			
销售费用			
管理费用			
财务费用			
加:公允价值变动收益(损失以"-"号填列)			
投资收益(损失以"-"号填列)			
其中:对联营企业和合营企业的投资收益			
二、营业利润(亏损以"-"号填列)			
加:营业外收入			
减:营业外支出			
其中:非流动资产处置损失			
三、利润总额(亏损以"-"号填列)			
减:所得税费用			
四、净利润(净亏损以"-"号填列)			
五、每股收益			
(一)基本每股收益			
(二)稀释每股收益			

二、利润表的编制方法

利润表一般应根据期末结转前各损益类账户本期发生额分析计算填列。

我国采用多步式利润表的格式,利润表中列示有"本期金额"和"上期金额"两栏,"上期金额"填列方法直接从上期报表抄列,如果上期利润表的项目名称和内容与本期利润表不一致,应对上期报表项目的名称和内容按本期的规定进行调整,填入报表中的"上期金额"栏。

报表中"本期金额"一栏数据应根据损益类各账户的本期发生额分析填列,具体操作方法如下:

(一)根据各有关账户的本期实际发生额填列

主要包括:"营业税金及附加"、"销售费用"、"管理费用"、"财务费用"、"公允价值变动收益"(损失在金额前加"-"号填列)、"投资收益"(损失在金额前加"-"号填列)、"营业外收入""营业外支出"和"所得税费用"。

(二)根据各有关账户的本期实际发生额之和填列

主要包括:"营业收入""营业成本"项目。"营业收入"项目根据"主营业务收入"和"其他业务收入"两个账户本期发生额之和填列,"营业成本"项目根据"主营业务成本"和"其他业务成本"两个账户本期发生额之和填列。

(三)根据利润表中有关项目金额计算填列

利润表分不同层次计算利润指标,反映企业的经营成果,最终计算出净利润,相关利润项目包括"营业利润""利润总额""净利润"三个项目,按照其所属加减项目计算填列。

三、利润表编制实例

【例 6 - 10】

××有限公司2015年度各损益类账户本年发生额表6-8所示。

表6-8 2015年度损益类账户发生额

账户名称	2015年度发生额		账户名称	2015年度发生额	
	借方	贷方		借方	贷方
主营业务收入		48 000 000.00	其他业务成本	13 000 000.00	
其他业务收入		17 200 000.00	销售费用	8 400 000.00	
投资收益	2 400 000.00		管理费用	7 600 000.00	
营业外收入		600 000.00	财务费用	5 200 000.00	
主营业务成本	16 000 000.00		营业外支出	400 000.00	
营业税金及附加	8 000 000.00		所得税费用	1 200 000.00	

根据上述资料,编制××有限公司2015年度的利润表,如表6-9所示。

表6-9 利 润 表 会企02表

编制单位:××有限公司 2015年

项 目	行次	本期金额	上期金额
一、营业收入		65 200 000.00	略
减:营业成本		29 000 000.00	
营业税金及附加		8 000 000.00	
销售费用		8 400 000.00	
管理费用		7 600 000.00	
财务费用		5 200 000.00	
加:公允价值变动收益(损失以"-"号填列)			
投资收益(损失以"-"号填列)		-2 400 000.00	
其中:对联营企业和合营企业的投资收益			
二、营业利润(亏损以"-"号填列)		4 600 000.00	
加:营业外收入		600 000.00	
减:营业外支出		400 000.00	
其中:非流动资产处置损失			
三、利润总额(亏损以"-"号填列)		4 800 000.00	
减:所得税费用		1 200 000.00	
四、净利润(净亏损以"-"号填列)		3 600 000.00	
五、每股收益			
(一)基本每股收益			
(二)稀释每股收益			

任务实施

根据以下资料,编制利润表(该企业所得税税率25%),填入表6-7中:

某公司2015年12月31日各损益类账户全年累计发生额如下:

总分类账户	借方发生额	贷方发生额
主营业务收入		1 300 000.00
其他业务收入		150 000.00
投资收益		50 000.00
营业外收入		30 000.00
主营业务成本	8 200 000.00	
营业税金及附加	36 000.00	
其他业务成本	110 000.00	
销售费用	5 000.00	
管理费用	116 500.00	
财务费用	2 000.00	
营业外支出	18 000.00	

任务三　分析会计信息

知识目标

1. 理解会计信息分析方法。
2. 掌握各种分析指标的内涵、计算公式。

技能目标

能够理解并简单运用会计信息分析方法。

知识讲解

一、会计信息分析的基本步骤

会计信息分析一般包括以下几个步骤:

（1）明确分析目标。会计信息分析的目标随着使用者信息需要的不同而不同,投资者需要了解有关企业投资风险与回报的信息,债权人需要企业偿债能力方面的信息。不同的分析目标所需要的资料及采用的分析方法也有所不同。因此,在进行会计信息分析前,必须明确分析的目标。

（2）制定分析方案。分析方案包括分析的范围、方法选择、工作分工组织、进度安排、资料来源等。

（3）收集资料。一般来说,需要收集以下几个方面的资料:①国民经济宏观运行信息;②行业发展信息;③竞争对手或同类企业的各种财务、非财务信息;④企业内部各种财务、非财务信息。

（4）整理分析资料。核查所收集的资料是否真实可靠,是否与分析目标相关;联系企业的经营环境,探求数据之间的因果关系;揭示企业现行的财务状况与经营成果;预测企业未来的经营前景。

（5）最后回答分析问题。

二、会计信息分析的基本方法

（一）比较分析法

比较分析法以企业当年所编制的财务报表信息为依据,与前期、计划及同行业或资本市场平均水平等指标进行对比,提供有关企业当期经营业绩大致变化水平的信息。

1. 公司内部比较分析

企业内部比较分析是指对企业内部有关部门数据进行对比分析,包括趋势分析和结构分析。趋势分析包括绝对数趋势分析和百分比趋势分析,是以企业现在和过去的历史资料相比较,以评价企业财务业绩和状况的方法。总体结构分析又叫纵向分析,是以百分比的形式表述公司在一个特定期间内,财务报表项目与某一共同项目之间的关系。

2. 公司间的比较分析

公司间的比较分析是将公司的业绩与竞争对手的业绩相比、与整个行业相比或与相关的企业相比。在比较分析时,可以比较一期,也可以与过去多期相比较。比较的基础可以是比率、发展趋势或结构。

（二）比率分析法

比率分析法是指利用同一时期财务报表中两项相关数值之比来揭示企业的财务状况、经营成果及相关项目之间内在联系的分析方法,是最基本的分析方法,在实践中得到最为广泛的应用。

1. 盈利能力分析

盈利能力比率考核企业的盈利能力,具体指利润与投入资产的关系。用以反映企业盈利能力的比率,一般有资产报酬率、净资产报酬率、销售毛利率等。

（1）资产报酬率,也称全部资产报酬率,指的是息前利润与平均资产总额的比率,以反映运用全部经济资源的获利能力,其计算公式如下:

$$资产报酬率 = 息前利润/平均总资产$$

其中,息前利润计算为"净利润 + 利息费用（1 − 税率）"。资产报酬率越高,表明投资盈利水平就越高,企业获利能力也越强;反之则相反。

（2）净资产报酬率,也称所有者权益报酬率,指的是净利润与净资产的比率,它是反映企业获利能力的一个重要指标。其计算公式如下:

$$净资产报酬率 = 净利润 / 净资产平均余额$$

该比率越大,表明企业所有者所享有的净利润就越多,投资盈利水平就越高,企业获利能力相应地也越强;反则亦然。

（3）销售毛利率,也称边际利润率,是指销售利润总额和销售收入净额的比率,其计算公式如下:

$$销售毛利率 = 产品销售利润总额 / 产品销售收入净额$$

该比率常用于衡量企业产品销售收入的获利能力,包括对销售过程成本和费用的控制能力。企业的销售成本和期间费用越低,企业销售收入的获利能力就越高。

2. 资产运营效率分析

资产运营效率比率也称周转比率,是反映企业资产运转快慢、评价企业资产流动性的方法。

（1）资产周转率,指的是销售收入净额与资产总额的比率,反映企业对其所拥有的全部资产的有效利用程度,其计算公式如下:

$$资产周转率 = 销售收入净额 / 资产平均余额$$

一般而言,当其他条件不变的情况下,销售上升时,资产周转率也上升,表明企业各项资产的运用效率提高,企业管理水平上升;反之则相反。

（2）应收账数周转率,亦称应收账款周转次数,指的是企业销售净额与应收账款平均余额的比率,用以反映企业应收账款收回的速度和管理效率,其计算公式如下:

$$应收账款周转率 = 销售收入净额 / 应收账款平均余额$$

$$应收账款平均收账期 = (应收账款平均余额 / 销售收入净额) \times 365$$

$$= 365 / 应收账款周转率$$

上式中,销售净额是销售收入（包括赊销收入和现销收入）扣除销售退回、折扣与折让后的净额。应收账款平均余额应按应收票据和应收账款扣除坏账准备后的净额的期初余额和期末余额平均计算。

应收账款周转率越高,表明应收账款的管理效率越高,短期偿债能力越强。因为,该比率越高,说明企业收款迅速,可减少坏账损失而且资产的流动性强,偿债能力也强。但过高的应收账款周转率也可能说明企业在赊销政策方面存在问题,或为及早收回款项而给予顾客过高的现金折扣,从而降低企业的盈利水平,或奉行严格的信用政策,付款条件过于苛刻,从而虽然降低了应收账款数额,但同时限制了企业销售量,影响企业的销售收入,最终影响企业的盈利水平。

（3）存货周转率,亦称存货利用率,指的是企业在某一特定期间的销售成本同存货平均余额的比率,反映企业在特定期间存货周转速度,以衡量企业销售商品的能力、经营绩效及偿债能力,其计算公式如下:

$$存货周转率 = 销售成本 / 平均存货$$

$$存货平均周转天数 = (平均存货 / 销售成本) \times 365 = 365 / 存货周转率$$

一般地说,该比率越高越好。该比率高,表明企业存货管理越有效率,存货变现能力越强。存货周转率越高,存货积压的风险相对降低,资产使用效率也越高。但过高的周转率也可能表明该企业的存货管理水平过低,从而导致经常缺货,影响正常生产经营活动进行;或由于采购次数过于频繁,每次订量过小而增加存货采购成本。存货周转率过低,往往表明存货管理不善,造成资金沉淀,销售不畅,存货积压。

(4)应付账款周转率,是指年内应付账款的周转次数或周转天数。计算公式如下:

$$应付账款周转率 = 购货成本 / 应付账款平均余额$$

$$应付账款平均周转天数 = (应付账款平均余额 / 购货成本) \times 365$$

$$= 365 / 应付账款周转天数$$

其中购货成本是销货成本加上期末存货成本减去期初存货成本。周转次数越高或平均周转天数越低,表明购买存货和现金支付之间的时间就越短。

3. 短期偿债能力分析

短期偿债能力的关键比率主要有流动比率、速动比率、现金比率、速动资产够用天数等。

(1)流动比率,指的是企业流动资产总额与流动负债总额的比率,用以衡量企业在某一时点用现有的流动资产去偿还到期流动负债的能力。计算公式如下:

$$流动比率 = 流动资产 / 流动负债$$

一般地说,该比率越高,表明企业资产的流动性越大,变现能力越强,短期偿债能力相应越高。长期经验证明,流动比率一般维持在2:1左右,就视为企业具有充裕的短期偿债能力,为此,流动比率习惯上亦称为2与1比率。

(2)速动比率。尽管流动比率能较好地反映企业资产的流动性和短期偿债能力,但由于流动资产包括了一部分流动性较差的资产(如存货)和部分几乎没有变现能力的资产(如待摊费用或预付费用)。如果这部分资产在流动资产中所占份额较高,流动比率用于衡量企业短期偿债能力的作用将大打折扣。为此,实践中产生了一种新的比率,即将流动资产中变现能力较差的资产(如存货)剔除,形成所谓"速动资产"。以速动资产总额与流动负债总额比较,就是"速动比率",亦称"酸性测验比率"(acid test ratio)。它用于衡量企业在某一时点上运用随时可变现流动资产偿付到期流动负债的能力。计算公式如下:

$$速动资产 = 流动资产 - 存货$$

$$速动比率 = 速动资产 / 流动负债$$

一般来说,速动比率应维持在1:1以上,即速动资产应至少与流动负债相等,企业才具有较强的短期偿债能力,短期债权人如期收回债权的安全系数高。

(3)现金比率。如果一个企业处于财务困境,它的存货和应收账款被抵押或者流动不畅,企业的偿债能力降低,则企业资产的流动性只有依靠现金和有价证券。因此评价企业短期偿债能力的最佳指标是现金比率,其计算公式为:

$$现金比率 = (现金 + 有价证券) / 流动负债$$

(4)速动资产够用天数,指现有速动资产可以支持企业日常现金支出的天数,其计算公式为:

$$速动资产够用天数 = 速动资产 / 每日经营支出$$

上式中每日经营支出是通过销售成本加上销售和管理费用及其他现金支出,再除以365天后计算求得。

速动资产够用天数为投资者在决定企业满足日常经营支出的能力方面建立了一个安全范围。它反映企业可以用部分速动资产偿还短期负债而不会影响日常支付的能力。如果速动资

产够用天数较高,一方面说明企业具有较强的短期偿债能力,另一方面也表明企业具有较高的自我保护能力。

4. 资本结构比率分析

资本结构比率是反映企业长期偿债能力的指标,它向企业的长期债券持有人和股东提供对公司投资安全(风险)程度的信息。

(1)资产负债率,亦称举债经营比率,指的是负债总额与资产总额之比,它通过企业由债权人提供的资本占资产总额的比重,表明企业负债水平高低和长期偿债能力,反映债权人提供贷款的安全程度。计算公式如下:

$$资产负债率 = 负债总额/资产总额$$

一般地说,负债比率越小,资产对债权人的保障程度就越高。因为它说明企业资产中,债权人提供的资金越少,所有者投入的资金就越多,这样企业本身的财力就越强;反之,负债比率越高,企业长期偿债能力越差,债权人收回债权的保障就越低,债权人面临的风险就越大。如果负债比率大于100%,则表明企业已资不抵债,面临破产的危险,债权人将蒙受损失。

(2)财务杠杆,是指企业在安排资本结构时,合理安排借入资金与股东权益的比例。当借入资金的投资报酬率高于利息率时,借入资金对股东权益的比率越大,股东权益报酬率越高;反之亦然。

$$财务杠杆 = 资产总额/所有者权益总额$$

(3)利息保障倍数,是用息税前收益除以利息费用得出的,常用于评价公司所赚取收益支付利息费用的能力和债权人在公司投资的安全性,其计算公式为:

$$利息保障倍数 = (税前利润 + 利息费用)/利息费用$$

一般而言,利息保障倍数越高,公司支付利息的能力就越强。

5. 股东盈利比率分析

股东盈利比率是反映公司股东获利目标的指标。

(1)每股收益,是财务分析中最重要的指标之一。每股收益的计算相当复杂,如果公司资本结构中没有可能冲减每股收益的证券,每股收益可以简单地通过净利润减去优先股股利再除以发行在外的普通股加权平均数进行计算。

$$每股收益 = (净利润 - 优先股股利)/流通在外普通股加权平均数$$

在分析每股收益时,应注意公司可以利用股票回购的方式减少发行在外的普通股股份数,使每股收益简单增加。另外,如果公司派发股票股利或配售股票,就会使流通在外的股份数增加,这样将会稀释每股收益,因此要计算摊薄每股收益。

与每股收益相对应的是每股经营现金流量,可以反映会计收益是否伴随着相应的经营现金流入,有助于衡量会计收益质量。其计算公式为:

$$每股经营现金流量 = (经营现金流量 - 优先股股利)/流通在外普通股加权平均数$$

(2)市盈率,也称价格与收益比率,是指普通股每股市价与每股盈利(收益)的比率,其计算公式为:

$$市盈率 = 普通股每股市价/普通股每股收益$$

该比率常常被投资者作为判断股票价格是否具有吸引力的一种依据。它反映股东每得1元收益所需要付出的代价。从理论上讲,市盈率越低的股票越具有投资价值。与其他类似公司相比,市盈率越高,表明该公司股价中泡沫成分可能越多。运用这一指标时,要考虑公司的成长性。

（3）股利支付率，是现金股利与净收益的比率。该比率不考虑发行在外的优先股，它主要衡量在普通股的每股收益中，有多大比例用于支付股利。其计算公式为：

$$股利支付率 = 现金股利/(净利润 - 优先股股利)$$

（三）财务比率的综合分析

财务比率之间具有内在的经济关系，例如总资产报酬率就是由净利润和总资产周转率相乘得到的，这两个比率中的任何一个发生变化，都会导致总资产报酬率的变化。财务比率之间的这种相互关系对财务分析具有非常重要的意义。杜邦分析就是财务比率综合分析的一个典型例子。

杜邦分析方法是将财务比率逐层分解，以揭示比率之间的相互关系，找出驱动股东回报率的因素。图6-1所示为杜邦分析示意图。

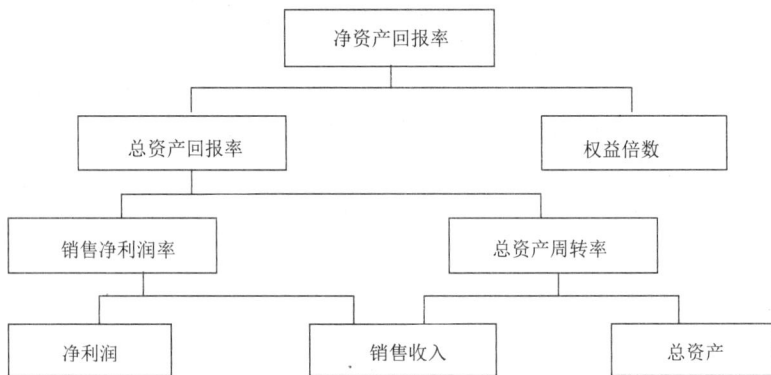

图6-1 杜邦分析示意图

三、会计信息分析应注意的问题

（一）参照标准问题

对会计信息进行分析，一定要有参照标准。一般地说，会计信息的参照标准包括定量标准和定性标准。在进行会计信息分析时，还要考虑多方面的因素，进行综合判断，如通货膨胀、外币报表折算，会计报表合并，会计政策及财务制度的变更等都在不同程度上影响着会计信息分析的可靠性。

（二）会计信息的特征及其局限性

现行财务会计系统所提供的财务信息主要反映已发生的历史事项，它与使用者决策所需要的有关未来的信息的相关性较低。

现行财务会计系统主要提供以货币表示的财务信息，因此无法反映许多影响企业财务状况或经营成果的重要信息。

现行会计原则对同一经济业务允许采用不同的会计处理方法，并且需要对许多事项进行估计，从而给人为操纵会计信息提供了机会，并降低了财务信息的可比性。

现行会计信息系统是建立在一系列会计假设的基础上，容易使人们混淆名义数值与实际数值之间的关系。

项目六 主要会计报表

（三）连续事项与非连续事项

连续事项是经常的、持久的，与这类事项有关的信息具有较强的可预测性。非连续事项只是偶然发生的、暂时的现象，对企业的影响一般不是长远的，与这类事项有关的信息预测价值较小。

（四）可控事项与不可控事项

可控因素是指那些企业管理人员可以控制的因素，如生产经营计划。不可控事项是指那些管理人员无法控制、但又对生产经营具有影响的事项，如国家宏观经济政策、自然灾害等。因此，认识可控事项与不可控事项对企业业绩的不同影响对合理评价企业和管理人员的业绩十分重要。

（五）单一报表与合并报表

如果公司控制一个或多个下属公司，其对外公布的报表一般要合并其下属公司的报表。不同的报表需求者有不同目的，因而需求的信息也不同。一般而言，股票投资者可能更关注合并报表；而对债权人而言，从单一报表中得到的信息更有助于其信贷决策。因此财务报表分析由于信息需求的主体不同，其出发点也不同。

（六）单一经营与多元化经营

如果一个公司同时在几个不同行业经营，就很难选择行业参照标准。在这种情况下，准则会要求公司提供按行业或地区报告的分部财务报告，以便于财务分析师能正确地对公司作出评价。

任务实施

根据下列资料，填写完整资产负债表：

某公司 2015 年末资产负债表简略形式如下：

资产负债表（简化格式）

2015 年 12 月 31 日   单位：万元

资产	期末数	权益	期末数
货币资金	400	应付账款	（3）
应收账款	（6）	应交税金	400
存货	（7）	非流动负债	（4）
固定资产净值	3 000	负债总额	（2）
		实收资本	300
		未分配利润	（5）
资产总计	5 000	负债及所有者权益总计	（1）

【资料】

（1）期末流动比率 = 2   （2）期末资产负债率 = 50%

（3）本期应收账款周转次数 = 30 次   （4）本期销售收入 = 36 000 万元

（5）期初应收账款 = 期末应收账款

【要求】根据上述资料，计算并填列资产负债表空项。

同步测试

一、单项选择题

1. 财务报表中,根据"资产＝负债＋所有者权益"这一基本会计等式编制的是(　　　)。
   A. 资产负债表　　　　　　　　　　B. 现金流量表
   C. 所有者权益变动表　　　　　　　D. 利润表

2. 下列会计报表中,反映某一会计主体特定时点财务状况的报表是(　　　)。
   A. 所有者权益变动表　B. 利润表　　　C. 资产负债表　　　D. 现金流量表

3. 我国企业资产负债表的格式主要采用(　　　)。
   A. 单步式　　　　　　B. 报告式　　　　C. 账户式　　　　D. 多步式

4. 期末,"预收账款"所属明细账户如果出现借方余额,编制资产负债表时应将其填列在(　　　)。
   A. 应付账款　　　　　B. 应收账款　　　C. 预付账款　　　D. 预收账款

5. 下列资产负债表项目中,需要根据几个总账账户的期末余额进行汇总填列的是(　　　)。
   A. 应付职工薪酬　　　B. 短期借款　　　C. 存货　　　　　D. 盈余公积

6. 企业年末"应付账款"所属明细账户有贷方余额 70 000 元,借方余额 20 000 元,则年末编制资产负债表时"应付账款"项目的金额是(　　　)。
   A. 50 000 元　　　　B. 30 000 元　　　C. 70 000 元　　　D. 20 000 元

7. 资产负债表中的资产项目,一般以(　　　)标准进行排列。
   A. 盈利性　　　　　　B. 流动性　　　　C. 收益性　　　　D. 时间长短

8. 会计报表编制的依据是(　　　)。
   A. 原始凭证　　　　　B. 记账凭证　　　C. 会计账簿　　　D. 科目汇总表

9. 下列报表项目可以直接填列的项目有(　　　)。
   A. 实收资本　　　　　B. 应收账款　　　C. 货币资金　　　D. 预付账款

10. 以下哪个指标是衡量企业短期偿债能力的指标?(　　　)
    A. 资产负债率　　　　B. 流动比率　　　C. 销售利润率　　　D. 应收账款周转率

11. 对债权人而言,分析盈利能力可以(　　　)。
    A. 制定相应的财政金融政策　　　　B. 考察并保证其债权的安全性
    C. 作为投资决策的主要依据　　　　D. 分析经营管理中存在的问题和不足

12. 运用资产负债表可以计算的比率有(　　　)。
    A. 应收账款周转率　B. 总资产报酬率　C. 利息保障倍数　　D. 现金比率

13. 在计算速动比率时,要从流动资产中扣除存货部分,其原因是(　　　)。
    A. 存货的数量难以确定　　　　　　B. 存货的变现能力最低
    C. 存货的价值变化大　　　　　　　D. 存货的质量难以保证

14. 流动比率反映的是(　　　)。
    A. 短期偿债能力　　　　　　　　　B. 长期偿债能力
    C. 流动资金周转状况　　　　　　　D. 流动资金利用情况

15. 对应收账款周转速度的表述,正确的是( )。

    A. 应收账款周转天数越长,周转速度越快。

    B. 计算应收账款周转率时,应收账款余额不应包括应收票据。

    C. 计算应收账款周转率时,应收账款余额应为扣除坏账准备后的净额。

    D. 应收账款周转率越小,表明周转速度越快。

二、多项选择题

1. 资产负债表是( )。

    A. 可根据有关账户余额编制   B. 静态报表

    C. 反映财务成果的报表   D. 反映财务状况的报表

2. 下列各项中,不能直接根据总分类账户的期末余额直接填列的项目有( )。

    A. 应付账款   B. 固定资产   C. 长期待摊费用   D. 应付票据

3. 影响企业营业利润的要素包括( )。

    A. 销售费用   B. 营业外收入   C. 其他业务收入   D. 投资收益

4. 资产负债表中存货项目包括( )。

    A. 原材料   B. 生产成本   C. 工程物资   D. 库存商品

5. 下列影响利润总额计算的项目有( )。

    A. 财务费用   B. 营业外收入   C. 投资收益   D. 所得税费用

6. 资产负债表中,"未分配利润"项目期末数填列方法是( )。

    A. 根据"利润分配"总账账户贷方余额直接填列

    B. 根据"利润分配"明细账户贷方余额直接填列

    C. 年度中间,根据"利润分配"和"本年利润"总账账户期末余额分析计算填列

    D. 年末,根据"利润分配"总账账户余额直接填列

7. 下列各项中,属于资产负债表流动资产项目的有( )。

    A. 存货   B. 预付账款   C. 货币资金   D. 交易性金融资产

8. 多步式利润表是通过多步计算出当期利润,一般将其计算过程划分为( )等进行。

    A. 营业收入   B. 营业利润   C. 利润总额   D. 净利润

9. 存货周转率提高,意味着企业( )。

    A. 流动比率提高   B. 短期偿债能力增强

    C. 现金比率提高   D. 企业存货管理水平提高

    E. 速动比率提高

10. 分析企业营运能力的指标有( )。

    A. 速动比率   B. 存货周转率   C. 流动资产周转率   D. 资产净利率

    E. 净值报酬率

三、判断题

1. 财务报表是由单位根据经过审核的记账凭证填制的。   ( )

2. 利润表是反映一定日期经营成果的静态会计报表。   ( )

3. 在实际工作中,为使会计报表及时报送,可以提前结账。   ( )

4. 资产负债表中"货币资金"项目,应根据"银行存款""库存现金"和"其他货币资金"账户的期末余额填列。   ( )

5. 通过利润表,可以考核企业一定会计期间的经营成果,分析企业的盈利能力及未来发展趋势。 （ ）

6. 营业利润减去期间费用后即是利润总额。 （ ）

7. 资产负债表中"长期借款"项目应根据"长期借款"账户期末余额直接填列。 （ ）

8. 债权人通常不仅关心企业偿债能力比率,而且关心企业盈利能力比率。 （ ）

9. 对于应收账款和存货变现存在问题的企业,分析速动比率尤为重要。 （ ）

10. 获利能力强的企业,其偿债能力也强。 （ ）

四、名词解释

1. 资产负债表 2. 利润表 3. 比较分析法 4. 比率分析法 5. 资产报酬率

6. 净资产报酬率 7. 销售毛利率 8. 资产周转率 9. 应收账款周转率 10. 存货周转率

11. 应付账款周转率 12. 流动比率 13. 速动比率 14. 现金比率 15. 速动资产够用天数

16. 资产负债率 17. 财务杠杆 18. 利息保障倍数 19. 每股收益 20. 市盈率

21. 股利支付率

五、简答题

1. 什么是资产负债表?如何进行编制?

2. 什么是利润表?如何进行编制?

3. 会计信息分析的基本方法有哪些?

4. 比率分析法从哪几个方面来分析会计信息?

六、计算题

1. 根据以下资料,填写资产负债表中有关项目

【资料】某公司 2015 年 12 月 31 日有关账户余额如下:

单位:元

总分类科目	明细科目	借方余额	贷方余额
库存现金		7 600	
银行存款		853 400	
应收账款	——A 企业	300 000	
	——B 企业	40 000	100 000
应付账款	——C 企业		200 000
	——D 企业	50 000	150 000
预收账款			60 000
	X 公司		60 000
预付账款		80 000	
	——Y 公司	80 000	
原材料		86 000	
生产成本		53 000	
库存商品		340 000	

【要求】根据以上资料,填写资产负债表中"货币资金""应收账款""预收账款""应付账款""预付账款""存货"项目。

2. 【资料】某公司 2015 年 12 月 31 日部分总账及其所属的明细账余额如下表:

2015 年 12 月 31 日部分账户余额　　　　　　　　　　　　　　单位:元

总分类账户	余额		明细分类账户	余额	
	借方	贷方		借方	贷方
原材料	60 000				
在途物资	20 000				
库存商品	40 000				
生产成本	30 000				
应收账款	80 000		甲公司	86 000	
			乙公司		6 000
预收账款		40 000	A 公司		60 000
			B 公司	20 000	
应交税费		17 000	应交增值税		17 000
短期借款		80 000			

【要求】

(1)根据上述资料计算并填列资产负债表中的空白项目。

资产负债表(简化格式)

2015 年 12 月 31 日　　　　　　　　　　　　　　单位:元

资产	金额	负债及所有者权益	金额
货币资金	30 000	短期借款	( )
应收账款	( )	预收账款	( )
存 货	( )	应付账款	16 000
固定资产	82 200	应交税费	( )
		实收资本	120 000
		未分配利润	-4 000
资产总计	164 600	负债及所有者权益总计	164 600

(2)回答下列问题:

表中未分配利润项目"-4 000 元"反映的内容是( )。

A. 本年未实现的利润　　　　　　　　B. 本年未分配的利润

C. 累计未弥补的亏损　　　　　　　　D. 本年 12 月份未实现的利润

3.**【资料】**某企业 2015 年 1 月 1 日至 12 月 31 日损益类科目累计发生额如下:

主营业务收入 3 750 万元(贷方)　　　主营业务成本 13 75 万元(借方)

营业税金及附加 425 万元(借方)　　　销售费用 500 万元(借方)

管理费用 250 万元(借方)　　　　　　财务费用 250 万元(借方)

投资收益 500 万元(贷方)　　　　　　营业外收入 250 万元(贷方)

营业外支出 200 万元(借方)　　　　　其他业务收入 750 万元(贷方)

其他业务成本 450 万元(借方)　　　　所得税费用 600 万元(借方)

【要求】

(1)计算该企业 2015 年的营业利润、利润总额和净利润。

(2)编制利润表。

项目七　再认识会计

引导案例

众所周知,孔子是我国古代伟大的思想家,教育家。但是,很少人知道孔子曾当过会计,并形成了他的会计理论。孔子年轻时,曾在鲁国执政的大贵族季氏的手下做一名主管仓库会计的小官吏——委吏。那时候的会计虽然简单,但孔子却很投入。他终日守候在库房里,数着数码,划着记号,监督着仓库的财物出入。孔子研究问题总是"发愤忘食,乐以忘忧",最后总要追究出一个结果,他对待仓库会计这项工作的态度亦如此。"做会计的关键是什么呢?"孔子经常想起这个问题,日子久了,他从中悟出一个道理。一次,他语重心长地对旁人说:"会计,当而已矣。"

【案例解析】

这句话看似简单,却内涵深刻,高度精炼的话语便是孔子关于会计的理论。孔子的"会计,当而已矣。"这句话该如何理解呢?

任务一　会计方法与会计循环

知识目标

1. 了解会计方法。
2. 掌握会计循环。

技能目标

熟练运用会计核算方法。

知识讲解

一、会计方法

会计方法是指从事会计工作所使用的各种技术方法,是用来核算和监督会计对象、执行和

完成会计任务的手段。

会计方法由会计核算方法、会计分析方法、会计检查方法、会计预测方法和其他方法等组成,构成会计方法体系。在这个方法体系中,会计核算方法是最基本的方法。

会计核算方法是指对会计对象进行连续、系统、全面、综合的核算和监督所运用的方法,主要包括设置会计科目与账户、复式记账、填制和审核凭证、登记账簿、成本计算、财产清查和编制会计报表等七种方法。

经济业务发生后,必须以审核无误的凭证为依据,以设置会计科目与账户为前提,以复式记账为基础,以登记账簿为中心,以成本计算、财产清查为补充,以编制会计报表为总结。

二、会计循环

会计循环是在经济业务事项发生时,从填制和审核会计凭证开始,到登记账簿,直至编制财务会计报告,即完成一个会计期间会计核算工作的过程。

企业将一个会计期间内发生的所有经济业务,依据一定的步骤和方法,加以记录、分类、汇总直至编制会计报表的会计处理全过程。在连续的会计期间,这些工作周而复始地不断循环进行。会计循环的基本内容如下:

(1)对于发生的经济业务进行初步的确认和记录,即填制和审核原始凭证。

(2)填制记账凭证,即在审核的原始凭证的基础上,通过编制会计分录填制记账凭证。

(3)登记账簿,包括日记账、总分类账和明细分类账。

(4)编制调整分录,其目的是为了将收付实现制转换为权责发生制。

(5)结账,即将有关账户结算出本期总的发生额和期末余额。

(6)对账,包括账证核对、账账核对和账实核对。

(7)试算平衡,即根据借贷记账法的基本原理进行全部总分类账户的借方与贷方总额的试算平衡。

(8)编制会计报表和其他财务报告。

任务实施

1. 会计核算方法包括:_____、_____、_____、_____、_____、_____、_____。

2. 熟练运用会计核算方法。

任务二 会计核算的基本前提、基础与一般原则

知识目标

1. 理解会计核算的基本前提。

2. 掌握会计核算的基础。

3. 简单了解会计核算的一般原则。

技能目标

1. 熟练运用会计核算方法。
2. 认知会计核算的基本前提。
3. 认知会计核算的基础。

知识讲解

一、会计核算的基本前提

会计核算的基本前提,也叫会计假设,是指对会计核算的空间范围、时间范围和计量范围等所做的合理推断。

会计核算的基本前提包括会计主体、持续经营、会计分期和货币计量四项。

(一)会计主体

会计主体是指会计工作为其服务的特定单位或组织。这个特定单位或组织可以是一个企业或事业单位,也可以是由若干企业或单位组成的集团公司;可以是法人,也可以是不具有法人资格的实体。其特点就是必须拥有或控制一定的经济资源,独立从事经济活动并进行独立核算。核算时,我们首先就要确定会计主体,也就是要明确我们在为谁服务,从而限定会计工作的空间范围,这个空间范围只限于一个会计主体的经济活动,不包括投资者本人和其他单位的经济活动。

(二)持续经营

持续经营是指假定企业在可以预见的将来不会因破产、倒闭、解散等而停业,也不会大规模地削减业务。之所以要对经营时间进行假设,主要是会计核算上所使用的一系列会计处理方法都是建立在这个会计主体能够持续经营的前提上。持续经营假设为会计核算做出了时间上的规定。

(三)会计分期

会计分期是指将企业持续不断的生产经营活动人为地分割成一个个连续的、长短相等的期间,以便分期结算账目,核算盈亏,编制会计报表。会计期间还可以具体划分为年度、半年度、季度和月度。会计年度通常是指一年。我国会计准则规定以公历年度作为我国企业的会计年度,即以公历1月1日起至12月1日止为一个会计年度,而半年度、季度、月度通常称为会计中期。

会计分期假设是持续经营假设的必要补充,当一个会计主体持续经营而无限期时,就需要为会计信息的提供规定期限。

(四)货币计量

货币计量是指会计以货币为计量单位核算会计主体的经济活动,并假设在不同时期货币的币值是稳定不变的。也就是会计核算的内容仅限于那些能够用货币计量的经济活动。我国的《会计法》规定,企业会计核算以人民币为记账本位币。业务收支以外币为主的企业,也可

以选定某种外币作为记账本位币,但编制的会计报表应该折算为人民币反映。境外企业向国内有关部门编报会计报表,应当折算为人民币反映。

货币的币值稳定不变,是为了保证会计记录的稳定性、一致性。因为货币本身的币值是不稳定的。而任何计量,只有在计量单位稳定的情况下,其计量数据才是正确的、可比的。

二、会计核算的基础

针对不同类型的会计主体,由于提供会计信息的目的和经济业务的差异性,所以采用不同的会计核算基础。一般而言,企业类以盈利为目的的会计主体往往采用权责发生制会计核算基础。

权责发生制,是指在会计核算中,以权益和责任是否发生为标准来确定本期收入和费用的原则。采用这种方法,凡应归属于本期的一切收益、费用,不论其是否在本期实际收到或者付出,都作为本期的收益和费用处理。反之,凡不应归属于本期的收益、费用,即使在本期内实际收到或者付出,也不作为本期的收益和费用处理。

采用权责发生制能够正确地计算企业的经营成果,准确考核企业经营业绩。国际上普遍采用权责发生制作为收入费用确认的标准,所以,我国会计准则规定企业采用权责发生制作为会计核算基础。

【例】

某企业三月份预付第二季度财产保险费 1 800 元,支付本季度借款利息共 3 900 元(一月份 1 300 元,二月份 1 300 元,三月份 1 300 元),用银行存款支付本月广告费 30 000 元。要求用权责发生制计算三月份应负担的费用。

解:权责发生制计算三月份费用:

1 300 + 30 000 = 31 300(元)

三、会计核算的一般原则

(一)可靠性原则

可靠性原则是指企业应当以实际发生的交易或者事项为依据进行会计确认、计量、记录和报告,如实反映符合确认和计量要求的各项会计要素及其他相关信息,保证会计信息的内容完整、数字准确、资料可靠,可靠性是会计核算工作和会计信息的基本质量要求。

(二)相关性原则

相关性原则是指企业提供的会计信息应当与财务会计报告使用者的经济决策需要相关,有助于财务会计报告使用者对企业过去、现在或者未来的情况做出评价或者预测。

(三)可理解性原则

可理解性原则又称明晰性原则,是指企业提供的会计信息应当清晰明了,便于财务会计报告使用者理解和使用。

(四)可比性原则

可比性原则是指企业提供的会计信息应当具有可比性。它包含两层含义:一是不同企业的会计信息相互可比;二是同一企业的会计信息前后可比。

（五）实质重于形式原则

实质重于形式原则是指企业应当按照交易或者事项的经济实质进行确认、计量、记录和报告，不应仅以交易或者事项的法律形式为依据。

（六）重要性原则

重要性原则是指企业提供的会计信息应当反映企业财务状况、经营成果和现金流量有关的所有重要交易或者事项。

（七）谨慎性原则

谨慎性原则是指企业对交易或者事项进行确认、计量、记录和报告应当保持应有的谨慎，不应高估资产或者收益、低估负债或者费用。

（八）及时性原则

及时性原则是指企业对于已经发生的交易或者事项，应当及时进行确认、计量、记录和报告，不得提前或者延后。

任务实施

【资料】某企业 2016 年 1 月份发生下列业务：

1. 销售甲产品价款 30 000 元，实际收到 20 000 元，其余 10 000 元购买单位暂欠。

2. 通过银行预收购买乙产品价款 50 000 元，乙产品于下月发出。

3. 以银行存款预付第一季度租入设备租金 9 000 元（每月 3 000 元）。

【要求】按权责发生制计算该月的利润。

同 步 测 试

一、单项选择题

1. 下列有关会计主体的表述中，不正确的是（   ）。

A. 会计主体是指会计所核算和监督的特定单位或组织

B. 会计主体就是法律主体

C. 由若干具有法人资格的企业组成的企业集团也是会计主体

D. 会计主体界定了从事会计工作和提供会计信息的空间范围

2. 在会计核算的基本前提中，规范会计工作空间范围的前提是（   ）。

  A. 会计主体   B. 持续经营

  C. 权责发生   D. 会计分期

3. 在我国企业会计核算时，应当采用（   ）确认收入和费用。

  A. 收付实现制   B. 权责发生制

  C. 永续盘存制   D. 实地盘存制

4. 会计主体是（   ）。

  A. 企业单位   B. 法律主体

  C. 企业法人   D. 独立核算的特定单位或组织

5. 会计分期是建立在(　　　)基础之上的。

    A. 会计主体　　　　　B. 持续经营　　　　　C. 会计核算　　　　　D. 货币计量

二、判断题

1. 在持续经营的情况下,分期核算的会计期间是人为划分的。　　　　　　　　　　(　　)

2. 会计主体可以是独立法人,也可以是非独立法人。　　　　　　　　　　　　　(　　)

3. 权责发生制的优点是科学、合理、处理手续简便和盈亏的计算比较准确。　　　(　　)

4. 根据我国的会计年度,"中期"特指公历每年1月1日至6月30日。　　　　　(　　)

5. 由于有了持续经营这个会计核算的基本前提,才产生了当期与其他期间的区别,从而出现了权责发生制与其他会计核算基础的区别。　　　　　　　　　　　　　　　　(　　)

三、名词解释

1. 会计方法　2. 会计循环　3. 会计核算的基本前提　4. 权责发生制

四、计算题

1. 祥云公司本月的收入和费用资料如下,用权责发生制计算本月损益。

(1)销售产品并收到货款100 000元。

(2)本月应计收入但未收到货款60 000元。

(3)收到上月应计收入的款项30 000元。

(4)预收销货款4 000元。

(5)实现以前月份预收货款的销售收入40 000元。

(6)本月支付并负担的费用40 000元。

(7)本月负担但需在下月支付的费用3 000元。

(8)支付上月应负担的费用2 000元。

(9)预付下月应负担的费用4 000元。

(10)本月负担以前月份已预付的费用12 000元。

2. 某单位2016年2月发生下列经济业务:销售甲产品一批价款6万元,货款已收存银行;销售乙产品一批价款8万元,收到为期2个月商业汇票一张;银行通知收到东方公司上月欠付货款5万元;银行收到丙产品预收货款45 000元;以银行存款支付本月生产费7万元;以银行存款支付上月材料费3万元;以银行存款预付材料款9万元;本月接受华都公司劳务35 000元,合同规定货款延期到下月支付。请用权责发生制计算本月损益。

项目八　银行结算方式

引导案例

李三所在公司向同城的重良公司购买了一批原材料,需要支付材料款。新来的出纳员小王问同事该如何支付这笔款项,一同事说开一张支票给对方就行了,另一同事说开一张商业汇票给对方。

小王该用哪种结算方式支付这笔款项呢? 这些票据该如何办理呢?

【案例解析】

这需要了解企业常用的结算方式,结合企业实际运用。

任务一　了解企业常用的结算方式

知识目标

1. 熟悉常用的银行结算方式。
2. 了解银行结算纪律。
3. 熟悉各结算方式的基本规定。
4. 知晓各结算方式的异同、优缺点。

技能目标

能够办理各种银行结算。

知识讲解

一、银行存款结算的管理

银行存款是指企事业单位存放在银行或其他金融机构中的货币资金。它是现代社会经济

交往中的一种主要资金结算工具。

凡是独立核算的企业,都必须根据国家规定在当地银行开设账户。企业除按银行规定的库存现金限额,保留适量的库存现金外,超过限额的现金都必须存入银行。企事业单位经济活动所发生的货币收支业务,除按规定可以使用现金直接支付的外,其他的都必须按银行结算办法的规定,通过银行账户进行转账结算。

银行存款管理就是国家、银行、企事业单位等对银行存款及相关内容进行的监督和管理。银行存款管理的内容包括银行存款账户的管理、银行存款结算管理、银行存款核算的管理。

(一)银行结算的含义

银行结算是银行转账结算的简称,是指不使用现金,通过银行将款项从付款方的银行账户直接划转到收款方的银行账户的资金结算方式。

按照银行结算办法的规定,除了规定的可以使用现金结算的以外,所有企事业单位、机关、团体、部队等相互之间发生的商品交易、劳务供应、资金调拨、信用往来等均应通过银行实行转账结算。

目前,银行结算方式主要有:支票、银行汇票、商业汇票、银行本票、汇兑、委托收款和托收承付以及信用卡等方式。

(二)银行结算的作用

(1)减少现金流通,有利于国家组织和调节货币流通量。实行银行转账结算,用银行信用收付代替现金流通,缩小了现金流通的范围和数量,从而为国家有计划地组织和调节货币流通量,防止和抑制通货膨胀创造条件。

(2)加速物资和资金的周转。银行转账结算是银行通过使用各种结算凭证、票据将资金直接从付款方的账户上划转到收款方的账户,无论款项大小、距离远近,只要是在结算起点以上的,均能通过银行机构及时办理,手续简单,省去了使用现金结算时的款项运送、清点、保管等手续,方便快捷,从而缩短清算时间,加速物资和资金的周转。

(3)实行银行结算,有利于聚集闲散资金,扩大银行信贷资金来源。

(4)有利于银行监督各单位执行财经规定,遵守财经法纪。实行银行结算,各单位的款项收支,大部分都通过银行办理结算,银行通过集中办理转账结算,便能全面地了解各单位的经济活动,监督各单位认真执行财经纪律,防止非法活动的发生,促进各单位更好地遵守财经法纪。

(5)有利于保证资金的安全。实行银行转账结算,可以避免现金结算发生的现金运输、保管过程中丢失、被盗抢等损失;并且通过银行转账结算都有据可查,一旦发生意外情况便于追索,从而保证结算资金的安全。

(三)银行结算纪律

银行结算纪律是指通过银行办理转账结算的单位或个人,在办理结算业务过程中,应当遵守的行为规范。

1. 单位和个人办理支付结算四不准

(1)不准签发没有资金保证的票据或远期支票,套取银行信用。

(2)不准签发、取得和转让没有真实交易和债权债务的票据,套取银行和他人的资金。

(3)不准无理拒绝付款,任意占用他人资金。

(4)不准违反规定开立和使用账户。

2. 银行办理支付结算八不准

（1）不准以任何理由压票，任意退票、截留、挪用用户和他行的资金。

（2）不准无理由拒绝支付应由银行支付的票据款项。

（3）不准受理无理拒付，不扣少扣滞纳金。

（4）不准签发空头银行汇票、银行本票和办理空头汇款。

（5）不准在支付结算制度之外规定附加条件，影响汇路畅通。

（6）不准违反规定为单位和个人开立账户。

（7）不准拒绝受理、代理他行正常结算业务。

（8）不准放弃对违反结算纪律的制裁。

二、银行结算凭证的填写

（一）银行结算凭证的基本内容

银行结算凭证，是收付款双方及银行办理银行转账结算的书面凭证。它是银行办理款项划拨、收付款单位和银行进行会计核算的依据。不同的结算方式，由于其适用范围、结算内容和结算程序不同，因而其结算凭证的格式、内容和联次等也各不相同。

尽管各种结算凭证的具体内容有较大差别，但各种结算凭证的基本内容大致相同。凭证的基本内容主要有：

（1）凭证名称。

（2）凭证签发日期。

（3）收、付款单位的名称和账号。

（4）收、付款单位的开户银行的名称。

（5）结算金额。

（6）结算内容。

（7）凭证联次及其用途。

（8）单位及其负责人的签章。

（二）银行结算凭证的填写

1. 认真、完整地填写凭证内容

对于结算凭证上的各个项目应逐项认真填写，不得省略或遗漏。填写时必须做到要素齐全，内容真实，数字正确，字迹清楚，不潦草，不错漏，力求标准化、规范化，防止涂改。

2. 规范填写凭证金额数字

银行结算凭证的大小写金额要求极为严格，不按规范填写，银行将不予受理。因此，出纳员在填写金额大小写时，应做到认真规范。

（1）金额大小写不得更改。多联式结算凭证要用圆珠笔和双面复写纸复写清晰，单联式结算凭证要用黑色墨水笔填写，金额的大小写不得改动。

（2）大写金额数字要一律用正楷字或行书字写。如，壹、贰、叁、肆、伍、陆、柒、捌、玖、拾、佰、仟、万、亿、圆（元）、角、分、零、整（正）等字样，不得用一、二（两）、三、四、五、六、七、八、九、十、另（或0）等字样代替，不得自造简化字。

（3）大写金额前面不留空白。汉字大写金额数字应紧接"人民币（大写）"字样填写，不得留有空白，如大写金额数字前没有"人民币（大写）"字样的，应在大写金额前加填"人民币（大

写)"字样。

（4）大写金额后面"整（或正）"字的运用。汉字大写金额尾数为角或以上的，在数字后面加"整"或"正"字；汉字大写金额数字尾数为分的，不加"整"或"正"字。

（5）小写金额紧挨"￥"符号填写。阿拉伯数字小写金额应紧挨人民币简写符号"￥"后填写，以防止加填数字。

（6）大小写金额中有零的正确写法。

①小写金额数字中间有"0"时，汉字大写金额要写"零"字。如，￥508.27应写成人民币伍佰零捌元贰角柒分。

②小写金额数字中间连续有几个"0"时，汉字大写金额中也只写一个"零"字。如，￥5 006.90，汉字大写金额应写成人民币伍仟零陆元玖角整。

三、支票结算方式

（一）支票的含义

支票是出票人签发的，委托办理支票存款业务的银行或者其他金融机构在见票时无条件支付确定的金额给收款人或者持票人的票据。

支票有以下两个特点：

（1）支票是见票即付的票据。支票在有效提示期限内，执票人一旦提示，付款人则应当无条件地支付票面金额，即见票即付。我国不允许发行"远期支票"。

（2）支票的付款人只限于银行，而在发票人与付款人之间，要求必须有一定的资金关系存在。

（二）支票的种类

按照支付票款的方式，支票可分为普通支票、现金支票和转账支票。

1. 普通支票

该种支票既可以用来支取现金，亦可用来转账。用于转账时，应当在支票正面划线注明，未划线者可用于支取现金。

2. 现金支票

现金支票只能用于支取现金。

3. 转账支票

转账支票不得支付现金，只能以记入收款人账户的方式支付。

在实践中，我国一直采用的是现金支票和转账支票，没有普通支票，但《中华人民共和国票据法》为了方便当事人，借鉴国外的方法经验，规定了普通支票的形式。

（三）支票的使用范围

单位、个体工商户和个人在同城或票据交换地区的商品交易和供应以及其他款项的结算可以使用支票。

（四）支票结算的基本规定

（1）支票一律记名，中国人民银行总行批准的地区转账支票可以背书转让。

（2）支票金额起点为100元。

（3）支票付款期为10天，从签发的次日算起，到期日遇节假日顺延。

（4）签发支票应使用墨汁或碳素墨水填写。未按规定填写、被涂改冒领的，由签发人负责。支票大小写金额和收款人不得更改。其他内容如有更改,必须由签发人加盖银行预留印鉴。

(5)签发人必须在银行账户余额内按照规定向收款人签发支票。对签发空头支票(票面金额超出银行存额余额)或印章与预留印鉴不符的支票,银行除退票外并按票面金额处以5%但不低于1 000元的罚款。

(6)收款人应当将受理的转账支票连同填制的进账单送交开户银行。

进账单第一联为回单或收款通知联,是收款人开户行交给收款人的回单;第二联为收入凭证联,此联由收款人开户行作收入传票。

收款人凭现金支票支取现金,须在支票背面背书,持票到签发人的开户银行支取现金,并按照银行的需要交验证件。

(7)支票的持票人应当自支票出票日起10日内提示付款。

(8)已签发的现金支票遗失,可以向银行申请挂失。挂失前已经支付,银行不予受理。已签发的转账支票遗失,银行不受理挂失,可请求收款人协助防范。

(9)存款人领用支票,必须填写支票领用单并加签银行预留印签。账户结清时,必须将全部剩余空白支票交回银行注销。

(五)支票结算的基本程序

1. 现金支票结算的基本程序

开户单位用现金支票提取现金时,由单位出纳人员签发现金支票并加盖银行预留印鉴后,到开户银行提取现金。

开户单位用现金支票向外单位或个人支付现金时,由付款单位出纳人员签发现金支票并加盖银行预留印鉴和注明收款人后交收款人,收款人持现金支票到付款单位开户银行提取现金,并按照银行的要求交验相关证件。

2. 转账支票结算的基本程序

(1)由签发人交收款人办理结算的程序为:

①付款人签发转账支票交收款人。

②收款人持票并填写进账单到开户行办理入账。

③银行间办理划拨。

④收款人开户银行下收款通知。

(2)由签发人交签发人开户银行办理结算的程序为:

①签发转账支票并填写进账单办理转账。

②银行间办理划拨。

③收款人开户银行下收款通知。

(六)支票结算应注意的事项

(1)为使开户单位随时可以与开户银行办理支付款项业务,开户单位可向开户银行领购支票,企业一般保留一定数量的空白支票以备使用。

支票是一种支付凭证,一旦填写了有关内容,并加盖留存在银行的印鉴后,即可成为直接从银行提取现金和其他单位进行结算的凭据。所以在使用上必须加强管理,妥善保管,以避免发生非法使用或盗用、遗失等情况,给国家和单位造成损失。

空白支票必须明确指定专人妥善保管,要贯彻票、印分管的原则,空白支票和印章不得由

一人负责保管,防止舞弊行为。

(2)存款人向开户银行领取支票时,必须填写"支票领用单",并加盖预留银行印鉴章,经银行核对印鉴相符后,按规定收取工本费和手续费,发给空白支票,并在支票登记簿上注明领用日期、存款人名称、支票起止号码,以备查对。

单位撤销、合并结清账户时,应将剩余的空白支票填列一式两联清单,全部交回银行注销。

(3)要严格控制携带空白支票外出采购。对事先不能确定采购物资的单价、金额的,经单位领导批准,可将填明收款人名称和签发日期、明确了款项用途和款项限额的支票交采购人员,支票使用人员回单位后必须及时向财务部门结算。款项限额的办法是在支票正面用文字注明所限金额,并在小写金额栏内用"¥"填定数位。

(4)支票应由财会人员或使用人员签发,不得将支票交给收款人代为签发。支票存根要同其他会计凭证一样妥善保管。不准签发空头支票或印章与预留银行印鉴不符的支票。

(5)收款人在接受付款人交来的支票时,应注意审核以下内容:支票收款人或被背书人是否确为本收款人;支票签发人及其开户银行的属地是否在本结算区;支票签发日期是否在付款期内;大小写金额是否一致;背书转让的支票其背书是否连续,有无"不准转让"字样;支票是否按规定用墨汁或碳素墨水填写;大小写金额、签发日期和收款人名称有无更改;其他内容更改后是否加盖印鉴证明;签发人盖章是否齐全等。

(6)支票结算仅限于同城或指定票据交换地区使用。对持支票前来购货的购货人必须核对身份,查验有关证件。

(7)委托收款背书的方法是,持票人(即支票上载明的收款人)向开户银行办理委托收款时,应在转账支票背面左起第一个"背书人签章"栏内填写"委托收款"字样和日期(可用阿拉伯数字)并签章,同时,在该背书栏上面的"被背书人"栏填明开户银行。

(七)退票的处理

按照规定,银行对于签发人或收款人提交的现金支票和转账支票必须进行严格的审查,对于付款单位存款数额不足以支付票款(空头支票)或者支票填写不合规定等情况,银行将按规定予以退票(将支票退回给签发人或收款人)。银行将出具"退票理由书",连同支票和进账单一起退给签发人或收款人。

(八)支票挂失

已经签发的普通支票和现金支票,如因遗失、被盗等原因而丧失的,应立即向银行申请挂失。

已经签发的转账支票遗失或被盗等,由于这种支票可以直接持票购买商品,失票人不能向银行申请挂失,但可以请求收款人及其开户银行协助防范,但由此所造成的一切损失,均由失票人自行负责。

(九)现金支票的签发

(1)签发现金支票必须写明收款单位名称或收款人姓名。

(2)签发现金支票前,必须查验银行存款是否有足够的余额,不准超出银行存款账户余额签发空头支票。

(3)签发现金支票不得低于银行规定的金额起点100元。

(4)要严格执行支票有效期限的规定,必须填写当日日期,不得签发远期支票。

(5)在填写现金支票时,应按有关规定认真、规范填写支票中的有关栏目。现金支票需填写的内容有收款人和开户银行名称、签发日期、签发人账号、大小写金额、用途等项目。

四、银行本票结算方式

（一）银行本票的含义

银行本票是申请人将款项交存银行，由银行签发的承诺自己在见票时无条件支付确定的金额给收款人或者持票人的票据。

银行本票主要有以下两个特点：

（1）使用方便灵活。单位、个体工商户和个人不管其是否在银行开户，他们之间在同城范围内的所有商品交易、劳务供应以及其他款项的结算都可以使用银行本票。银行本票可以办理转账结算，亦可支取现金，也可以背书转让。银行本票见票即付，结算迅速。

（2）信誉度高，支付能力强。银行本票是由银行签发，并于指定到期日由签发银行无条件支付，因而信誉度很高，一般不存在得不到正常支付的问题。

（二）银行本票的种类

银行本票按照其金额是否固定可分为不定额和定额两种。

（1）不定额银行本票是指凭证上金额栏是空白的，签发时根据实际需要填写金额，并用压数机压印金额的银行本票。

（2）定额银行本票是指凭证上预先印有固定面额的银行本票。定额银行本票一式一联，由中国人民银行总行统一规定票面规格、颜色和格式并统一印制。定额银行本票面额有 1 000 元、5 000 元、10 000 元、50 000 元四种面额。

（三）银行本票结算的基本规定

（1）银行本票在同城范围内使用。

（2）银行本票的金额起点。不定额银行本票的金额起点为 100 元，定额银行本票面额有 1 000 元、5 000 元、10 000 元、50 000 元。

（3）银行本票的付款期自出票日起最长不超过二个月（不分大小月，按次月对日计算，到期日遇法定假日顺延）。逾期的银行本票，兑付银行不予受理，但可以在签发银行办理退款。

（4）银行本票一律记名，允许背书转让。

（5）银行本票见票即付，不予挂失。遗失的不定额银行本票在付款期满后一个月确未被冒领的，可以办理退款手续。

（四）银行本票结算程序

（1）申请。付款单位需要使用银行本票办理结算，应向银行填写一式三联"银行本票申请书"，详细写明收款单位名称等各项内容。

（2）签发本票。签发银行受理"银行本票申请书"后，应认真审查申请书填写的内容是否正确。审查无误后，办理收款手续。银行办妥票款和手续费收取手续后，即签发银行本票。

签发银行在签发定额银行本票时，应按照申请书的内容填写收款人名称，并用大写汉字填写签发日期。用于转账的本票须在本票上划去"现金"字样，用于支取现金的须在本票上划去"转账"字样，在银行本票上加盖汇票专用章，连同"银行本票申请书"存根联一并交给申请人。未划去"转账"或"现金"字样的兑付银行将按照转账办理。

不定额银行本票一式两联，一联是签发银行结清本票时作付出传票，一联由签发行留存作为结清本票时的传票附件。

签发银行在签发不定额银行本票时,同样应按照申请书的内容填写收款人名称,并用大写填写签发日期,用于转账的本票须在本票上划去"现金"字样,用于支取现金的本票须在本票上划去"转账"字样,然后在本票第一联上加盖汇票专用章和经办、复核人员名章,用总行统一订制的压数机在"人民币大写"栏大写金额后端压印本票金额后,将本票第一联连同"银行本票申请书"存根联一并交给申请人。

(五)银行本票的审查

收款单位收到付款单位交来的银行本票后,应对银行本票进行认真的审查。审查的内容主要是:

(1)银行本票上的收款单位或被背书人是否为本单位、背书是否连续。

(2)银行本票上加盖的汇票专用章是否清晰。

(3)银行本票是否在付款期内。

(4)银行本票中的各项内容是否符合规定。

(5)不定额银行本票是否有压数机压印的金额,本票金额大小写数与压印数是否相符。

(六)银行本票的退款

按照规定,超过付款期限的银行本票如果同时具备下列两个条件的,可以办理退款:一是银行本票由签发银行签发后未曾背书转让;二是持票人为银行本票的收款单位。付款单位办理退款手续时,应填制一式两联进账单,连同银行本票一并送交签发银行,签发银行审查同意后在第一联进账单上加盖"转讫"章退给付款单位作为收账通知。

如果遗失不定额银行本票,且付款期满一个月确未冒领的,可以到银行办理退款手续。在办理退款手续时,应向签发银行出具盖有单位公章的遗失银行本票退款申请书,连同填制好的一式两联进账单一并交银行办理退款。

五、汇兑结算方式

(一)汇兑的含义

汇兑,是指汇款人委托银行将款项给外地收款人的结算方式。

汇兑结算具有以下特点:

(1)汇兑结算,无论是信汇还是电汇,都没有金额起点的限制,不管款项多少都可使用。

(2)汇兑结算属于汇款人向异地主动付款的一种结算方式。它对于异地上下级单位之间的资金调剂、清理旧欠以及往来款项的结算等都十分方便。汇兑结算方式还广泛地用于先汇款后发货的交易结算方式。如果销货单位对购货单位的资信情况缺乏了解或者商品较为紧俏的情况下,可以让购货单位先汇款,等收到货款后再发货,以免收不回货款。

(3)汇兑结算方式除了适用于单位之间的款项划拨外,也可用于单位对异地的个人支付有关款项,如退休工资、医药费、各种劳务费、稿酬等,还可适用个人对异地单位所支付的有关款项,如邮购商品、书刊等。

(4)汇兑结算手续简便易行,单位或个人很容易办理。

(二)汇兑的种类

根据凭证传递方式,可分为信汇和电汇两种。汇款人可根据需要选择使用。

汇款人办理信汇时,应填写信汇凭证一式四联,送交本单位开户银行办理信汇。银行受理后,将第一联回单退给汇款人记账,留下第二联用于银行记账,将第三联、第四联传给收款银行。收款银行收到凭证后,留下第三联收款凭证用于记账,将第四联传给收款人,收款人收到第四联收款通知后,进行账务处理。

汇款人办理电汇时应填写电汇凭证一式三联,送交本单位开户银行办理电汇。银行受理后,将第一联回单退给汇款人记账,留下第二联凭证用于银行记账,依照第三联编制电划代收报单向收款银行拍发电报。收款银行收到电报后,签发电划代收补充单一式三联,将第三联传给收款人。收款人凭代收报单第三联进行账务处理。

(三)汇兑的适用范围

汇兑适用于异地单位、个体工商户和个人的各种款项的结算。

(四)汇兑结算的基本规定

(1)汇兑结算不受金额起点的限制,即不论汇款金额多少均可以办理。

(2)支取现金的规定。收款人要在汇入银行支取现金,付款人在填制信汇或电汇凭证时,须在凭证"汇款金额"大写金额栏中填写"现金"字样。凭证上未注明"现金"字样而需要支取现金的,由汇入银行按现金管理规定审查支付;需部分支取现金的,收款人应填写取款凭证和存款凭证送交汇入银行,办理支取部分现金和转账手续。

(3)留行待取的规定。汇款人将款项汇往异地需派人领取的,在办理汇款时,应注明"留行待取"字样。留行待取的汇款,需要指定单位的收款人领取汇款的,应注明收款人的单位名称。款项汇入异地后,收款人须携带足以证明本人身份的证件,或汇入地有关单位足以证实收款人身份的证明向银行支取款项。

(4)分次支取的规定。收款人接到汇入银行的取款通知后,若收款人需要分次支取的,要向汇入银行说明分次支取的原因和情况,经汇入银行同意,以收款人名义设立临时存款账户,该账户只付不收,结清为止,不计利息。

(5)转汇的规定。收款人如需将汇款转到另一地点,应在汇入银行重新办理汇款手续。转汇时,收款人和用途不得改变,汇入银行必须在信汇或电汇凭证上加盖"转汇"戳记。

(6)退汇的规定。汇款人对汇出的款项要求退汇时,应出具正式函件,说明要求退汇的理由或本人身份证明和原凭证回单,向汇出银行办理退汇。汇出银行审查后,通知汇入银行,经汇入银行查实款项确未解付,方可办理退汇。如汇入银行款项已经解付或款项已直接汇入收款入账户,则不能办理退汇。此外,汇入银行对于收款人拒绝接受的汇款,应立即办理退汇。汇入银行对从发出取款通知之日起,两个月内仍无法交付的款项,可主动办理退汇。

(五)汇兑结算的程序

(1)汇款人委托开户银行办理汇款。

(2)银行受理退汇回单。

(3)银行间划拨。

(4)收款开户银行通知收款人汇款已到。

(六)汇兑结算的注意事项

(1)汇款人办理异地汇款时,可根据款项汇入地点的远近和时间的要求,选择信汇或电汇结算方式。填写汇款凭证时,要按照凭证各栏要求,详细填明汇入地点、行名、收款人及汇款用途等项内容并在第二联上加盖预留银行印鉴。

(2)信汇汇款可附带与汇款有关的少量单证,如向外地订购书刊的订购单、商品订购单

等。电汇款项不允许附带单证。

（3）收款人收到银行转来的收款通知或电划代收报单时，要认真地对凭证的内容进行审查，主要查看凭证收款人全称和账号是否与本单位的全称和账号一致，汇款用途是否与本单位有关，汇入银行是否加盖了转讫印章等。

六、委托收款结算方式

（一）委托收款的含义

委托收款，是指收款人委托银行向付款人收取款项的结算方式。

委托收款具有使用范围广、灵活、简便等特点。

（1）从使用范围来看，凡是在银行和其他金融机构开立账户的单位和个体工商户的商品交易、劳务款项以及其他应收款项的结算都可以使用委托收款结算方式。城镇公用企事业单位向用户收取的水费、电费、电话费、邮费、煤气费等也都可以采用委托收款结算方式。

（2）委托收款不受金额起点的限制，凡是收款单位发生的各种应收款项，不论金额大小，只要委托银行就给办理。

（3）委托收款不受地点的限制，在同城、异地都可以办理。

（4）收款单位可以根据需要灵活选择邮寄和电报划回方式。

（5）银行不负责审查付款单位拒付理由。委托收款结算方式是一种建立在商业信用基础上的结算方式，即由收款人先发货或提供劳务，然后通过银行收款，银行不参与监督，结算中发生争议由双方自行协商解决。

（二）委托收款的种类

根据凭证传递方式不同，委托收款可分为委邮和委电两种，由收款人选用。

委邮是以邮寄方式由付款人开户银行向收款人开户银行转送委托收款凭证、提供收款依据的方式。委电是以电报方式由付款人开户银行向收款人开户银行转送委托收款凭证，提供收款依据的方式。

委邮和委电凭证均一式五联。第一联回单，由收款人开户行给收款人的回单；第二联收款凭证，由收款人开户行作收入传票；第三联支款凭证，由付款人开户行作付出传票；第四联收款通知（或发电依据），由收款人开户行在款项收妥后给收款人的收款通知（或付款人开户行凭以拍发电报）；第五联付款通知，由付款人开户行给付款人按期付款的通知。

（三）委托收款的适用范围

凡在银行或其他金融机构开立账户的单位和个体工商户的商品交易，公用事业单位向用户收取水电费、邮电费、煤气费、公房租金等劳务款项以及其他应收款项，无论是在同城还是异地，均可使用委托收款的结算方式。

（四）委托收款结算的基本规定

（1）委托收款结算不受金额起点限制，凡是收款单位发生的各种应收款项，不论金额大小都可以办理。

（2）委托。收款人需向银行提交委托收款凭证和有关债务证明并办理委托收款手续的行为。

（3）付款。银行在接到寄来的委托收款凭证及债务证明，并经审查无误后向收款人办理付款的行为。

①以银行为付款人的,银行应在当日将款项主动支付给收款人。

②以单位为付款人的,银行应及时通知付款人,并将有关收款证明交给付款人并签收。付款人应于接到通知的当日书面通知银行付款;如果付款人未在接到通知日的次日起3日内通知银行付款的,视为同意付款,银行应于付款人接到通知日的次日起第4日上午开始营业时,将款项划给收款人。

(4)付款人拒绝付款。付款人审查有关债务证明后,对收款人委托收取的款项需要拒绝付款的,可以办理拒绝付款。付款人需要全部拒绝付款的,应在付款期内填制"委托收款结算全部拒绝付款理由书",并加盖银行预留印鉴章,连同有关单证送交开户银行,银行不负责审查拒付理由,将拒绝付款理由书和有关凭证及单证寄给收款人开户银行转交收款人。需要部分拒绝付款的,应在付款期内出具"委托收款结算部分拒绝付款理由书",并加盖银行预留印鉴章,送交开户银行,银行办理部分划款,并将部分拒绝付款理由书寄给收款人开户银行转交收款人。

(5)无款支付的规定。付款人在付款期满日、银行营业终了前如无足够资金支付全部款项,即为无款支付。银行于次日上午开始营业时,通知付款人将有关单证,在两天内退回开户银行,银行将有关结算凭证连同单证或应付款项证明单退回收款人开户银行转交收款人。

(6)付款人逾期不退回单证的,开户银行应按照委托收款的金额,自发出通知的第3天起,每天处以0.5‰但不低于50元的罚金,并暂停付款人委托银行向外办理结算业务,直到退回单证时为止。

(五)委托收款结算的程序

(1)付出商品或劳务供应。

(2)收款人委托银行收款。

(3)收款人开户银行将"委托收款凭证"传递给付款人开户银行。

(4)付款人通知付款。

(5)付款人开户行划拨款项。

(6)收款人开户行通知款已收到。

七、银行汇票结算方式

(一)银行汇票的含义

银行汇票是汇款人将款项交存当地银行,由银行签发给汇款人持往异地办理转账结算或支取现金的票据。

银行汇票结算方式具有如下特点:

(1)适用范围广。银行汇票是目前异地结算中较为广泛采用的一种结算方式。这种结算方式不仅适用于在银行开户的单位、个体工商户和个人,而且适用于未在银行开立账户的个体工商户和个人。凡是各单位、个体工商户和个人需要在异地进行商品交易、劳务供应和其他经济活动及债权债务的结算,都可以使用银行汇票。银行汇票既可以用于转账结算,也可以支取现金。

(2)信用度高,安全可靠。银行汇票是银行保证支付,收款人持有票据,可以安全及时地到银行支取款项。一旦汇票丢失,如果确属现金汇票,汇款人可以向银行办理挂失。

(3)使用灵活,适应性强。持票人可以将汇票背书转让给销货单位,也可以通过银行办理

分次支取、转让和转汇,因而有利于购货单位在市场上灵活地采购物资。

(4)结算准确,余款自动退回。单位持银行汇票购货,凡在汇票的汇款金额之内的,可根据实际采购金额办理支付,多余款项将由银行自动退回,这样可以有效地防止交易尾欠的发生。

(二)银行汇票的适用范围

单位、个体工商户和个人需要支付的各种款项,均可使用银行汇票。

(三)银行汇票结算的基本规定

(1)银行汇票一律记名。

(2)汇款金额起点为500元。

(3)付款期为一个月,付款期从签发日起算。逾期的汇票,兑付银行不予受理,原汇款人只能向签发行请求退款。

(4)汇票上记载的事项有:汇款人、发票日(签发日期)、付款地(兑付地点)、三个金额(汇款金额、实际结算金额、多余金额)、付款日(兑付日期)。

(5)汇票可以背书转让。

(6)汇款人填写"银行汇票委托书",向签发行申请办理银行汇票,详细填明兑付地点,收款人名称、汇款用途(军工产品可免填)等。

(7)支取现金的规定。收款人如需要在兑付地支取现金的,汇款人在填写"银行汇票委托书"时,需在"汇款金额"大写金额栏内先填写"现金"字样,后填写汇款金额。

(8)分次支取的规定。收款人持银行汇票向银行支取款项时,如需分次支取,应以收款人的姓名开立临时存款账户办理支付,临时存款账户只付不收,付完清户,不计利息。

(9)转汇的规定。银行汇票可以转汇,可委托兑付银行重新签发银行汇票,但转汇的收款人和用途必须是原收款人和用途,兑付银行必须在银行汇票上加盖"转汇"戳记,已转汇的银行汇票,必须全额兑付。

(10)退汇的规定。汇款人因在银行汇票超过付款期或因其他原因要求退款时,可持银行汇票和解讫通知到签发银行办理退汇。

(11)挂失的规定。持票人如果遗失了填明"现金"字样的银行汇票,持票人应当立即向兑付银行或签发银行请求挂失。在银行受理挂失前(包括对方行收到挂失通知前)被冒领,银行概不负责。如果遗失了填明收款单位或个体经营户名称的汇票,银行不予挂失,

(四)银行汇票结算程序

银行汇票结算经过承汇、结算、兑付和结清余额四个步骤,具体结算程序为:

(1)汇款人委托银行办理汇票。

(2)银行签发汇票。

(3)汇款人使用汇票结算。

(4)收款人持汇票进账或取款。

(5)付款行通知汇票已解付。

(6)签票行结算划拨。

(7)签票行退还余额。

(五)银行汇票结算的注意事项

(1)汇款人申请办理银行汇票时,应根据需要确定是否支付现金和允许转汇。如需支取

现金,可在填写"银行汇票委托书"大写金额前注明"现金"字样,银行受理后签发带有"现金"字样的银行汇票;如明确不得转汇的,可在"银行汇票委托书"备注栏内注明"不得转汇"字样,银行将根据要求在签发的银行汇票用途栏内注明"不得转汇"字样,这样汇票就不能再办理转汇。

(2)收款人为个人的银行汇票,如需背书转让给兑付地点的单位或个体经营户,则可办理背书转让手续。先由持票人(或汇票的收款人)在银行汇票的背面"背书人"栏加盖汇票原收款人的名称,再在"被背书人"栏内填明受让人的名称,然后交给受让人。受让人在"被背书人"栏加盖预留银行印鉴中的财务专用章后,就可以到银行办理收款入账手续。

八、商业汇票结算方式

(一)商业汇票的含义

商业汇票是收款人或付款人(或承兑申请人)签发,由承兑人承兑,并于到期日向收款人或被背书人支付款项的票据。

商业汇票结算具有如下特点:

(1)商业汇票的适用范围相对较窄,各企业、事业单位之间只有根据购销合同进行合法的商品交易,才能签发商业汇票。其他方面的资金结算不可采用商业汇票结算方式。

(2)商业汇票的使用对象也相对较少。商业汇票的使用对象是在银行开立账户的法人。使用商业汇票的收款人、付款人以及背书人、被背书人等必须同时具备两个条件:一是在银行开立账户;二是具有法人资格。

(3)商业汇票可以由付款人签发,也可以由收款人签发,但都必须经过承兑。只有经过承兑的商业汇票才具有法律效力,承兑人负有到期无条件付款的责任。

(4)未到期的商业汇票可以到银行办理贴现,从而使结算和银行资金融通相结合。

(5)商业汇票在同城、异地都可以使用,而且没有结算起点的限制。

(二)商业汇票的种类

商业汇票分为商业承兑汇票和银行承兑汇票。

商业承兑汇票是由收款人签发、经付款人承兑,或由付款人签发并承兑票据。银行承兑汇票是由收款人或承兑申请人签发,并由承兑申请人向开户银行申请,经银行审查同意承兑的票据。

(三)商业汇票的适用范围

商业汇票适用于在银行开立账户的法人之间根据购销合同进行商品交易款项的结算。

国有企业、股份制企业、集体所有制工业企业、供销合作社以及三资企业之间根据购销合同进行的商品交易,可使用银行承兑汇票。其他法人和个人不得使用银行承兑汇票。

商业汇票在同城和异地均可使用。

(四)商业汇票结算的基本规定

1. 结算规定

在银行开立账户的法人之间根据购销合同进行商业交易,可以使用商业汇票。签发商业汇票必须以合法的商品交易为基础。禁止签发无商品交易的汇票。

商业汇票承兑后,承兑人即付款人负到期无条件支付票款的责任。

商业汇票一律为记名式,允许背书转让。

商业汇票承兑期限由交易双方商定,不得超过6个月。

2. 商业承兑汇票

(1)商业承兑汇票按购、销双方约定签发。由收款人签发的商业承兑汇票,应交付款人承兑;由付款人签发的商业承兑汇票,应经本人承兑。承兑时,付款人须在商业承兑汇票下面签署"承兑"字样,并加盖预留银行印章,再将商业承兑汇票交给收款人。

(2)商业承兑汇票的办理办法。

①商业承兑汇票的收款人或被背书人,对在同一城市的付款人承兑的汇票,应于汇票到期日将汇票送交银行办理收款,对在异地的付款人承兑的汇票,应于汇票到期日前五天内,将汇票交开户银行办理收款。对逾期的汇票,应于汇票到期日次日起十天内,将汇票送交开户银行办理收款。超过期限,银行不予受理。

②办理商业承兑汇票收款时,均需填制委托收款凭证,并在"委托收款货物名称栏"注明"商业承兑汇票"及汇票号码,将汇票随托收凭证一并送交开户银行。

(3)收款人在商业承兑汇票审查中应注意的问题。

①是否为中国人民银行统一印制的商业承兑汇票。

②汇票的签发和到期日期、收付款单位的名称(必须是全称)和账号及开户银行、大小写金额等栏目是否填写齐全正确。

③汇票上的签章是否齐全正确。

④汇票是否超过有效承兑期限(最长为六个月,有效期是从承兑日开始计算)。

⑤汇票上有无"不得转让"的字样。经转让的汇票,背书是否连续,背书的签章是否正确(是否为单位公章、财务专用章)。

3. 银行承兑汇票

(1)银行承兑汇票按双方约定签发。由收款人签发的银行承兑汇票,应交承兑申请人持汇票和购销合同向其开户银行申请承兑;由承兑申请人签发的银行承兑汇票,应由本人持汇票和购销合同向其开户银行申请承兑。

(2)每张银行承兑汇票的承兑金额最高不得超过1 000万元。承兑申请人持银行承兑汇票和购销合同向其开户银行申请承兑。

(3)银行按照有关规定审查,符合承兑条件的,与承兑申请人签订承兑协议,并在银行承兑汇票上盖章,用压数机压印汇票金额后,将银行承兑汇票和解讫通知交给承兑申请人。

(4)银行承兑汇票的收款人或被背书人应在银行承兑汇票到期时,将银行承兑汇票、解讫通知,连同进账单送交开户银行办理转账,对逾期的汇票应于汇票到期日的次日起10日内,送交开户银行办理转账,超过期限的银行不予受理。

(5)银行承兑汇票的承兑申请人应于银行承兑汇票到期前将票款足额交存其开户银行。承兑银行于到期日凭票将款项付给收款人、被背书人或贴现银行。

(6)银行承兑汇票的承兑申请人于银行承兑汇票到期日未能足额交存票款时,承兑银行除凭票向收款人、被背书人或贴现银行无条件支付外,应根据承兑协议规定,对承兑申请人执行扣款,并对尚未扣回的承兑金额每天按0.05%,计收罚息。

(五)商业汇票结算的程序

1. 商业承兑汇票结算的程序

(1)商业承兑汇票由交易双方约定签发。由收款人签发的应交付款人承兑;由付款人签发的应经本人承兑。承兑人应在汇票正面签"承兑"字样,并加盖印章后将汇票交收款人。

（2）收款人可将汇票背书转让。收款人或被背书人应将即要到期的汇票交其开户银行办理收款。付款人应于汇票到期前将票款足额交存其开户银行,银行于到期日凭票将款项划给收款人。

（3）如在到期日而付款人账户不足支付时,其开户银行应将汇票退给收款人,由其自行处理。同时,银行对付款人处以票面金额 5% 但不低于 50 元的罚款。

2. 银行承兑汇票结算的程序

（1）使用银行承兑汇票,应先由承兑申请人持空白的银行承兑汇票和购销合同向其开户银行申请承兑。

（2）银行审查后认为申请符合条件的,与承兑申请人签订申请协议,然后填好汇票,办好承兑手续,将汇票和解讫通知交给承兑申请人转交收款人。承兑银行按票面金额向申请人收取 1% 的承兑手续费（不足 10 元的收 10 元）。

（3）收款人或被背书人应在银行承兑汇票到期时,将汇票、解讫通知连同进账单送交其开户银行办理转账。

（4）承兑申请人应于汇票到期前将票款足额交存其开户银行。承兑银行于到期日凭票将款项付给收款人或被背书人。

（5）承兑申请人于汇票到期日未能足额交存票款时,承兑银行除凭票向收款人、被背书人无条件支付外,应根据承兑协议,对承兑申请人执行扣款,并就尚未扣回的承兑金额每天按 0.05% 计收罚息。

九、托收承付结算方式

（一）托收承付的含义

托收承付结算是指根据购销合同由收款人发货后委托银行向异地购货单位收取货款,购货单位根据合同核对单证或验货后,向银行承认付款的一种结算方式。

托收承付结算具有使用范围较窄、监督严格和信用度较高的特点。

（1）托收承付只适用于国营单位和集体单位之间的商品交易,其他性质的单位和除商品交易外的其他款项结算无法使用异地托收承付结算。

（2）托收承付的监督较为严格,从收款单位提出托收到付款单位承付款项,每一个环节都在银行的严格监督下进行。

（3）信用度较高,由于托收承付是在银行严格监督下进行的,付款单位理由不成立时不得拒付,因而收款单位收款有一定的保证,信用度相对较高。

（二）托收承付的种类

托收承付根据款项的划回方法,分为邮寄和电报两种,由收款人选用。

邮寄和电报两种结算凭证均为一式五联。第一联回单,是收款人开户行给收款人的回单;第二联委托凭证,是收款人委托开户行办理托收款项后的收款凭证;第三联支票凭证,是付款人向开户行支付货款的支款凭证。第四联收款通知,是收款人开户行在款项收妥后给收款人的收款通知;第五联承付（支款）通知,是付款人开户行通知付款人按期承付货款的承付（支款）通知。

（三）托收承付的适用范围

托收承付结算方式只适用于异地订有经济合同的商品交易及相关劳务款项的结算。

（四）托收承付的基本规定

（1）托收承付结算应具备的条件：

①结算的款项必须是商品交易，以及因商品交易而产生的劳务供应的款项，代销、寄销、赊销商品的款项，不得办理托收承付结算。

②收付双方使用托收承付结算必须签有符合《合同法》的购销合同，并在合同上订明使用异地托收承付结算方式。

③收付双方办理托收承付结算，必须重合同、守信用。

④收款人办理托收，必须有商品确已发运的证件（包括铁路、航运、公路等运输部门签发的运单、运单副本和邮局包裹回执等）。

（2）托收承付只能在异地使用，不能在同城使用。

（3）托收承付结算每笔金额起点为 10 000 元，新华书店系统每笔金额起点为 1 000 元。

（4）付款单位开户银行对不足支付的托收款项可作逾期付款处理，但对拖欠单位按每日 0.05% 计算逾期付款赔偿金。

（5）逾期付款处理。付款人在承付期满日银行营业终了时，如无足够资金支付，其不足部分，即为逾期未付款项，按逾期付款处理。

①付款人开户银行对付款人逾期支付的款项，应当根据逾期付款金额和逾期天数处以赔偿金。

②逾期付款天数从承付期满日算起。承付期满日银行营业终了时，付款人如无足够资金支付，其不足部分，应当算作逾期 1 天，计算 1 天的赔偿金。在承付期满的次日银行营业终了时，仍无足够资金支付，其不足部分，应当算作逾期 2 天，计算 2 天的赔偿金。依此类推。

③赔偿金实行定期扣付，每月计算一次，于次月 3 日内单独划给收款人。

④付款人开户银行要随时掌握付款人账户逾期未付的资金情况，当账户有款时，必须将逾期未付款项和应付的赔偿金及时划给收款人，不得拖延扣划。

⑤付款人开户银行对不执行合同规定，三次拖欠货款的付款人，应当通知收款人开户银行转告收款人，停止对该付款人办理托收。

⑥付款人开户银行对逾期未付的托收凭证，负责进行扣款的期限为 3 个月（从承付期满日算起）。在此期限内，银行必须按照扣款顺序陆续扣款。期满时，如果付款人仍无足够资金支付该笔尚未付清的欠款，银行应于次日通知付款人将有关交易单证在 2 日内退回银行。银行将有关结算凭证连同交易单证或应付款项证明单退回收款人开户银行转交收款人，并将应付的赔偿金划给收款人。对付款人逾期不退回单证的，开户银行从发出通知的第 3 天起，按照该笔尚未付清欠款的金额，每天处以 0.05% 的罚款，并暂停付款人向外办理结算业务，直到退回单证时止。

（6）托收。托收是指销货单位（即收款单位）委托其开户银行收取款项的行为。办理托收时，必须具有符合《合同法》规定的经济合同，并在合同上注明使用托收承付结算方式和遵守"发货结算"的原则。所谓"发货结算"是指收款方按照合同发货，并取得货物发运证明后，方可向开户银行办理托收手续。

托收金额的起点为 10 000 元。款项划转方式有邮划和电划两种，电划比邮划速度快，托收方可以根据缓急程度选用。

(7)承付。承付是指购货单位(即付款单位)在承付期限内,向银行承认付款的行为。承付方式有两种,即验单承付和验货承付。验单承付是指付款方接到其开户银行转来的承付通知和相关凭证,并与合同核对相符后,就必须承认付款的结算方式。验单承付的承付期为3天,从付款人开户银行发出承付通知的次日算起,遇法定假日顺延。

验货承付是指付款单位除了验单外,还要等商品全部运达并验收入库后才承付货款的结算方式。验货承付的承付期为10天,从承运单位发出提货通知的次日算起,遇法定假日顺延。

付款方若在验单或验货时发现货物的品种、规格、数量、质量、价格等与合同规定不符,可在承付期内提出全部或部分拒付的意见,填写"拒绝承付理由书"送交其开户银行审查并办理拒付手续。开户银行经审查,认为拒付理由不成立,应实行强制扣款。银行同意部分或全部拒付的,应在拒绝付款理由书上签注意见。如果是部分拒绝付款,除办理部分付款外,应将拒绝付款理由书连同拒付证明和拒付商品清单邮寄收款人开户银行转交收款人,如果是全部拒绝付款,应将拒绝付款理由书连同拒付证明和有关单证邮寄收款人开户银行转交收款人。

付款人在承付期内未向开户银行提出异议,银行作为默认承付处理,在承付期满的次日上午将款项主动从付款方账户划转到收款方账户。

(五)托收承付结算程序

(1)收款人发出商品。

(2)收款人委托银行收款。

(3)收款人开户行将托收凭证传递给付款人开户行。

(4)付款人开户行通过付款人承付。

(5)付款人承认付款。

(6)银行间划拨款项。

(7)收款人开户行通知收款人货款收到入账。

十、信用卡结算方式

(一)信用卡的含义

信用卡是指由银行或专营机构签发,可在约定银行或部门存取现金、购买商品及支付劳务报酬的一种信用凭证。

信用卡结算方式具有以下特点:

(1)信用卡同时具有支付和信贷两种功能。持卡人可用其购买商品或享受服务,还可通过使用信用卡从发卡机构获得一定的贷款。

(2)信用卡能提供结算服务,方便购物消费,增强安全感。

(3)信用卡能简化收款手续,节约社会劳动力。

(4)信用卡能促进商品销售,刺激社会需求。

(二)信用卡的种类

1. 按发卡对象的不同,可分为公司卡和个人卡

(1)公司卡的发行对象为各类工商企业、科研教育等事业单位、国家党政机关、部队、团体等法人组织。

（2）个人卡的发行对象则为城乡居民个人，包括工人、干部、教师、科技工作者、个体经营户以及其他成年的、有稳定收入来源的城乡居民。个人卡是以个人的名义申领并由其承担用卡的一切责任。

2. 根据持卡人的信誉、地位等的不同，可分为普通卡和金卡

（1）普通卡是对经济实力和信誉、地位一般的持卡人发行的，对其各种要求并不高。

（2）金卡是一种缴纳高额会费、享受特别待遇的高级信用卡。发卡对象为信用度较高、偿还能力及信用较强或有一定社会地位者。金卡的授权限额起点较高，附加服务项目及范围也宽得多，因而对有关服务费用和担保金的要求也比较高。

3. 根据清偿方式的不同，信用卡可分为贷记卡和准贷记卡

（1）贷记卡是发卡银行提供银行信用款时，先行透支使用，然后再还款或分期付款，国际上流通使用的大部分都是这类卡，也就是"先消费，后存款"。

（2）准贷记卡是银行发行的一种先存款后消费的信用卡。持卡人在申领信用卡时，需要事先在发卡银行存有一定的款项以备用，持卡人在用卡时需以存款余额为依据，一般不允许透支。目前我国各银行发行的信用卡基本上属于准贷记卡，但是允许持卡人进行消费用途的善意、短期、小额的透支，根据不同的卡种，规定不同的限额，并在规定的期限内还款，同时支付利息。因此，实质上是具有一定透支功能的借记卡。

（三）信用卡的适用范围

信用卡是一种电子支付工具，同城、异地均可使用；既有公司卡，又有个人卡；一手交钱，一手交货，钱货两清；有存款可以消费，无存款在授权额度内也可以进行消费。持卡人可以在同城和异地凭卡支取现金、转账结算和消费信用等。

（四）信用卡的申领与使用

单位卡和个人卡的申请与使用不尽相同。

1. 单位卡

凡申领单位卡的单位，必须在中国境内金融机构开立基本存款账户，并按规定填制申请表，连同有关资料一并送交发卡银行。该单位符合条件并按银行要求交存一定金额的备用金以后，银行为申领人开立信用卡存款账户，并发给信用卡。单位卡可以申领若干张，持卡人资格由申领单位法定代表人或其委托的代理人书面指定和注销。

在单位卡的使用过程中，其账户的资金一律从其基本存款账户转账存入，不得交存现金，不得将销货收入的款项存入其账户。单位卡的持卡人不得用于 10 万元以上的商品交易、劳务供应款项的结算，并一律不得支取现金。如果需要向其账户续存资金的，单位卡的持卡人必须按前述转账方式转账存入。

2. 个人卡

凡具有完全民事行事能力的公民可申领个人卡。个人卡的主卡持卡人可为其配偶及年满18 周岁的亲属申领附属卡，申领的附属卡最多不超过两张，也有权要求注销其附属卡。

（五）信用卡在消费中的结算程序

1. 持卡人将信用卡和身份证件一并交特约单位

如果信用卡属智能卡、照片卡可免验身份证件。特约单位不得拒绝受理持卡人合法持有的、签约银行发行的有效信用卡，不得因持卡人使用信用卡而向其收取附加费用。

2. 特约单位应审查信用卡

特约单位受理信用卡时,应审查下列事项:

(1)确为本单位可受理的信用卡。

(2)信用卡在有效期内,未列入"止付名单"。

(3)签名条上没有"样卡"或"专用卡"等非正常签名的字样。

(4)信用卡无打孔、剪角、毁坏或涂改的痕迹。

(5)卡片正面的拼音姓名与卡片背面的签名和身份证件上的姓名一致。

3. 办理结算手续

特约单位受理信用卡审查无误的,在签购单上刷卡,填写实际结算金额、用途、持卡人身份证件号码,特约单位名称和编号。如超过支付限额的,应向发卡银行索取并填写授权号码,交持卡人签名确认,同时核对其签名与卡片背面签名是否一致。经审查无误后,对同意按经办人填写的金额和用途付款的,由持卡人在签购单上签名确认并将信用卡、身份证件和第一联签购单交还给持卡人。特约单位在每日营业终了,应将当日受理的信用卡签购单汇总,计算手续费和净计金额,并填写汇总单和进账单,连同签购单一并送交收单银行办理进账。收单银行接到特约单位送交的各种单据,经审查无误后,为特约单位办理进账。

(六)信用卡的信用额度

信用额度是指银行授予持卡人的信用卡可以透支的最高限额。持卡人只能在这个额度内刷卡消费,超过了这个额度就无法正常刷卡消费。

信用额度是银行依据申请人申请信用卡时所填写的资料和提供的相关证明文件综合评定的,主卡、附属卡共享同一额度。信用额度不是固定不变的,银行可以定期进行调整。此外,持卡人在一定时间内需要较高额度时,可要求银行调高临时信用额度。

(七)信用卡的透支规定

根据《支付结算办法》的规定,信用卡的持卡人在信用卡账户内资金不足以支付款项时,可以在规定的信用额度内透支,并在规定期限内将透支款项偿还给发卡银行。但是,如果持卡人进行恶意透支的,即超过规定限额或规定期限,并经发卡银行催收无效的,持卡人必须承担相应的法律责任。

信用卡透支额,金卡最高不得超过 10 000 元,普通卡最高不得超过 5 000 元。信用卡透支期限最长为 60 天。信用卡透支的利息,自签单日或银行记账日起 15 日内按日息 0.05% 计算。超过 15 日按日息 0.1% 计算,超过 30 日或透支金额超过规定限额的,按日息 1.5‰ 计算,透支计息不分段,按最后期限或最高透支额的最高利率档次计算。

(八)信用卡的销户

持卡人不需要继续使用信用卡的,应持信用卡主动到发卡银行办理销户。持卡人办理销户时,如果账户内还有余额,属单位卡的,则应将该账户内的余额转入其基本存款账户,不得提取现金;个人卡账户可以转账结清,也可以提取现金。

(九)信用卡的挂失

信用卡丢失后,持卡人应立即持本人身份证件或其他有效证明,并按规定提供有关情况,向发卡银行或代办银行申请挂失。发卡银行或代办银行审核后办理挂失手续。如果持卡人不及时办理挂失手续而造成损失的,则应自行承担该损失;如果持卡人办理了挂失手续而因发卡银行或代办银行的原因给持卡人造成损失的,则应由发卡银行或代办银行承担该损失。

任务实施

1. 结算凭证可分为(　　　　)。
   A. 托收承付　　　　　B. 委托收款　　　　　C. 汇兑　　　　　D. 信用卡
2. 下列结算方式适用于同城的是(　　　　)。
   A. 托收承付　　　　　B. 委托收款　　　　　C. 支票　　　　　D. 商业汇票
3. 同城结算可使用的票据有(　　　　)。
   A. 支票　　　　　B. 银行本票　　　　　C. 银行汇票　　　　　D. 商业汇票
4. 可以背书转让的票据有(　　　　)。
   A. 支票　　　　　B. 银行本票　　　　　C. 银行汇票　　　　　D. 商业汇票
5. 票据上(　　　　)不得更改,更改的票据无效。
   A. 金额　　　　　B. 日期　　　　　C. 被背书人　　　　　D. 收款人名称

任务二　选择企业合适的结算方式

知识目标

1. 了解合理选择结算方式的意义。
2. 掌握选择合适的结算方式的依据。

技能目标

能够根据各种情形选用合适的结算方式。

知识讲解

企业财会人员除了要熟练掌握各种结算方式的规定,还要重视结算方式的比较和研究。各种结算方式各具特点,它们既有共性的方面,也有独自的特点;既有相通的方面,又有互补的方面,企业应从多方面综合考虑来选择合适的银行结算方式。

一、合理选择结算方式的意义

企业合理选择银行结算方式对加速资金周转,抑制货款拖欠,加强财务管理,促进经济发展具有重要意义。

(一)有利于防止违规风险

多年以来,中国人民银行不断改革、完善、丰富结算方式,建立了较完善的结算体系。目前可供企业选择的结算方式种类较多,它们既有共性的方面,也有独自的特点。不同的结算方式使用条件、使用地域、金额起点和限额等各不相同,若企业选用错误,就不能及时收到款项,甚至影响企业的信用,可能被银行处罚,对企业今后的购销活动产生不利的影响。

(二)可以加速资金周转,抑制货款拖欠

从发货与收款的先后顺序来看,有的结算方式适用于先发货后收款,如委托收款、委托承付、商业汇票等;有的结算方式适用于先收款后发货,如支票到款后发货;有的结算方式适用于钱货两清,如支票、本票、银行汇票等。

从收款的时间长短来看,有的结算方式适用于即期收款,如支票、银行本票、银行汇票等;有的结算方式适用于远期收款,如商业汇票。所以,企业要根据产品的供求关系、企业的资金状况、付款人的信用等选择合适的结算方式,以尽早收回货款,加速资金周转,抑制货款拖欠。企业结算方式选择得当,不仅可以增加无息、低息的可用资金,减少资金使用费用,而且可以降低直接与间接结算成本,减少费用开支,对企业经济效益的提高具有重大意义。

(三)可以防止欺诈,以免造成钱货两空

为了避免购货方签发空头支票、签章与预留银行印鉴不符的支票,甚至收到假的票据,使企业财产受到损失,企业应避免使用可能存在欺诈风险的票据,选择风险小的结算方式,以免造成不必要的损失。

如银行承兑汇票具有极强的融资功能,在持票人急需生产资金时,既可以向开户银行申请贴现,也可以向供货单位背书转让票据;但由于票据的流转环节多,提示付款期限长,查询难度大,容易被"克隆",所以结算风险大,容易受到欺诈。

总之,选择适宜的银行结算方式是企业财务决策的一项重要内容。企业只有进行综合分析、权衡利弊后,才能选择出某个时点、某笔交易最适宜使用的银行结算方式,为企业经济效益的提高发挥积极作用。

二、选择合适结算方式的依据

(一)依据款项的安全性选择结算方式

如果销售企业对购货单位的信用情况不了解,对及时、足额收回销货款缺乏信心,可以选取汇兑或支票款到账后发货、银行本票、银行汇票、银行承兑汇票的结算方式。

如果对购货单位的信用情况有较好的了解,在以往的交易中无不良付款记录,除了选取上述结算方式外,还可以使用支票结算方式;如果购货单位信用程度比较高,在选取上述结算方式的同时,还可以采用商业承兑汇票、委托收款结算方式。

(二)依据付款期限选择结算方式

企业可以根据收回款项的紧迫程度来选择结算方式。

收款人如果资金较紧张,打算即期收款,可以选用汇兑、支票、银行本票、银行汇票结算方式。

收款人如果资金充裕,为维护与客户的良好关系,不打算马上收回货款,可以选取银行承兑汇票、商业承兑汇票结算方式。

(三)依据可否转让票据选择结算方式

如果收款人近期需要采购商品物资,或偿还债务,想再次背书转让票据,可以考虑选取银行汇票、本票、支票或商业汇票结算方式。

如果收款人需要资金流动,希望收到货款,不想背书转让票据,可以选取汇兑、信用卡、委

托收款、托收承付结算方式。

（四）依据可否从银行融通资金选择结算方式

如果持票人打算凭票从商业银行取得贷款，可以选取银行承兑汇票、商业承兑汇票的结算方式。

如果持票人不打算凭票从商业银行取得贷款，可以选取除商业汇票外的结算方式。

（五）依据防欺诈的要求选择结算方式

如果企业在销售货物时，为了避免购货方签发空头支票、签章与预留银行印鉴不符的支票而使企业财产被人欺骗的风险，可以选取银行本票、银行汇票、托收承付等结算方式。

收款人为了避免款项支付后拿不到货物的风险，不宜选取汇兑、委托收款结算方式。

（六）依据所销售货物的供求关系选择结算方式

如果本企业的产品在市场上属紧俏商品，供不应求，可以采取汇兑、支票款到账后发货、银行本票、银行汇票计算方式。

如果本企业的产品供求大致平衡，在购货方同意的情况下，除了采取上面的结算方式外，还可以采用银行承兑汇票、支票结算方式。

如果本企业的产品在市场上供大于求，在选取上述结算方式的同时，还可以选取商业承兑汇票、委托收款结算方式，以便销售更多的产品。

任务实施

模拟各种情形，选用合适的结算方式。

同 步 测 试

一、单项选择题

1. 支票的提示付款期限自出票日起（　　）。
   A. 5 日　　　　　　B. 10 日　　　　　　C. 15 日　　　　　　D. 1 个月

2. 由出票银行签发的，由其在见票时按照实际结算金额无条件支付给收款人或者持票人的票据是（　　）。
   A. 支票　　　　　B. 银行本票　　　　　C. 银行汇票　　　　　D. 商业汇票

3. 提示付款期限自出票日起 2 个月的票据是（　　）。
   A. 支票　　　　　B. 银行本票　　　　　C. 银行汇票　　　　　D. 商业汇票

4. 受结算起点限制的结算方式是（　　）。
   A. 信用卡　　　　　B. 汇兑　　　　　C. 托收承付　　　　　D. 委托收款

5. 票据背书转让时，由（　　）在票据背面签章、记载被背书人名称和背书日期。
   A. 被背书人　　　　B. 背书人　　　　C. 收款银行　　　　D. 付款银行

6. 汇票的付款人承诺在汇票到期日支付汇票金额的票据行为，是（　　）。
   A. 承兑　　　　　B. 保证　　　　　C. 付款　　　　　D. 出票

7. 支票出票人签发金额超过其付款时在付款人处实有存款金额的支票，为（　　）。

A. 转账   B. 远期   C. 空头   D. 普通

8. 商业汇票的付款期限,最长不得超过( )。

     A. 10 日   B. 1 个月   C. 6 个月   D. 2 个月

9. 在票据背面或者粘单上记载有关事项并签章的行为是票据的( )行为。

     A. 出票   B. 追索   C. 背书   D. 承兑

10. 支票的付款人为( )。

     A. 出票人   B. 背书人   C. 出票人开户银行   D. 收款银行

11. 转账支票的( )不得涂改,更改后无效。

     A. 金额、收款人名称、付款人名称   B. 金额、日期、付款人名称

     C. 金额、日期、收款人名称   D. 金额、付款人名称、背书人名称

12. 托收承付验货付款的承付期为( )天。

     A. 3   B. 5   C. 10   D. 15

13. 信用卡单位卡用于商品交易、劳务供应结算的款项不得超过( )万元。

     A. 1   B. 10   C. 50   D. 100

14. 以下哪些不属于银行承兑汇票承兑审核内容?( )

     A. 汇票必须记载的事项是否完整   B. 出票人的签章是否符合规定

     C. 出票人是否在本行开立存款账户   D. 收款人是否在本行开立存款账户

15. 哪种结算方式在同城、异地均可使用?( )

     A. 电汇   B. 委托收款   C. 信汇   D. 托收承付

二、多项选择题

1. 银行办理支付结算,不准( )。

     A. 以任何理由压票、任意退票、截留挪用客户和他行资金

     B. 无理拒绝支付应由银行支付的票据款项

     C. 违章签发、承兑、贴现票据,套取银行资金

     D. 签发空头银行汇票、银行本票和办理空头汇款

2. 银行卡按发行对象不同分为( )。

     A. 单位卡   B. 个人卡   C. 贷记卡   D. 借记卡

3. 支票上的小写金额为¥104 190.21,其大写金额描述错误的是( )。

     A. 人民币壹拾万肆仟壹佰玖拾元贰角壹分

     B. 人民币拾万零肆仟壹佰玖拾元零贰角壹分

     C. 人民币壹拾万零肆仟壹佰玖拾元零贰角壹分正

     D. 壹拾万零肆仟壹佰玖拾元零贰角壹分

4. 某张票据出票日期为 2015 年 10 月 13 日,以下对出票日期描述错误的是( )。

     A. 贰零壹伍年零壹拾月壹拾叁日   B. 贰零壹伍年壹拾月壹拾叁日

     C. 贰零壹伍年零壹拾月拾叁日   D. 贰零壹伍年零壹拾月零壹拾叁日

5. 下列结算方式适用于异地的是( )。

     A. 托收承付   B. 委托收款   C. 银行汇票   D. 商业汇票

三、判断题

1. 信用卡透支额,金卡最高不得超过 5 万元,透支期限最长 30 天。   ( )

2. 银行汇票的金额起点为 500 元。 （　　）

3. 在填写票据的出票日期时，应将"1 月 12 日"填写成零壹月壹拾贰日。 （　　）

4. 填明"现金"字样的银行本票不得背书转让。 （　　）

5. 银行汇票的实际结算金额低于出票金额的，其多余金额由出票银行退交持票人。

（　　）

6. 商业承兑汇票由银行以外的付款人承兑；银行承兑汇票由银行承兑，商业汇票的付款人为承兑人。 （　　）

7. 单位信用卡账户的资金一律从银行存款账户转账存入，不得交存现金，不得将销货收入的款项存入其账户。 （　　）

8. 票据的签发、取得和转让，不必具有真实的交易关系和债权债务关系。 （　　）

9. 单位、个人和银行办理支付结算业务，必须使用按中国人民银行统一规定印制的票据凭证和结算凭证。 （　　）

10. 商业汇票按承兑人（即付款人）的不同，划分为商业承兑汇票和银行承兑汇票。

（　　）

11. 商业汇票出票金额、出票日期、收款人名称不得更改。 （　　）

12. 单位和个人在同城或异地（跨省）需要支付各种款项，均可以使用银行本票。（　　）

13. 银行本票可以用于转账，注明"现金"字样的银行本票可以用于支付现金。 （　　）

14. 中文大写金额数字前应标明"人民币"字样，大写金额数字应紧接"人民币"字样填写，不得留有空白。 （　　）

15. 某张票据出票日期为 2015 年 10 月 30 日，则该出票日期的大写应为贰零壹伍年零壹拾月叁拾日。 （　　）

四、名词解释

1. 银行结算　2. 支票　3. 银行汇票　4. 商业汇票　5. 委托收款　6. 托收承付

五、简答题

1. 简述银行办理结算的纪律要求。

2. 简述银行结算方式有哪几种。

3. 适用于异地的结算方式哪几种。

4. 简述支票结算的程序。

5. 简述银行汇票结算的程序。

6. 比较委托收款和托收承付的异同。

7. 适用于同城的结算方式有哪几种。

8. 简述企业如何选择合适的结算方式。

项目九　企业常涉税种

引导案例

你把 10 年前以 40 万元购买的一套房屋,现以 100 万元出售。这项交易会使你得到 60 万元的盈利吗? 答案是否定的,因为房屋买卖都要缴纳各种税费,使得你的盈利减少。那么,买卖房屋要向国家缴纳哪些税呢?

【案例解析】

企业在生产经营过程中,会发生各种各样的业务。这些业务中,哪些要交税,哪些不交税,要交哪些税? 通过本项目的学习,我们就会得到答案。

任务一　了解企业一般需要缴纳的税种

知识目标

熟悉我国现有税种。

技能目标

了解我国现有税种。

知识讲解

新中国成立以来,尤其是改革开放 30 多年以来,经过几次较大的改革,我国税收制度日趋完善,基本建立了较健全的、符合市场经济的税收制度体系。

几经变革,目前我国共有增值税、消费税、企业所得税、个人所得税、资源税、城镇土地使用税、房产税、城市维护建设税、耕地占用税、土地增值税、车辆购置税、车船税、印花税、契税、烟叶税、关税、船舶吨税等 17 个税种。另外,教育费附加视同税收。

在所有税种中,16 个税种由税务部门负责征收;关税和船舶吨税由海关部门征收;另外,进口货物的增值税、消费税也由海关部门代征。

在所有税种中,只有个人所得税、企业所得税和车船税这 3 个税种由全国人大通过立法制定,其他绝大多数税种都是由行政部门通过行政法规、规章及规范性文件来规定。

下面分别介绍企业常用的几个主要税种。

(一)增值税

1. 增值税的含义

增值税是以增值额为课税对象而征收的一种税。我国增值税是对在中华人民共和国境内从事销售货物、服务或者提供劳务以及进口货物的单位和个人取得的增值额为课税对象征收的一种税。

2. 增值税的纳税人

增值税的纳税人按其经营规模及会计核算是否健全,分为一般纳税人和小规模纳税人。

(1)小规模纳税人,是指年销售额或劳务额在规定标准以下且会计核算不健全,不能按规定报送有关税务资料的增值税纳税人。

(2)一般纳税人,是指年应税销售额超过小规模纳税人标准的企业和企业性单位。一般纳税人可以使用增值税专用发票,其进项税额可以抵扣销项税额。

3. 增值税的征税范围

①销售货物;②进口货物;③服务、劳务;④无形资产、不动产。

4. 增值税的税率

(1)17%,纳税人销售或者进口货物,除列举的外,税率均为 17%。

(2)13%,纳税人销售或者进口下列货物的,税率为 13% :①粮食、食用植物油;②自来水、暖气、冷水、热水;煤气、石油液化气、天然气、沼气、居民用煤炭制品;③图书、报纸、杂志;④饲料、化肥、农药、农机、农膜;⑤农业产品等。

(3)11%,提供交通运输、邮政、基础电信、建筑、不动产租赁服务,销售不动产,转让土地使用权的税率为 11%。

(4)6%,金融业、现代服务业、生活服务业的税率为 6%。

(5)3%,小规模纳税人销售货物或者应税劳务的征收率为 3%。

5. 一般纳税人和小规模纳税人应纳税额的计算(略)

(二)消费税

1. 消费税的含义

消费税是对在我国境内从事生产、委托加工和进口应税消费品的单位和个人,就其应税消费品的销售额或销售量征收的一种税。消费税是在商品普遍征收增值税的基础上,根据国家产业政策的要求,选择消费品中的特殊消费品、奢侈品、高能耗消费品和不可再生的资源消费品征收,发挥其特殊的调节作用。

2. 税目与税率

消费税目前有烟、酒及酒精、化妆品、贵重首饰及珠宝玉石、鞭炮焰火、成品油、汽车轮胎、摩托车、小汽车、高尔夫球及球具、高档手表、游艇、木制一次性筷子、实木地板等 14 个税目。

消费税实行比例税率、定额税率和从量定额与从价定率相结合的复合计税 3 种形式。

3. **消费税应纳税额的计算**（略）

（三）企业所得税

1. 企业所得税的含义

企业所得税是对我国境内的企业和其他取得收入的组织的生产经营所得和其他所得征收的一种税。企业所得税的计税依据是应纳税所得。

2. 企业所得税的纳税人

企业所得税的纳税人为我国境内的企业和其他取得收入的组织（以下统称企业）。个人独资企业、合伙企业不征收企业所得税，而是征收个人所得税。

企业所得税的纳税人分为两类：居民企业和非居民企业。

（1）居民企业是指依照法律在中国境内成立，或者依照外国（地区）法律成立但实际管理机构在中国境内的企业。

（2）非居民企业是指按照外国（地区）法律成立且实际管理机构不在中国境内，但在中国境内设立机构、场所的，或者在中国境内未设立机构、场所，但有来源于中国境内所得的企业。例如，在我国设立的代表处及其他分支机构等外国企业。

3. 企业所得税的征税对象

居民企业应当就其来源于中国境内、境外的全部所得缴纳企业所得税。

非居民企业应当就其来源于中国境内的所得，缴纳企业所得税。

4. 企业所得税的税率

（1）基本税率。基本税率为25%，适用于居民企业和在中国境内设有机构、场所且所得与机构、场所有关联的非居民企业。

（2）低税率。低税率为20%，适用于在中国境内未设立机构、场所，或者虽设立机构、场所但取得的所得与其所设机构、场所没有实际联系的非居民企业。

5. 应纳税所得额的确定（略）

（四）个人所得税

1. 个人所得税的含义

个人所得税是以自然人取得的各项应税所得为征税对象征收的一种税。个人所得税的征税对象不仅包括个人，还包括具有自然人性质的企业。

2. 个人所得税的纳税人

个人所得税的纳税人包括中国公民、个体工商户、个人独资企业、合伙企业投资者、在中国有所得的外籍人员和香港、澳门、台湾同胞。这些纳税人依据住所和居住时间两个标准，划分为居民纳税人和非居民纳税人，分别承担不同的纳税义务。居民纳税人就来源于境内外的全部所得缴纳个人所得税；非居民纳税人仅就来源于中国境内所得缴纳个人所得税。

（1）居民纳税人，是指在中国境内有住所，或无住所而在中国境内居住满1年的个人。"境内居住满1年"是指在一个纳税年度内，在中国境内居住满365天。在计算居住天数时，对于在一个纳税年度中一次离境不超过30日或者多次离境累计不超过90日的，不扣减居住天数。

（2）非居民纳税人，是指不符合居民纳税人判定标准的纳税人，即在中国境内无住所又不居住或者无住所而在中国境内居住不满1年的个人。

3. 个人所得税的征税范围

我国的个人所得税采用分类所得税制,将个人取得的各项应纳税所得划分为11类,对各类所得分别适用不同的计税方法。

(1)工资、薪金所得。工资、薪金所得是指个人因任职或受雇而取得的工资、薪金、奖金、年终加薪、劳动分红、津贴、补贴及与任职或者受雇有关的其他所得。

(2)个体工商户生产、经营所得。该所得包括:个体工商户从事工业、手工业、商业、饮食业、服务业及其他行业取得的所;个人经政府有关部门批准,取得营业执照,从事办学、医疗、咨询以及其他有偿服务活动取得的所得等。

个人独资企业和合伙企业的生产、经营所得参照个体工商户生产、经营所得征税。

(3)对企(事)业单位承包经营、承租经营所得。

(4)劳务报酬所得。劳务报酬所得是指个人独立从事各种非雇佣的劳务活动所取得的所得。具体指个人所从事的下列劳务活动:设计、装潢、医疗、法律、会计、咨询、讲学、新闻、广播、翻译、审稿、书画、影视、录音、录像、演出、经纪服务及其他劳务。

(5)稿酬所得。稿酬所得是指个人因其作品以图书、报刊形式出版、发表而取得的所得。

(6)特许权使用费所得。特许权使用费所得是指个人提供专利权、商标权、著作权、非专利技术以及其他特许权的使用权取得的所得。

(7)财产租赁所得。财产租赁所得是指个人出租建筑物、土地使用权、机器设备、车船以及其他财产取得的所得。

(8)财产转让所得。财产转让所得是指个人转让有价证券、股权、建筑物、土地使用权、机器设备、车船以及其他财产取得的所得。

(9)利息、股息、红利所得。利息是指个人拥有债权而取得的利息、货款利息和各种债券的利息(存款利息免税);股息、红利是个人拥有股权取得的股息、红利。

(10)偶然所得。偶然所得是指个人得奖、中奖、中彩以及其他偶然性质的所得。

(11)经国务院财政部门确定征税的其他所得。

4. 个人所得税的税率

我国的个人所得税根据不同的征税项目分别采用超额累进税率和比例税率两种税率。

(1)工资、薪金所得适用税率。工资、薪金所得实行按月计征,适用税率为3%～45%的七级超额累进税率,具体税率如表9-1所示。

表9-1   工资、薪金所得个人所得税税率

级数	全月应纳税所得额	税率(%)	速算扣除数
1	不超过1 500元的	3	0
2	超过1 500元至4 500元的部分	10	105
3	超过4 500元至9 000元的部分	20	555
4	超过9 00元至35 000元的部分	25	1 005
5	超过35 000元至55 000元的部分	30	2 755
6	超过55 000元至80 000元的部分	35	5 505
7	超过80 000元的部分	45	13 505

（2）个体工商户生产、经营所得和对企事业单位的承包经营、承租经营所得适用税率。个体工商户生产、经营所得和对企事业单位的承包经营、承租经营所得适用5%～35%的五级超额累进税率,具体税率如表9-2所示。

表9-2 个体工商户生产、经营所得和对企事业单位的承包经营、承租经营所得税率

级数	全年应纳税所得额	税率(%)	速算扣除数
1	不超过15 000元的	5	0
2	超过15 000元至30 000元的部分	10	750
3	超过30 000元至60 000元的部分	20	3 750
4	超过60 000元至100 000元的部分	30	9 750
5	超过100 000元的部分	35	14 750

个人独资企业和合伙企业的个人投资者取得的生产经营所得也适用5%～35%的五级超额累进税率。

（3）稿酬所得适用税率。稿酬所得适用20%的比例税率,并按应纳税额减征30%。

（4）劳务报酬所得适用税率。劳务报酬所得适用20%的比例税率,但对劳务报酬所得一次收入较高的,可以实行加成征收。对应纳税所得额超过20 000～50 000元的部分,加征5成;超过50 000元的部分,加征10成。因此,劳务报酬所得实际上适用20%、30%、40%的三级超额累进税率,如表9-3所示。

表9-3 劳务报酬所得税率

级数	每次应纳税所得额	税率(%)	速算扣除数
1	不超过20 000元	20	0
2	超过20 000～50 000元的部分	30	2 000
3	超过50 000元的部分	40	7 000

（5）特许权使用费所得,利息、股息、红利所得,财产租赁所得,财产转让所得,偶然所得,其他所得适用税率。这些所得的税率均为20%的比例税率。对个人出租住房取得的所得减按10%的税率征收个人所得税。

5. 个人所得税应纳税额的计算（略）

（五）城市维护建设税

1. 城市维护建设税的含义

城市维护建设税是国家对缴纳增值税和消费税的单位和个人就其实际缴纳的"二税"税额为计税依据而征收的一种税。该税是一种附加税,其本身没有独立的课税对象,目的是为了筹集城市公用事业和公共设施的维护、建设资金。

2. 城市维护建设税的纳税人

负有缴纳增值税、消费税义务的单位与个人是城市维护建设税的纳税人。

3. 城市维护建设税的税率

城市维护建设税按纳税人所在地的不同,采用三档差别比例税率（见表9-4）。

4. 城市维护建设税应纳税额的计算(略)

(六)房产税

1. 房产税的含义

房产税是以房产为征税对象,按照房产价值或房租金收入向房产所有人或经营人征收的一种税。

2. 房产税的纳税人

房产的产权所有人是房产税的纳税人。产权属于国家的,由经营管理单位缴纳;产权属于集体和个人所有的,由集体和个人缴纳;产权出典的,由承典人缴纳。

3. 房产税的征税范围

房产税的征税范围是城市、县城、建制镇和工矿区的房产,不包括农村的房产。

4. 房产税的税率

房产税采用比例税率。采用从价计征的,税率为 1.2% ;采用从租计征的,税率为 12% 。对个人按市场价格出租的居民住房,用于居住的,可减按 4% 的税率征收房产税。

5. 房产税应纳税额的计算(略)

(七)城镇土地使用税

1. 城镇土地使用税的含义

城镇土地使用税是对城市、县城、建制镇和工矿区范围内使用土地的单位和个人,按实际占用土地面积所征收的一种税。

2. 城镇土地使用税的纳税人

我国境内城市、县城、建制镇和工矿区范围内使用土地的单位和个人是城镇土地使用税的纳税人。土地使用权为多方共有的,由共有各方分别纳税。

3. 城镇土地使用税的税率

城镇土地使用有幅度的差别定额税额按大、中、小城市和县城、建制镇、工矿区分别规定每平方米土地使用税年应纳税额。城镇土地使用税税率见表 9-5。

表 9-4　城市维护建设税税率表

纳税人所在地区	税率
市区	7%
县城和镇	5%
市区、县城和镇以外的其他地区	1%

表 9-5　城镇土地使用税税率表

级　　别	人　口(人)	每平方米税额(元)
大城市	50 万以上	1.5~30
中等城市	20 万~50 万	1.2~24
小城市	20 万以下	0.9~18
县城、建制镇、工矿区	—	0.6~12

各省、自治区、直辖市人民政府可根据市政建设情况和经济繁荣程度在规定幅度内,确定所辖地区的适用税额幅度。

4. 城镇土地使用税应纳税额的计算(略)

(八)车船税

1. 车船税的含义

车船税是指对我国境内的车辆、船舶的所有人或者管理人按照规定缴纳的一种税。

2. 车船税的纳税人

车船税的纳税人是车辆、船舶的所有人或者管理人。

3. 车船税的征收范围

车船税的征税对象是依法应当在我国车船管理部门登记的车辆和船舶。车辆包括机动车辆和非机动车辆；船舶包括机动船舶和非机动船舶。

4. 车船税的税率

车船税实行定额税率。由于车辆与船舶的行驶情况不同，车船税的税额也有所不同。

5. 车船税应纳税额的计算（略）

任务实施

【资料】江州公司为居民企业，2015 年会计利润为 400 万元。税务机关经查有如下业务：

（1）业务招待费 30 万元（当年销售收入 3 000 万元）。

（2）支付人员工资 60 万元（含残疾人员工资 5 万元），支付职工福利费 10 万元。支付职工教育经费 2 万元。

（3）转让一技术获得收入 30 万元。

【要求】计算该公司 2015 年应交的企业所得税额。

任务二　灵活采用合法手段减轻企业税负

知识目标

理解节税筹划含义及其常用技术手段。

技能目标

掌握企业生产经营各环节节税筹划方法。

知识讲解

一、减轻企业税负需要掌握的基本功

一个企业要想生存、发展、壮大，就必须拥有自己独特的竞争优势。而优势的形成要靠赢得市场、增加收入和降低经营成本来获得，各种税金是企业成本费用一项重要组成，这样，在合法的前提下减少企业的缴纳的税费就显得格外重要。

（一）什么是节税筹划

节税，也称节税筹划，是指企业在遵循纳税法律、法规的情况下，充分利用税法中固有的起

征点、减免税等一系列的优惠政策,通过对筹资、投资和经营等活动的巧妙安排,达到少缴税甚至不缴税的行为。

节税筹划的目的就是减轻企业的纳税负担,其外在表现就是:缴税最晚、缴税最少。

(二)节税筹划的原则

节税筹划对企业和国家都是有益的,因此节税筹划就显得非常重要。而企业进行节税筹划要遵循以下原则:

1. 合法性原则

合法性原则是进行节税筹划的基本原则。企业必须遵循国家的各项法律、税收法规。企业在会计核算、会计处理方法上要严格遵守财政部门的会计法、财务通则及企业会计准则,不得随意改变会计核算和会计处理方法。

2. 全面性原则

在进行筹划时,要从整体上考虑节税筹划的经济利益,不能片面的追求税费的降低。因为各个税种之间一般是相互关联的,一种税少缴了,就可能造成另一种税多缴;要充分考虑资金的时间价值,必须全面的、发展的、联系地看问题,从市场、未来发展前景等综合因素加以考虑;要具体情况具体分析,一种筹划方案在这个企业能够成功,可能到另一个企业就会失败,不能教条化、僵硬化,要不断学习最新的税收政策,规避纳税风险。

3. 前瞻性原则

对于已经发生的应税事项,就不存在节税筹划的空间了,企业必须履行纳税义务,否则就有逃税的嫌疑。因此,节税筹划是在企业的经营活动发生前进行的事先筹划和安排,尽可能地减少应税行为的发生。

(三)节税筹划的人员素质

如前所述,节税筹划是在合法的前提下,按照税收政策的导向,在生产经营和投资理财活动发生之前,事前选择纳税利益最大化的一种筹划行为。所以要做好筹划工作,防范筹划风险,筹划人员必须具备:

(1)熟悉国家的税收法律法规政策,并且能灵活运用。筹划人员只有熟悉税收及其他经济法律规定,并有深刻的了解和研究,才能够了解什么是合法、什么是非法,并划清合法与非法的界限,在总体上保证自身的经济活动和有关行为的合法性,防范筹划风险。

(2)熟悉企业的经营环境和自身的生产经营流程及其特点。筹划的直接目标是节税,但它受企业的整体目标约束,必须为实现整体目标而服务。一个节税筹划方案要结合企业经营管理的其他方面进行决策,才是合理有效的。对于业务比较复杂、经营规模比较大的企业,只有根据企业经营内外部各方面的综合情况进行节税筹划,才能有效防止其片面性,有助于企业整体目标的实现。

(3)熟悉会计、财务知识。

(4)具备较强的语言沟通能力。一个优秀的纳税筹划专业人员,不仅能设计成功的方案,而且应该是一个最有效的沟通者。沟通能力具体表现在与税务机关的沟通和与客户的沟通两个方面。节税筹划提供的节税方案只有在获得税务机关认可的前提下,才可能实现筹划目的。纳税筹划提供的纳税方案也只有得到客户的接受,才能在实施中体现出价值和实效。所以,筹划人员应该掌握一定的沟通技巧,通过出类拔萃的口才达到与税务机关、客户有效沟通的目的。

（四）节税筹划技术手段

1. 免税技术

免税技术是指在合法、合理的情况下，使纳税人成为免税人，或使纳税人从事免税活动，或使征税对象成为免征对象而不用纳税的节税筹划技术。

2. 减税技术

减税技术指在合法和合理的情况下，使纳税人减少应纳税收的节税筹划技术。减征的税收越多，节减的税收也就越多。

3. 税率差异技术

税率差异技术是指在合法和合理的情况下，利用税率的差异而直接节减税收的节税筹划技术。与按高税率缴纳税收相比，按低税率少缴纳的税收就是节减的税收。

4. 扣除技术

扣除技术是指在合法和合理的情况下，尽可能扩大扣除项目范围，或提高扣除项目金额以降低应税金额，使纳税人减少应纳税收的节税筹划技术。

5. 抵免技术

抵免技术是指在合法和合理的情况下，使税收抵免额增加而减少纳税的节税筹划技术。税收抵免额越大，应纳税额则越小，从而节减的税额就越大。

6. 退税技术

退税技术是指在合法和合理的情况下，使税务机关退还纳税人已纳税款而实际少交税款的节税筹划技术。退税是偿还了缴纳的税款，所退税额越大，节减的税收也越多。

7. 分劈技术

分劈技术是指在合法和合理的情况下，使所得、财产在两个或更多个纳税人之间进行分配而少交税款的节税筹划技术。例如采用累进税率的一些税种，计税基数越大，适用的税率也越高，若使所得、财产在两个或更多的纳税人之间进行分配，可以使计税基数降低，从而降低适用税率，少交税款。

8. 延期纳税技术

延期纳税技术是指在合法和合理的情况下，使纳税人延期缴纳税收而相对节税的节税筹划技术。纳税人延期缴纳本期税收并不能减少纳税人纳税绝对总额，但等于得到一笔无息贷款，使纳税人在本期有更多的资金用于流动或投资。

二、不同创业环节的筹划招式

（一）企业设立环节的节税筹划

企业经营能否成功，在很大程度上与设立过程中的各种筹划分不开，直接影响着企业今后经营的整体税负，进而在一定程度上影响着企业的正常发展。一般而言，在企业设立的过程中，纳税人可以从企业的组织形式、企业注册地点等方面进行筹划。

1. 企业组织形式的筹划

企业成立时，首先面临的问题就是企业的组织形式。企业依据财产组织形式和法律责任权限，通常分为三类，即公司企业、合伙企业和独资企业。在税收上，国家对不同的企业组织形式实行不同的征税办法。正因如此，为企业利用不同的组织形式进行节税筹划提供了生存和发展空间。

下面以"股份有限公司和合伙企业"为例。由于公司和合伙企业的主体资格不同,国家对公司和合伙企业实行不同的征税规定。公司的经营所得在企业环节课征企业所得税,税后利润作为股息分配给投资者,其中的个人投资者还要缴纳一道个人所得税;而对合伙企业的经营所得只对各个合伙人课征个人所得税,不征企业所得税。

【例】

李某准备经营一家律师事务所,预计年盈利为 500 000 元。

(1)若采取合伙制企业,李某实得的收益是多少?

(2)若采取公司制企业,李某实得的收益是多少?

解答:

(1)该事务所如果采取合伙企业形式,则按合伙人课征个人所得税,依现行税制李某实得的收益为:

应交个人所得税 = 500 000 × 35% − 14 750 = 160 250(元)

李某实得收益 = 500 000 − 160 250 = 339 750(元)

(2)该事务所如果采取公司制企业形式,则先对公司计征企业所得税,李某分得的利润再按股利所得计征个人所得税,依现行税制李某的税后利润为:

应交企业所得税 = 500 000 × 25% = 125 000(元)

应交个人所得税 = 375 000 × 20% = 75 000(元)

李某实得收益 = 500 000 − 125 000 − 75 000 = 300 000(元)

通过上述计算可知,公司制企业比合伙制企业多交税收 39 750 元,使得李某的收益少了 39 750 元。所以,李某作出了办合伙企业的决策,以达到节税的效果。

一般来说,不考虑其他因素,合伙企业的总体税负要低于公司制企业,但是,在比较两种课征方法的税收利益时,要综合比较合伙企业与公司企业的税基、税率结构和税收优惠等多种因素,不能仅仅看名义上的差别,因为综合税负是多种因素作用的结果。

对于规模庞大,管理水平要求高的大企业,一般宜采用股份有限公司,因为规模较大的企业筹资难度大,而且管理相对困难,经营风险大,若采用合伙企业组织形式,企业正常健康地运转就比较困难;对于规模不大的企业采用合伙企业比较适合。

2. 企业注册地点的节税筹划

世界各国的发展有差异,每个国家内部的发展也不平衡,使得税法必然会体现出地区差异。正是由于税收待遇的地域性差异,使企业设立时注册地点的筹划成为可能。从全球范围来看,跨国企业可以选择国际避税港、避税国进行公司注册;就一国范围来讲,企业可以选择到相对低税率的地区进行注册。

(1)选择税收优惠政策范围广、待遇高的地区。当今世界,各个国家都有税收优惠政策,在我国许多地区和行业也实施了广泛的税收优惠政策。从世界范围看,有的国家和地区所得税税率高达 50%。在我国企业所得税最高的税率为 25%,也有免税的行业和地区。这些都为企业注册登记地点的选择提供了可能。

(2)选择税负轻的地区。

(3)选择税后所得高的地区。企业选择注册登记地区除考虑税收条件之外,更要考虑到地区软、硬条件与自身特点的适用性,如基础设施配备情况、市场供求情况,物资、技术及人力资源供给情况等。因此,在进行筹划时,不能只考虑税负轻重,要用税后利润高低来综合权衡得失才能做出最佳的决策。

(二)企业投资决策环节的节税筹划

1. 投资方向的选择

对国家支持、鼓励的产业和项目,税法规定有较优惠的税收政策,因此,在决定企业的投资方向时,要考虑到税收因素:

(1)依据所设立企业的具体情况,结合国家对不同产业的税收倾斜政策,选择并确定税收优惠多的产业。

(2)在某一产业内部,利用税收优惠政策,选择不同的项目,使企业的经营范围尽可能避开一些税种的征税范围。

(3)在某些税种的征税范围之内,选择有税收优惠政策的项目作为企业的经营范围,使企业的实际整体税负达到最低。

2. 投资方式的选择

投资方式按照投资物的性质可分为现金投资、有形资产投资、无形资产投资,不同投资方式的税收负担不尽相同。一般是采用有形资产投资和无形资产投资两种方式。首先,有形资产的折旧费及无形资产的摊销费可以在税前扣除,达到减少所得税税基的节税效果;其次,在变动有形资产和无形资产产权时,必须进行资产评估,不同评估方法的选择会导致高估资产价值,这样可节省投资成本。

3. 投资期限的选择

在我国税收优惠政策中对一些投资项目的经营期限有具体的规定,一般来说经营期限越长享有的优惠待遇越高;如果投资经营期限达不到税法规定的要求,就不能享受相应的税收优惠。所以,纳税人在投资时,必须注意投资期限的长短,以免失去享受税收优惠的机遇。

(三)企业经营环节的节税筹划

对一个企业来说,可以从事单一业务经营,也可以开展多种业务经营。实行单一业务经营,要考虑不同税目、税率和应税项目与免减税项目的选择,应事先测算税负的轻重;实施多项业务经营,更需要事先全面筹划,测算税负轻重,否则将得不偿失。

(四)企业筹资环节的节税筹划

企业的资金来源,一般由权益资金和借入资金两部分构成。同时,筹资方式多种多样,不同筹资方式的成本、时间、筹资额、条件、风险各不相同。企业需要根据自身的资金需求量、时间紧迫程度、规模大小、对风险的承受能力等合理选择资金的来源渠道和筹资方式。

一般来说,只要企业息税前投资收益率高于负债成本率,增加负债额度,提高负债比重,就会减轻税负,带来权益资本收益水平提高的效应。

(五)企业购销环节的节税筹划

1. 采购货物对象的节税筹划

无论是何种企业,都需要购进原材料或产品。采购对象不同,企业负担的流转税额也存在差异。当购买对象为增值税一般纳税人时,进项税额可以抵扣;而当购买增值税小规模纳税人的货物时,由于不能取得增值税专用发票,其进项税额就得不到抵扣,故其增值税税收负担较前者重。

2. 销售货物的节税筹划

（1）内销与外销的选择。从货物的销售来看，内销和出口的流转税税收负担是不同的。按照国际惯例，出口产品在国内生产制造、流转等环节征收的流转税实行出口退税制度。尽管出口商品的国际市场价格有可能低于国内市场价格，只要其差额低于退税率，对经营者来说出口比内销更有利可图。因此，企业经营者应该认真研究价格、税收和汇率等多种因素，全面比较商品内销和出口的优劣，做出正确的内销还是出口的决策。

（2）让利销售与返利销售的选择。一般的零售企业，尤其是商业企业常常采用打折销售、送购物券销售、返还现金销售、加量不加价销售，以及大削价等让利方式，求得薄利多销，达到盈利的目的，在依法纳税的前提下，由于各种促销方式，税收规定不同，纳税人须全面测算其税负轻重与收益大小之后，方可选择采用。

（六）财务核算中的节税筹划

1. 成本费用会计核算的筹划

成本费用是纳税人进行财务分析和财务评价的重要经济指标，它也会影响纳税人的税负轻重。不同纳税人可根据其生产经营活动的性质和特点选择适合于自身的增加成本费用或减少利润的方法，以达到少交税的目的。

（1）企业成本费用的列支方式（包括收益性支出、期间费用支出、资本化支出等）不同，其抵税效益不同，企业可以合理地安排各种成本费用支出，使企业税前列支的成本费用最大化。

（2）成本费用的会计处理方法差异，使企业可以通过选择合理的会计处理方法，尽可能地扩大成本费用的列支金额。国家为了满足不同企业的不同情况，对各种成本费用的会计处理规定了不同的方法，例如企业产品成本的计算可以采用品种法、分步法、分批法、分类法等不同的方法。选择不同的会计处理方法，列支的成本费用金额必然不同，最终必然导致应纳税所得额的差异。

2. 成本费用分摊方法的筹划

当企业发生的成本费用的支付期与归属期不一致时，要采用一定的方法进行分摊。在采用不同的分摊方法下，其每期应分摊的成本费用额不同，就影响到企业的利润和应纳所得税额。企业进行成本费用分摊方法选择节税筹划时，一般应遵循下列原则：

（1）在盈利年度里，应选择能使成本费用尽快得到分摊的分摊方法。这样可以推迟利润的实现，从而推迟所得税的纳税义务时间。

（2）在亏损年度里，分摊方法应选择能使本年度分摊额达到最少的成本费用分摊方法。

（3）在享受优惠政策的年度，应选择能避免成本费用的抵税作用被优惠政策抵消的分摊方法。例如，在享受减免税和正常纳税的交替年度，应选择能使减免税年度摊销额最小和正常纳税年度摊销额最大的分摊方法。

3. 固定资产折旧的节税筹划

固定资产折旧方法不同，所计算出来的折旧额就不一致，从而影响到企业的应税所得额。加速折旧可以使企业前期的折旧费用加大，应纳所得税减少，以充分享受资金的时间价值所带来的税收利益。

折旧方法的选择和折旧年限的确定应立足于使折旧费用的抵税效应得到最充分或最快的发挥。不同企业，应根据实际情况选择不同的折旧方法，才能使企业的所得税税负降低。

在享受所得税优惠政策的企业中，由于减免税期内折旧费用的抵税效应会全额或部分地被减免优惠所抵消,应选择减免税期折旧少、非减免税期折旧多的折旧方法。

任务实施

1. 节税筹划的目的是( )。
   A. 逃税
   B. 避税
   C. 使纳税人税收负担最低化
   D. 偷税
2. 节税筹划的最基本原则是( )。
   A. 不违法原则
   B. 保护性原则
   C. 时效性原则
   D. 整体综合性原则

同 步 测 试

一、单项选择题

1. 下列税种中,实行定额税率的是( )。
   A. 车船税　　　　B. 增值税　　　　C. 企业所得税　　　　D. 房产税
2. 我国税收的构成要素中,( )是区分不同税种的主要标志。
   A. 征税对象　　　　B. 纳税义务人　　　　C. 税率　　　　D. 减免税
3. 下列消费品中,实行从量征收的有( )。
   A. 黄酒　　　　B. 酒精　　　　C. 小汽车　　　　D. 高尔夫球
4. 企业缴纳的下列税种,在计算企业所得税应纳税所得额时,不准从收入总额中扣除的是( )。
   A. 增值税　　　　B. 消费税　　　　C. 房产税　　　　D. 资源税
5. 按照房产租金收入计算房产税所适用的税率是( )。
   A. 12%　　　　B. 10%　　　　C. 2%　　　　D. 1.2%
6. 下列项目中以"净吨位"为计税单位的是( )。
   A. 载客汽车　　　　B. 摩托车　　　　C. 船舶　　　　D. 载货汽车

二、多项选择题

1. 税收具有( )几个特征。
   A. 强制性　　　　B. 无偿性　　　　C. 固定性　　　　D. 有偿性
2. 下列税收要素中,属于最基本的三个要素是( )。
   A. 纳税人　　　　B. 税率　　　　C. 征税对象　　　　D. 纳税地点
3. 下列消费品中属于消费税征税范围的有( )。
   A. 贵重首饰　　　　B. 鞭炮　　　　C. 木制一次性筷子　　　　D. 摩托车
4. 下列应税消费品中,采用复合计税方法计算消费税的有( )。
   A. 烟丝　　　　B. 卷烟　　　　C. 白酒　　　　D. 酒精
5. 下列项目中,在会计利润的基础上应调整增加应纳税所得额的项目有( )。
   A. 职工教育经费支出超标准
   B. 利息费用支出超标准
   C. 公益救济性捐赠超标准
   D. 国债利息收入

6. 下列项目中,直接以每次收入额为应纳税所得额计算缴纳个人所得税的有(　　)。

    A. 稿酬所得   B. 利息、股息、红利所得

    C. 偶然所得   D. 特许权使用费所得

7. 城市维护建设税的计税依据有(　　)。

    A. 纳税人缴纳的增值税额   B. 纳税人缴纳的房产税额

    C. 纳税人缴纳的消费税额   D. 纳税人缴纳的所得税额

8. 房产税的计税依据有(　　)。

    A. 房产净值   B. 房产的租金收入

    C. 房产余值   D. 房产的计税价值

9. 下列关于车船税的说法正确的有(　　)。

    A. 征税对象不包括非机动车船   B. 实行定额税率

    C. 计税标准有辆、净吨位和米三种   D. 按年申报

10. 节税筹划应具备条件(　　)。

    A. 必须熟悉国家的税收法律法规政策

    B. 必须熟悉企业的经营环境和自身的特点

    C. 必须具备相当的收入

    D. 必须具备良好的专业素质

三、判断题

1. 纳税人是税法规定的直接负有纳税义务的单位和个人。 (　　)

2. 征税对象是税法中规定的征税的目的物,是国家征税的依据。 (　　)

3. 当课税对象大于免征额时,是对课税对象的全部金额征税。 (　　)

4. 小规模纳税人不得抵扣进项税额。 (　　)

5. 对应税消费品征收消费税后,不再征收增值税。 (　　)

6. 卷烟与酒类产品的计税办法实行从量定额与从价定率相结合的复合计税办法。

                                                               (　　)

7. 年度终了,江州公司填报的利润表反映全年利润总额为 -17 万元,因此,当年不需缴纳企业所得税。 (　　)

8. 个体工商户生产经营所得的个人所得税税率为 25% 的比例税率。 (　　)

9. 农民在农村开设的商店占地,不缴纳城镇土地使用税。 (　　)

10. 节税筹划是以不违反国家的现行税法为前提的,旨在减轻税负。 (　　)

四、名词解释

1. 企业所得税　2. 个人所得税　3. 消费税　4. 城市维护建设税　5. 节税筹划

五、简答题

1. 简述我国主要税种。

2. 节税筹划技术手段有哪些?

六、计算题

1. 【资料】A 卷烟厂 2016 年 5 月份发生如下业务:

(1)5 日购买一批原材料,取得增值税专用发票注明的价款为 30 万元,增值税 5.1 万元。

(2)17 日,A 卷烟厂销售卷烟 200 箱,每箱不含税售价 40 000 元,款项存入银行。

【要求】计算该厂当期应纳的增值税额和消费税额。

2.**【资料】**假定江州公司为居民企业,2015年经营业务如下:

(1)取得销售收入2 500万元。

(2)销售成本1 100万元。

(3)发生销售费用670万元(某中广告费450万元);管理费用480万元(其中业务招待费15万元);财务费用60万元。

(4)销售税金160万元(含增值税120万元)。

(5)计入成本、费用中的实发工资总额150万元,拨缴职工工会经费3万元,支出职工福利费和职工教育经费29万元。

【要求】计算该公司2015年度应缴纳的企业所得税额。

参考文献

[1]付君. 会计学基础[M]. 北京:高等教育出版社,2009.

[2]中华人民共和国财政部. 企业会计准则[M]. 北京:经济科学出版社,2006.

[3]何学飞. 基础会计[M]. 长沙:湖南大学出版社,2005.

[4]陈文铭. 基础会计习题与案例[M]. 沈阳:东北财经大学出版社,2004.

[5]顾全根,刘春才. 企业财税基础[M]. 北京:中国人民大学出版社,2016.

[6]中国注册会计师协会. 税法[M]. 北京:中国财政经济出版社,2016.